# Des Nouvelles et des Métaphores qui Guérissent L'esprit et L'âme

Une compilation de trois livres très réputés de nouvelles thérapeutiques et de métaphores développées pour aider les clients utilisant l'hypnose, l'hypnothérapie et la PNL.

### (Traduit de l'anglais en français)

de John Smale

Ce livre est une compilation de :

Histoires courtes et métaphores

Histoires courtes et métaphores qui changent l'esprit

Aller de l'avant

Publié en août 2025 par emp3books

Ce livre est une œuvre de fiction. Les noms, personnages et événements qui y sont décrits sont le fruit de l'imagination de l'auteur. Toute ressemblance avec des personnes vivantes ou décédées, des lieux ou des scénarios serait purement fortuite.

©John Smale 2025

**ISBN : 9781910734629**

L'auteur revendique son droit moral d'être identifié comme l'auteur de cette œuvre. Tous droits réservés. Aucune partie de cette publication ne peut être reproduite, stockée dans un système de recherche documentaire ou transmise, sous quelque forme ou par quelque moyen que ce soit (électronique, mécanique, photocopie, enregistrement ou autre), sans l'autorisation écrite préalable de l'auteur.

www.emp3books.com

# INTRODUCTION

Les histoires sont classées par ordre alphabétique de leur titre. Sous le titre se trouve une brève description de la signification de l'histoire qui aidera le lecteur à choisir quelque chose qui correspond à sa situation dans la vie.

Utilisées dans le cadre de la PNL et de l'hypnothérapie, les métaphores permettent depuis longtemps de comprendre les difficultés des gens et de montrer les moyens de s'en sortir ou de s'améliorer. Si les histoires font vibrer votre corde sensible, elles vous indiquent également la voie à suivre pour vous en sortir.

Ces histoires courtes, métaphores et scénarios interactifs vous aideront à éliminer les pensées négatives et à réaliser vos rêves en vous permettant de vous détendre tout en lisant des histoires susceptibles d'apporter des changements positifs.

Certaines histoires vous détendent, d'autres vous font réfléchir. Certaines vous permettent d'entrer dans une légère sensation d'hypnose.

L'hypnothérapie et l'hypnose ont fait un usage important des métaphores pour montrer différentes approches des problèmes et de leur résolution. Milton Erickson, le grand-père de l'hypnothérapie moderne, utilisait des métaphores pour résoudre les problèmes de ses patients.

L'auto-hypnose vous permet d'entrer dans les zones de votre esprit où vous pouvez devenir imaginatif et optimiste. Vous pouvez créer vos rêves et les moyens de les réaliser.

Ce qu'il y a de plus parfait chez l'homme, c'est son manque de perfection C'est ce qui nous pousse à chercher à nous améliorer. Nous devrions toujours nous efforcer d'être meilleurs, plus heureux, en meilleure santé et épanouis en nous aimant nous-mêmes, en aimant nos voisins et en aimant toutes les formes de vie sur notre planète.

Lorsque nous rêvons, nous transportons notre esprit dans des endroits où la vie est meilleure et où vos objectifs devraient être placés. Les pensées positives éliminent les cauchemars que nous rencontrons dans notre sommeil et dans notre vie éveillée.

Nous pouvons nous rendre compte qu'il y a quelque chose de mieux dans l'avenir. Lorsque nous nous reprochons de ne pas être parfaits, nous nous complaisons dans l'échec.

Lorsque nous voyons que l'avenir peut être meilleur, nous nous épanouissons dans le sentiment optimiste que, peu importe ce qui nous est arrivé, il y a toujours une possibilité d'amélioration, plutôt que de supposer que nous avons atteint un point final.

En lisant ce livre, que ce soit pour vous-même, pour d'autres personnes ou pour des clients, vous trouverez des réponses et serez en mesure de donner un aperçu des problèmes. Cela permet de s'éloigner des difficultés pour trouver des solutions et les mettre en œuvre.

La décision d'envisager la vie sous de nouvelles perspectives vous donne la possibilité de gagner votre vraie valeur dans le monde et de profiter d'un changement constructif. Plutôt que d'être freiné par d'anciennes croyances et attitudes, le lecteur adopte une nouvelle façon de penser, une nouvelle façon d'agir et une nouvelle façon de vivre.

Prendre des décisions et agir en conséquence est primordial pour réussir. En allant de l'avant maintenant, vous investissez dans un avenir plus radieux.

Et une vision plus sombre.

Certaines métaphores sont sombres. Elles racontent des histoires d'abus et la nature méchante de certaines personnes. Cependant, l'heure la plus sombre est juste avant l'aube. Les histoires les plus sombres offrent de l'espoir aux lecteurs qui peuvent s'y identifier. Il s'agit de tirer un trait sur le passé et d'envisager un avenir plus radieux. Ce n'est pas parce que de mauvaises choses se sont produites par le passé qu'il faut en déduire que la victime est condamnée à vivre une vie qui répète les mêmes

souffrances.
Toutes les histoires anciennes se terminent par la justice pour les victimes et le châtiment pour les coupables. Il en va de même pour ces récits et il devrait en être ainsi.

Ces histoires et ces métaphores aident les lecteurs à sortir de la boue qui les retient et les conduisent à un endroit où ils peuvent être épanouis et heureux.

Et une vue en vers

Quelques métaphores sont présentées sous forme de vers et utilisent des images et des analogies pour créer une atmosphère. Certaines traitent de l'enlisement dans des situations apparemment inamovibles et montrent la voie à suivre. Elles sont disséminées dans le livre pour donner des éléments de changement.

Mon rêve est de vous aider à atteindre ce que vous voulez et méritez. Profitez de cette évasion vers votre nouvelle réalité.

## LA NATURE ANIMALE
Nous pouvons voir des reflets de nous-mêmes dans les personnages des animaux. Le loup du "Petit Chaperon rouge" représente la nature prédatrice des hommes. Les dragons qu'il fallait abattre étaient, et sont toujours, les menaces des brutes. Parfois des personnes, parfois des nations. Les histoires qui suivent dans cette section incluent des animaux pour symboliser les pressions de la vie. Notre besoin de progresser au détriment du bonheur. Nos croyances erronées sur les autres, y compris sur la nature.

## LA NATURE HUMAINE
La colère, la vengeance, les préjugés et la domination semblent être des pulsions primitives. Pourtant, elles sont omniprésentes dans la vie moderne. Ce sont des défauts humains sur lesquels nous avons un contrôle, si nous réfléchissons aux conséquences pour nous-mêmes et pour les autres.

**LA NATURE DE LA NATURE**
La nature n'est pas quelque chose qui existe à l'extérieur de nos fenêtres. Nous vivons dans la nature. Nous existons sur une planète vivante dont nous avons plus besoin qu'elle n'a besoin de nous. Nous devrions traiter le monde comme s'il s'agissait de notre mère plutôt que de quelque chose qui doit être détruit pour faire des profits.

# TABLE DE MATIERES

INTRODUCTION .................................................................iii
TABLE DE MATIERES ........................................................vii
UNE BALEINE DE TEMPS EN TEMPS .........................1
COURRIER AÉRIEN .......................................................3
ALIENS ALIÉNANTS ......................................................5
UNE QUANTITÉ IMPRESSIONNANTE ........................8
FEUILLES D'AUTOMNE ...............................................11
BLACKPOOL ROCK .....................................................14
LE SOUFFLE ................................................................16
L'HOMME DES CAVERNES SUR LA PLAGE ..............18
CHANGEMENT ............................................................23
CHÈRE LECTRICE, CHER LECTEUR ..........................26
DÉCOMPRESSION ......................................................27
DÉPRESSION ..............................................................30
GLACE SÈCHE ............................................................32
MANGER ET BOIRE ....................................................34
VÉRITÉ ÉLÉMENTAIRE ..............................................37
LE PROBLÈME DE FELICITY .....................................40
GRAINS DE SABLE .....................................................44
GRANDIR, SE DÉGRADER ........................................46
COUPABLE OU NON COUPABLE ? ..........................49
SI, MAIS ET PEUT-ÊTRE ............................................51
SAGESSE INTÉRIEURE .............................................52
ÎLE ...............................................................................53
PEINTURE DE PAYSAGE ..........................................56
VIVRE ET MOURIR DANS LE PASSÉ .......................59
PERDRE SON SANG-FROID .....................................63
MAGIQUE ...................................................................66
LA MÉMOIRE .............................................................70
AVANCER SUR LE TRAIN DE LA VIE ... ...................72
MYTHOLOGIE ET VOYANCE ....................................75

| | |
|---|---|
| DES MURS DE PRISON OUVERTS | 78 |
| LE PALAIS DES RÊVES | 79 |
| PASSÉ, PRÉSENT ET FUTUR | 81 |
| PINBALL | 83 |
| PLANÈTE | 84 |
| EMPOISONNER LE PUITS | 88 |
| VIES ANTÉRIEURES | 89 |
| PERTES ET PROFITS | 92 |
| SABLES MOUVANTS | 96 |
| REJET | 99 |
| CONTRÔLE À DISTANCE | 101 |
| LA RIVE DU FLEUVE | 104 |
| LES PIERRES ROULANTES | 109 |
| TISSU DE CIRE | 110 |
| LES RATS DES ÉGOUTS | 112 |
| CHANGEMENT DE FORME | 114 |
| SPERME | 119 |
| STABILISATEURS | 121 |
| L'HOMME CERF | 123 |
| LIGNES DROITES. | 125 |
| SUBSTANCE ET ABUS | 127 |
| COLLINE DE LA MAISON D'ÉTÉ | 130 |
| LA VIE DE SURF | 134 |
| NAGER AVEC LES DAUPHINS | 138 |
| PARLER AUX PETITS GARS | 139 |
| APPRIVOISER LA RIVIÈRE SAUVAGE | 142 |
| LE MONDE DES OISEAUX | 145 |
| LA FOSSE NOIRE | 147 |
| LE TUNNEL NOIR | 150 |
| LE FEU DE BONNERIE | 152 |
| LE TYRAN TYRANNISÉ | 155 |
| LE BURDEN | 157 |
| L'ILLUSIONNISTE DE LA CONFIANCE | 160 |
| LA FEMME D'AFFAIRES | 163 |

| | |
|---|---|
| LE BOUFFON DE LA COUR | 166 |
| LA VÉRITÉ DE L'IVROGNE | 169 |
| LES ÉLÉMENTS DE MONKTON WYLD | 170 |
| LE GROS MANNEQUIN | 171 |
| LE CHAT SAUVAGE | 174 |
| L'ÉTANG AUX POISSONS | 177 |
| L'HISTOIRE DU PÊCHEUR | 180 |
| L'HISTOIRE DE LA MOUCHE | 182 |
| L'ÉCHELLE DE LA GRENOUILLE | 184 |
| LE GÉNIE DANS LA BOUTEILLE | 186 |
| L'HISTOIRE DU FAUCON | 188 |
| LE ROI ET LA PAYSANNE | 192 |
| LE TAPIS VOLANT | 196 |
| LA VIANDE DANS LA TARTE | 201 |
| LE SUPPORT EST LE MESSAGE | 203 |
| LA MÉTAPHORE DE LA VIE ET DE LA MORT | 207 |
| LA CONFÉRENCE DU CHAMAN MODERNE | 212 |
| L'ARC-EN-CIEL DE L'HUMEUR | 222 |
| LE PARC | 225 |
| LA PERLE DANS L'HUÎTRE | 230 |
| LE VASE PRÉCIEUX | 233 |
| LE PROBLÈME DES OBJETS DE FAMILLE | 235 |
| LE PROFITEUR | 240 |
| L'ADAPTATEUR DE POUFFES | 243 |
| LA QUEUE AU BUREAU DE POSTE | 246 |
| L'HISTOIRE DE LA RIVIÈRE | 248 |
| LA RACINE DU MAL ? | 249 |
| L'HISTOIRE DU SAUMON | 253 |
| LA BERLINE ET LE MODÈLE SPORTIF | 256 |
| LA SAUCISSE ET LA GLACE | 260 |
| L'HISTOIRE DU BOUC ÉMISSAIRE | 262 |
| LE CHIEN DE MOUTON | 265 |
| L'ESCARGOT ET LA LIMACE | 268 |
| LA PEAU DU SERPENT | 270 |

| | |
|---|---|
| L'ÉQUIPE DE FOOTBALL | 272 |
| L'ÉCLAIRAGE | 275 |
| LE TROISIÈME ŒIL | 278 |
| LE PILOTE DE DOUZE ANS | 281 |
| LES DEUX FEUX | 284 |
| LA VANITÉ DU POUVOIR | 286 |
| LE VILLAGE EN INDE | 289 |
| L'HISTOIRE DU VOLCAN | 294 |
| L'HISTOIRE DU VAUTOUR | 297 |
| LA ROUE HYDRAULIQUE | 300 |
| L'HISTOIRE DE LA VAGUE | 302 |
| LE WEB | 304 |
| L'ARBRE BATTU PAR LE VENT | 307 |
| TU NE DOIS PAS... MAIS CHUT, JE DOIS ! | 309 |
| DES TIQUES SUR LA TÊTE | 311 |
| L'OUEST RENCONTRE L'EST | 313 |
| QU'EST-CE QUE C'EST ? | 316 |
| OÙ EST LE PROPHÈTE DANS TOUT CELA ? | 318 |
| QUI OU QUOI | 320 |
| LA COLÈRE VUE DE L'INTÉRIEUR | 324 |
| TUER LA COLÈRE | 328 |

# UNE BALEINE DE TEMPS EN TEMPS

De temps en temps, nous avons besoin de nous débarrasser de nos déchets personnels et émotionnels. Nous avons besoin de respirer profondément et de reprendre le cours de notre vie d'une manière propre et fraîche.

La baleine nageait dans l'océan et profitait de la vie. Elle avait son partenaire et leur progéniture pour lui donner de l'amour et de la compagnie. C'était une baleine heureuse.

Cependant, en balayant le plancton, elle accumulait des détritus dans sa bouche. Ceux-ci s'accumulaient et empêchaient l'absorption de sa nourriture, ce qui la rendait fatiguée et irritable. Lorsqu'il nageait dans les profondeurs, il aimait généralement observer les poissons et les coraux, mais au fur et à mesure qu'il devenait léthargique et déprimé, le plaisir devenait de plus en plus rare.

Il est arrivé un moment où l'eau bleue et claire est devenue gris foncé et trouble. Il faisait froid et sa compagne et ses enfants l'agaçaient par leur seule présence.

Un jour, une énorme baleine nagea près de lui. La vie n'est-elle pas merveilleuse ?" grinça-t-elle dans ce long sifflement aigu avec lequel les baleines communiquent. La mer est infinie car elle fait le tour du monde. À part les baleiniers, nous n'avons rien à craindre.

Notre baleine, dans un gémissement grinçant, a répondu. Il y avait quelque chose de bon dans ma vie, mais maintenant je ne vois et ne sens que l'obscurité.

La grande baleine lui dit de suivre son sillage. Ils nagèrent jusqu'à la surface. La baleine la plus âgée et la plus sage dit alors à la plus jeune d'expulser tout l'air de ses poumons et d'inspirer massivement. Notre baleine a éjecté l'air de ses poumons par son évent avec une telle vigueur que le bruit pouvait être entendu à des kilomètres à la ronde. Le brouillard ainsi créé a fait retentir les cornes de brume des navires voisins.

Puis le parrain des baleines a demandé à son cadet de recracher tous les débris qui s'étaient accumulés dans sa bouche. Un autre souffle gigantesque a permis d'exorciser les déchets.

Se sentant beaucoup mieux, notre baleine prit une autre inspiration et plongea pour rejoindre sa famille.

La plus grosse baleine l'a suivie. Elle disait : "Chaque fois que vous vous sentez comme vous l'avez fait, sombre et morne, il vous suffit de faire une pause, de respirer et de vous débarrasser des déchets que vous avez accumulés au cours de votre vie. Les déchets du passé nuisent au présent. Il n'y a jamais de place pour les déchets dans quoi que ce soit".

Notre baleine est redevenue neuve. Elle jouait avec ses enfants, discutait avec son compagnon et voyait à nouveau les couleurs des poissons et des plantes comme des choses brillantes et merveilleuses.

Si, à l'avenir, il sentait que la vie était à nouveau mauvaise, il savait quoi faire : se débarrasser de ses déchets émotionnels personnels, respirer profondément et reprendre le cours de sa vie d'une manière propre et fraîche.

# COURRIER AÉRIEN

Jimmy avait une peur bleue de l'avion. Il détestait chaque seconde, depuis l'annonce de son voyage jusqu'au moment où il quittait l'aéroport pour revenir à son point de départ.

Il voyageait avec sa petite amie jusqu'à l'endroit où il allait passer dix jours à trembler de peur sur une plage brûlante Il ne pouvait pas faire l'amour, il ne pouvait pas manger et il ne pouvait rien faire d'autre que boire à l'excès pour endormir l'angoisse du vol de retour.

Il devait partir avec elle. Elle lui avait dit qu'elle le quitterait si elle ne pouvait pas passer des vacances annuelles sous le soleil des îles grecques. Il est vraiment entre le marteau et l'enclume.

Sa mère lui a demandé de lui envoyer une carte postale pour lui dire qu'il passait un bon moment.

Il a proposé de lui envoyer un SMS ou de lui téléphoner, mais elle a insisté pour qu'il lui envoie une carte postale.

"Maintenant, promets-moi d'envoyer une carte, mon fils.

Jimmy fait sa promesse.

"Et je recevrai bien la carte, n'est-ce pas ?"

"Oui, maman. Tu recevras une carte postale, c'est sûr.

"Et elle arrivera."

"Bien sûr qu'elle arrivera. À condition que le service postal grec fonctionne et que le facteur la livre ici. Tu recevras la carte, pour l'amour du ciel.
"Tu sais que la carte postale voyagera dans un avion, n'est-ce pas ? Et vous n'avez aucun souci à vous faire quant à l'arrivée de la carte. Tant que tu sais qu'il y a des cartes postales sur tes vols, tu peux être sûr

qu'elles arriveront à destination et toi aussi".

Jimmy n'avait jamais pensé à cela auparavant. Il pensait qu'il serait en grand danger pendant le vol, mais il avait toujours tenu pour acquis que les choses transportées par avion arriveraient à bon port.

En mangeant la salade de fruits que sa mère lui avait préparée, il a pensé aux mangues, aux pamplemousses, aux kiwis et à tout ce qui était arrivé dans son assiette après un voyage en avion.

Cette prise de conscience a modifié radicalement son attitude à l'égard de la sécurité des vols et il a, pour la première fois, profité de ses vacances. Il avait cependant un secret. Il a emporté une carte postale à l'aller et l'a postée avec celle qu'il avait achetée en Crète.

Il en a ramené une autre, par sécurité.

# ALIENS ALIÉNANTS

Il s'agit d'une histoire sur l'inhumanité qui peut exister chez les humains. Lorsqu'ils sont motivés par la cupidité et la cruauté, nous sommes capables de toutes sortes de maux. Tout cela se produit dans le cadre de la recherche d'une nouvelle terre qui est ensuite prise et dont les indigènes sont supprimés et aliénés sur leur propre territoire. Il s'agit de colonisation, d'esclavage et d'exploitation.

Pour les envahisseurs étrangers, la terre avait fière allure. Ils y trouvaient de la nourriture, en particulier de la viande, qui pouvait être mangée et ce qui restait pouvait être transporté jusqu'à l'endroit d'où ils venaient à bord de leurs gigantesques vaisseaux spatiaux.

Ces extraterrestres étaient cependant agressifs, ils tuaient les hommes et violaient les femmes. C'était dans leur nature d'extraterrestres. Ils pensent qu'ils sont meilleurs que nous, pensaient les indigènes.

Les extraterrestres avaient le droit de piller les biens qu'ils trouvaient. Les choses utiles à leur planète d'origine étaient emportées. Les indigènes étaient réduits en esclavage et travaillaient pour rien d'autre que le droit de vivre quelques jours, semaines ou mois de plus, mais rarement des années. Cela dit, un grand nombre d'entre eux ont été transportés sur la planète d'origine pour y travailler.

L'un des extraterrestres a eu l'idée géniale de laisser plus de temps de loisir à sa race et de faire plus de profits pour acheter d'autres vaisseaux spatiaux afin d'explorer d'autres planètes riches en ressources de toutes sortes.

Après avoir presque tout épuisé, les extraterrestres se sont lassés de la planète Terre et l'ont quittée. Ils sont partis.

Mais ce qu'ils ont laissé, c'est le chaos, les troubles civils, les meurtres pour les maigres miettes qui restaient. Tous les animaux non humains ont été décimés parce qu'ils avaient peu de valeur commerciale et pouvaient être agressifs. Mieux valait les éliminer.

Les mers étaient des flaques stériles qui ne pouvaient fournir que du sel pour satisfaire les goûts des extraterrestres, mais trop c'est trop.

Lorsque les prochains voyageurs de l'espace sont arrivés, ils ont regardé ce bloc de roche stérile avec pitié.
"C'est ainsi qu'ils sont venus". C'est tout ce qu'ils diront.

Après de longues négociations et discussions, la vérité sur ce qui avait été dit fut révélée.

C'était le plus grand embarras pour l'humanité.

Apparemment, le code génétique à l'origine de ce qui s'était passé avait été créé sur la Terre.

Une capsule temporelle humaine avait été trouvée par les extraterrestres alors qu'elle flottait dans l'espace, expliquant à tout le monde comment nous, les humains, sommes construits. Elle donnait même des indications sur notre maison.

Les extraterrestres ont cherché des humains, en ont capturé quelques-uns et les ont soumis à une série d'examens très stricts. Certains ont été observés pour leurs traits de comportement, d'autres ont été disséqués et d'autres encore ont été utilisés pour construire le schéma génétique que les extraterrestres allaient ajouter au leur.
Ainsi, l'une des choses qui leur plaisait était l'envie humaine d'envahir, de tuer, d'exploiter et de ruiner des vies. C'était très répandu dans les gènes. Les souvenirs des Vikings, des Romains, des impérialistes européens, d'Hitler et de bien d'autres étaient considérés comme des moyens classiques de ramener de riches ressources chez soi.

Le traitement réservé aux civilisations les plus anciennes de la planète, telles que les aborigènes australiens, les Indiens d'Amérique du Nord et les habitants des forêts tropicales, a servi de plan directeur à cette étrange forme de vie qui avait besoin d'être plus riche, plus grande et plus avide que les humains qu'elle avait trouvés sur terre.

L'esclavage est apparu comme la réponse à la nécessité de payer pour le travail et de partager les bénéfices du dur labeur. Ces gens pouvaient être considérés comme des extraterrestres au moment opportun, car ils venaient d'ailleurs.

Les premiers habitants des planètes peuvent être considérés comme de véritables extraterrestres car, après tout, ils n'ont pas été en mesure d'exploiter leurs propres ressources. Quelque chose ou quelqu'un d'autre devait le faire à leur place.

# UNE QUANTITÉ IMPRESSIONNANTE

L'argent utilisé de manière égoïste peut s'avérer être un cadeau empoisonné. Si l'univers a la gentillesse de partager ses richesses avec quelqu'un, le bénéficiaire doit avoir la gentillesse d'utiliser cette chance au profit du monde et de ses occupants. L'argent est très rarement gratuit.

Gordon avait une vie moyenne. Il avait une femme, une voiture moyenne, une maison moyenne et des attentes moyennes par rapport à son existence.

Son rêve était de gagner à la loterie. Lorsqu'on lui demandait combien il aimerait gagner, il répondait simplement : "Beaucoup d'argent".

Il achetait ses billets chaque semaine en utilisant ses numéros habituels, mais un jour, comme il s'agissait d'un jackpot renouvelable, il a dépensé une fortune en achetant un billet "lucky dip".

Pour résumer, il a gagné énormément d'argent.

Il s'est empressé d'acheter une grande maison avec piscine. Il s'est acheté une voiture rapide pour impressionner tout le monde. Comme il s'agissait de son grand gain, il a décidé de garder l'argent pour lui. Sa femme, qu'il jugeait vieille, même si elle était de cinq ans sa cadette, il a donc fréquenté les bars et les boîtes de nuit et s'est trouvé une petite amie qui avait la moitié de son âge. Elle était très douée pour dépenser de l'argent et elle était très exigeante. Elle voulait des diamants et de l'or. Elle voulait la nourriture la plus raffinée dans les meilleurs restaurants et elle exigeait un cachet chaque fois qu'ils faisaient l'amour.

Il avait énormément d'argent et tout cela en valait la peine, pour lui en tout cas. Il pouvait s'offrir de bons avocats et faire disparaître sa femme de sa vie pour un coût raisonnable.

Il s'est rendu compte que ses amis d'autrefois prenaient leurs distances avec lui, probablement parce qu'ils étaient jaloux de sa richesse, pensait-il. De toute façon, il pouvait se permettre d'en acheter de nouveaux.

Il s'est lassé de sa petite amie et a investi dans de nouvelles, encore plus jeunes et plus jolies.

L'une d'entre elles, Mona, était analyste en investissements et lui donnait des conseils sur la manière de dépenser son argent pour obtenir le meilleur rendement

Après quelques bonnes affaires dont elle lui avait parlé, il était très heureux d'investir toutes ses économies, tous ses biens et toute sa foi dans l'affaire des affaires.

Mona lui a dit qu'elle devait s'envoler pour l'Amérique du Sud afin de s'assurer que l'affaire était conclue. Il l'a quittée à l'aéroport, est rentré dans sa grande maison, s'est baigné dans sa piscine chaude et s'est détendu avec un énorme cigare.

Il n'a pas eu de nouvelles de Mona, pas d'appels téléphoniques, pas de textos, pas de courrier. Il s'inquiète pour sa sécurité.

Les barrières de sécurité ont sonné l'arrivée de quelqu'un.

Il a regardé l'écran de télévision en circuit fermé et a vu deux hommes en costume qui se tenaient là. Il craignait qu'une tragédie n'ait frappé la fille de ses rêves. Il les laissa entrer.

Les huissiers n'ont pas tardé à expulser l'homme de sa maison, à saisir les clés de sa voiture et à le laisser enfermé dehors. Il se retrouve sans le sou, sans domicile et sans amour.

Il a téléphoné à son ex-femme pour lui demander de l'aide. Celle-ci, ravie d'avoir des nouvelles de son ex-mari, lui a proposé de payer pour qu'il "aille en enfer", comme elle l'a dit.

"J'ai besoin que tu reviennes, je t'aime". Il l'a suppliée. Elle rit. "Je vais faire une chose pour toi. Je vais te donner assez d'argent pour que tu puisses acheter un billet de loterie de plus. Tu as toujours voulu beaucoup d'argent. C'est ce que tu as obtenu. L'argent que tu as gagné t'a donné une vie horrible. Je vais te donner la chance de gagner encore plus d'argent qui sera encore plus horrible pour toi."

Elle a raccroché et a continué à mener une vie moins que moyenne.

Elle avait investi le peu d'argent que lui avaient donné les avocats de son mari et avait été largement récompensée. Elle disposait désormais d'une belle somme d'argent.

Elle sourit à son nouveau partenaire et rit bruyamment pendant quelques bonnes minutes avant de reprendre le travail dans le refuge pour animaux qu'elle avait acheté.

# FEUILLES D'AUTOMNE

Une métaphore interactive sur l'abandon du passé pour profiter du présent et de l'avenir.
Passé, lâcher prise
Par un bel après-midi d'automne, vous vous promenez d'un bon pas dans un bois. Le sol est recouvert d'une couche de feuilles mortes qui craquent et bruissent sous vos pieds.

À travers les feuilles, vous pouvez voir le ciel, d'un bleu plus profond que vous ne l'avez jamais vu.

Bien que les feuilles s'accumulent sur le chemin, le rendant à peine visible, les branches des arbres sont encore parsemées de feuilles, certaines d'un jaune doré, d'autres d'un orange riche, d'autres encore d'un rouge vif.

On sent une légère fraîcheur dans l'air, mais on est réchauffé par l'éclat des couleurs qui nous entourent. Vous sentez en vous une lueur qui reflète les couleurs des feuilles. L'or pour les objectifs que vous voulez atteindre, l'orange pour l'énergie que vous mettez à les atteindre et le rouge pour le courage que vous mettez à surmonter vos doutes.

Vous marchez toujours, mais vos pas deviennent plus lents. Vous savez que vous devez progresser, mais vous savez aussi qu'il est parfois nécessaire de s'arrêter et de regarder autour de soi. Vous sentez, avec une certitude croissante, que c'est l'un de ces moments.

Vous faites une pause.

Ce doit être la partie la plus ancienne de la forêt. Des arbres immenses s'étendent vers le ciel de part et d'autre de vous.

Un labyrinthe de fissures recouvre l'écorce du tronc le plus proche et, en y regardant de plus près, vous pouvez voir du lichen vert pâle pousser le long des crêtes.

L'écorce semble vouloir s'effriter si vous la touchez, mais lorsque vous posez votre main sur l'arbre, il vous semble aussi dur et inébranlable que le granit de . Les fissures ne sont pas un signe de faiblesse, mais plutôt des canaux de force. Plus bas sur le tronc, il y a des poches de mousse et vous passez vos doigts dessus. Vous vous attendez à ce que la mousse soit visqueuse et humide, mais elle est sèche et plumeuse au toucher.

Alors que vous vous tenez près de l'arbre, un sentiment d'ancienneté et d'intemporalité semble s'en dégager, comme s'il envoyait un message à travers le bout de vos doigts jusqu'à vos niveaux de compréhension les plus profonds.

C'est comme si la sagesse des anciens philosophes, des magiciens de la mythologie et même de nos propres ancêtres était rassemblée et préservée dans la vie de l'arbre.

Vous regardez la base de l'arbre. De puissantes racines s'étendent dans toutes les directions, comme des contreforts, soutenant et nourrissant l'arbre. Vous savez que les racines s'étendent sur la même distance que la hauteur de l'arbre et, juste pour un instant, vous imaginez que vous pouvez les voir sous le sol, cherchant de l'eau et des nutriments, se divisant et devenant de plus en plus fines au fur et à mesure qu'elles s'étendent de plus en plus loin dans leur quête de soutien de l'arbre.

Vous levez les yeux et voyez les branches s'élever avec sérénité et confiance, reflétant la structure des racines qui se divisent et s'étendent à la recherche de la lumière du soleil.

Au-dessus de vous, une branche tremble sous l'effet de la brise et une feuille se détache doucement pour voler jusqu'au sol. Une autre feuille suit, puis une autre. Dans quelques semaines seulement, les branches de l'arbre seront dénudées. Dans votre imagination, vous voyez le temps avancer jusqu'à l'hiver et au printemps, et vous voyez les bourgeons se former sur les branches des arbres, puis gonfler, s'ouvrir et se transformer en jeunes feuilles fraîches, et vous réalisez que rien de tout cela n'arriverait si l'arbre ne se débarrassait pas de ses vieilles feuilles à l'automne.

Vous pensez aux choses de votre vie que vous aimeriez laisser partir : les choses que vous ne voulez plus faire, vos pensées négatives et tout ce qui vous empêche d'être la personne que vous aimeriez être.

L'arbre perd ses feuilles parce que c'est le bon moment. Vous sentez que c'est le bon moment pour vous aussi de vous débarrasser des choses que vous aimeriez voir disparaître de votre vie. Et vous les sentez se détacher, une à une, flotter vers le bas, loin de vous, vous laissant libre de poursuivre de nouvelles activités, d'avoir des pensées positives, de devenir ce que vous aimeriez être.

Un sentiment exaltant de liberté envahit votre esprit, alors que vous réalisez qu'à partir de maintenant, ces choses n'ont plus besoin de faire partie de votre vie.

# BLACKPOOL ROCK

La nature du bonbon de roche est la douceur, mais nous pouvons être amers. Pour aller de l'avant, il faut examiner les mots qui, dans votre esprit, vous décrivent et décrivent vos actions. S'il s'agit de choses négatives, vous pouvez reconnaître ce qu'il faut faire pour les transformer en choses positives. Le changement a alors un schéma directeur que vous pouvez suivre dans votre reconstruction personnelle.

La pierre de Blackpool est une confiserie britannique fabriquée à partir de sucre. Il est tiré et étiré jusqu'à ce qu'il soit suffisamment élastique pour être roulé. Des lettres de différentes couleurs sont ajoutées au bloc roulé, puis l'ensemble est roulé et tiré pour former un long cylindre.

Blackpool, une station balnéaire du nord-ouest de l'Angleterre, n'est pas la seule à fabriquer des rochers de ce type, mais ceux-ci sont célèbres.

Sommes-nous, comme le rocher, formés de mots qui se trouvent dans notre être même ou pouvons-nous changer les lettres pour épeler des choses différentes ?

Si l'on vous cassait en deux comme un bâton de pierre, quels mots liraient les autres ? Lorsque nous craquons, lorsque nous nous brisons, quels sont les mots qui sont exposés au monde ?

Pourtant, au lieu d'être cassants et fabriqués, nous sommes doux et nous continuons à grandir et à nous développer.

Nos expériences peuvent changer les mots de notre âme, notre comportement peut influencer ce qui est montré aux autres.

Le mal intrinsèque est difficile à envisager. Tout ce qui nous est arrivé au cours de notre vie peut nous façonner d'une certaine manière, mais en réalité, nous pouvons écrire les mots qui reflètent notre nature. Nous pouvons encourager les autres à nous aider à créer le scénario positif pour lequel nous aimerions être connus.

Nous ne sommes jamais figés. Je me souviens d'avoir vu un couple allemand, homme et femme, déposer des fleurs sur les tombes d'aviateurs alliés qui essayaient de les bombarder à l'adresse pendant la Seconde Guerre mondiale, mais qui avaient été abattus.

Les mots dans leur âme sont le pardon. Ils comprennent que ces jeunes hommes ont été contraints d'agir par patriotisme. Ils savaient que le vrai méchant était loin des dangers.

# LE SOUFFLE

Nous connaissons peut-être depuis très longtemps le lien entre la respiration, le calme et une âme paisible, mais nous n'avons pas su en reconnaître les indices !

Le Grand Architecte a conçu la Terre et l'a réalisée à la perfection.

Tout ce qui était nécessaire à son développement et à sa croissance a été ajouté, sauf une chose. Le créateur a soufflé doucement sur elle et l'a regardée.

Le jour où le souffle a reçu une maison, il a poussé un soupir de soulagement. Cela faisait longtemps qu'il cherchait un endroit où vivre. Il voyait maintenant un endroit qui avait l'air d'avoir besoin d'inspiration. Il choisit ce bloc de roche mort et stérile qui flottait dans l'espace. Le souffle s'y est dirigé et a atterri.

Le souffle est une chose étrange à comprendre. Il est capable d'exister dans de minuscules vides, mais aussi de remplir d'immenses étendues. Il est une infinité de formes.

Par-dessus tout, il a été créé pour être curieux et agité. Il s'ennuie facilement.

Le souffle étant infini, il pouvait se diviser en différents gaz qui s'unissaient pour former de l'eau. L'eau couvrait une grande partie de la planète. Cela la rendit plus intéressante, mais pas pour longtemps.
Le souffle a fait en sorte que l'eau emporte des morceaux de roche dans les océans. L'eau était mélangée à des minéraux et à des sels. Lorsque tout fut prêt, Respire plongea dans l'océan et pénétra dans la boue et s'y mélangea. La vie était née.

Au fil des ans, Souffle continua à faire croître la vie sous toutes ses formes et dans toutes ses dimensions. Il vivait dans les forêts et les jungles où il produisait plus de souffle pour la planète.

Il vivait dans les animaux qui poussaient sur la planète, et les animaux devinrent aussi divers que les plantes.

L'un de ces animaux était l'homme et il menait une vie modeste jusqu'au jour où il a découvert la chaleur du feu. Il pouvait brûler certaines plantes pour se réchauffer et cuire ses aliments. Le feu, comme les plantes et les animaux, avait aussi besoin de souffle.

Au bout d'un certain temps, l'humanité a découvert qu'elle pouvait utiliser de plus en plus de plantes, d'animaux et de minéraux pour rendre sa vie plus facile, même si parfois les hommes se battaient pour obtenir plus de ces ressources auprès d'autres hommes.

Et ainsi de suite jusqu'à ce que le Souffle commence à être étouffé par la fumée et les émanations des hommes qui s'offraient de plus en plus de confort. Sa toux provoquait des coups de vent et des ouragans. Le souffle était utilisé, peut-être maltraité, et il pensait très fort à quitter cette planète pour trouver un autre endroit où il serait apprécié. Après tout ce que le souffle avait créé, l'humanité était en train de détruire ses efforts.

Les autres animaux mouraient, les plantes étaient asphyxiées et privées d'eau, et les minéraux étaient utilisés pour ajouter à ce que l'on appelait le luxe, et pour fabriquer des armes qui accéléreraient la mort de toute vie.

Cela est devenu la véritable définition de ce que l'on appelle la civilisation, car cela a également causé la misère des personnes les plus pauvres de la planète. Seule une petite partie des humains pouvait vivre dans le confort.

À la suite de tout ce qui se passait, Breath a conçu un plan. Il quitterait la planète et la laisserait redevenir un bloc de roche, stérile et gaspillé.

Puis il reviendrait et recommencerait mais, cette fois, sans l'humanité.

# L'HOMME DES CAVERNES SUR LA PLAGE

Il semble que lorsque nous partons en vacances, nous changeons. C'est comme si nous remontions le temps de 50000 ans pour revenir à la créature plus douce qui vit en nous lorsqu'elle n'est pas menacée.

L'homme a regardé le corps agréable d'une jeune femme aux seins nus sur une plage italienne. Au bout d'un moment, elle a pris un T-shirt et l'a enfilé, couvrant ainsi sa poitrine. Elle se penche pour trouver une bouteille d'eau dans son sac. Il s'est surpris à scruter sa poitrine, désormais en grande partie cachée. Il aperçut l'un de ses mamelons. Même si, quelques instants plus tôt, ses seins étaient en pleine lumière, il trouva ce bref aperçu extrêmement plaisant.

Pourquoi était-ce plus intéressant que de la voir lorsqu'elle était entièrement exposée ? Est-ce parce qu'il n'est pas censé voir quelque chose qui est devenu privé ?

Est-ce parce qu'il a brisé un tabou en regardant l'interdite ?

Est-ce là le grand sens de la vie ? Vouloir voir ce qui est caché et dissimulé pour notre plaisir et notre amusement ? Prendre à l'univers ce qui ne nous appartient pas ? Avoir le pouvoir de ne pas être puni pour avoir enfreint les règles ? Espérer entrevoir les grands secrets de notre existence ? Vouloir lire la dernière page pour savoir "qui a fait ça" et pourquoi ?

Il est peut-être dans la nature de chacun d'être voyeur ou, au mieux, curieux. C'est peut-être notre curiosité qui nous a poussés à survivre pendant des dizaines de milliers d'années, plutôt que la convoitise. Cet animal au corps mou, sans griffes, ni crocs, ni armure écailleuse, a su dominer les poissons, les oiseaux et tous les êtres vivants de la planète.

Il semble que la civilisation ne soit qu'un mince vernis sur la nature primitive de l'homme. Si l'on gratte cette surface, on découvre notre véritable nature sous-jacente

Nos pulsions primaires sont douces, pacifiques et bienveillantes. C'est la soi-disant civilisation qui a développé les caractéristiques qui sont tout sauf animales.

Ce n'est pas parce qu'un grand nombre d'êtres humains savent lire et écrire que nous supposons que nous avons une culture. Nous supposons alors que la culture est un signe de civilisation. La Renaissance a suivi l'une des périodes les plus troublées de l'histoire européenne, la peste noire. Cependant, cette période a donné naissance à de grandes œuvres d'art en Italie et en France, l'un des signes de ce que nous appelons la civilisation.

Sur cette plage, l'homme se retrouve au milieu d'une multitude d'indigènes préhistoriques. Des enfants jouaient pendant que leurs parents se détendaient. Des femmes aux seins nus se déplaçaient ou s'allongeaient sur le sable. Des hommes en pagne paradent, dorment ou nagent. Au large, des canoës naviguaient tranquillement.

Cet endroit était un cadre primitif, mais on s'y sentait en sécurité. Ici, des gens presque nus se reposent. Le mot cliché "Paradis" inscrit sur une serviette de bain résumait bien l'impression qui s'en dégageait. Pendant deux semaines sur cinquante-deux, nous trouvons notre véritable moi primordial. Pendant les quatre-vingt-seize autres pour cent du temps, nous sommes "civilisés".

L'homme et sa femme ont adopté le code vestimentaire en enfilant timidement leur maillot de bain derrière des serviettes enroulées autour de leurs corps pâles. Vous allez vous mettre torse nu ? demande-t-il.

Pourquoi encourageait-il sa femme à montrer ses seins à des étrangers ? Dans leur vie ordinaire, à la maison, il aurait frappé un voyeur s'il avait regardé par la fenêtre de la chambre à coucher à un kilomètre de distance. Pourtant, ici, ces choses, que tous les hommes possèdent pleinement, pouvaient être exposées à un millier de sacs de testostérone inconnus avec le plein accord du mâle jaloux.

Alors qu'il essayait de frotter le sable de ses mains, il pensait à la quantité de peau humaine mélangée au sable après l'exfoliation naturelle de milliers de personnes pendant la saison. Le pied d'athlète, le psoriasis, les verrues et une multitude d'autres affections étaient également au repos sur sa serviette et son corps !

Les véliplanchistes, quant à eux, sont restés bloqués par l'absence de vent. Debout sur leurs planches, comme s'ils faisaient la queue, ils semblaient tous agacés que la nature ait le sens de l'humour.

La brise avait été suffisante pour les emmener trop loin pour qu'ils puissent revenir à la nage, puis elle s'était affaiblie pour les laisser dans le pot au noir.

Le spectacle rappelle ces documentaires où des indigènes se tiennent debout dans des canoës tout en pêchant des poissons à la lance.

S'installant sur sa serviette, il pensa à ce qu'aurait pu être le monde il y a cinquante mille ans, lorsque l'homme était une force en développement plutôt qu'une force dominante. L'équilibre était différent. Comme un château de sable, les efforts des hommes étaient érodés et emportés par la force de la nature.

Aujourd'hui encore, les quatre éléments de l'univers sont capables de dominer. Le feu des volcans, l'eau des raz-de-marée et des inondations, la terre fendue par les tremblements de terre et les incroyables explosions d'énergie des ouragans et des tornades.

Lorsque ces phénomènes se produisent, ils traitent le béton et l'acier avec le même mépris que les vagues pour un château de sable. Le tsunami qui a frappé l'Indonésie, la dévastation de la Nouvelle-Orléans et les tremblements de terre au Pakistan en sont des exemples majeurs.

Les responsables d'église ont alors douté de l'existence de Dieu parce qu'il ne les avait pas empêchés. Alors qu'ils se préparaient depuis des années. Même si des assureurs cyniques les ont qualifiés d'actes de Dieu.

Pourtant, ce sont ces mêmes phénomènes qui avaient créé les océans et les montagnes des millions d'années auparavant. Ils étaient, et sont toujours, les ouvriers de la construction de notre planète.

Ses pensées se succédaient à un rythme effréné Des Américains, des Allemands, des Italiens et des Anglais partageaient une plage que, quelques décennies auparavant, ils se seraient battus pour posséder.

Libérés de la concurrence des nations et des dogmes, les gens se détendent sous le même soleil. Le pouvoir des politiciens et des hommes d'église avait divisé les gens pendant des milliers d'années.
Cette prédisposition à faire confiance et à se détendre sur la plage est un exemple de l'innocence primitive qui vit en nous lorsque nous ne sommes pas menacés.

Qui menace ? La réponse semble être tout le monde lorsqu'il est organisé en hiérarchie. Les patrons, les entreprises, les gouvernements, les nations et les églises.

Ils étaient tous là, heureux d'avoir échappé à leur travail, à leur pays, à leurs politiciens et à leurs fonctionnaires pendant un certain temps. Peut-être pouvaient-ils se détendre en étant vulnérables parce qu'il n'y avait pas de base de pouvoir.

Les pyramides de pouvoir sont assez classiques dans la nature. Les mâles et les femelles alpha dominent les membres subordonnés de leur meute. Les échelons sophistiqués des entreprises, les couloirs du pouvoir politique, les principes épiscopaliens régissent n'importe quel groupe de personnes au sein de n'importe quelle organisation. La puissance des armes et des armées fait la même chose parmi les nations.

Les bandes d'épingles, les robes d'évêque et les bombes atomiques ne nous rendent pas plus civilisés que nos ancêtres. Ils avaient des muscles, des massues et des pierres à manier, mais c'était plus pour le sexe et la nourriture que pour le contrôle absolu. Les gorilles se comportent avec un sens poli de la violence. Ils menacent plutôt que de faire couler le sang. La civilisation est née lorsque l'humanité s'est ressaisie après une naissance très brutale et traumatisante.

Le couple s'est installé, a créé le noyau de son terrain avec les parapluies, puis a élargi et protégé la zone avec des serviettes. C'était à eux. Leurs petits morceaux disaient aux autres de ne pas s'approcher, aussi fortement que la signature urinaire d'un loup.

Le luxe d'être un chasseur-cueilleur dans les années passées était qu'il y avait toujours du temps pour se détendre et discuter avec ses compagnons après la capture de la proie. Dans nos vies actuelles, la chasse et la cueillette ne prennent que quelques instants au supermarché, et il faut donc passer du temps à travailler pour d'autres afin de réaliser leurs profits.

Cela signifie que nous n'avons jamais le temps de nous asseoir pour nous détendre et discuter avec nos amis et notre famille, à moins que nous ne soyons en vacances dans nos pagnes.

# CHANGEMENT

Le changement est facile lorsque la décision de le faire est prise. Il peut s'agir d'un symbole, d'une expression ou d'un acte. Si le changement est nécessaire, il faut le faire.

Afin d'échapper aux scènes familières qui m'entouraient, j'ai conduit ma voiture jusqu'à la côte. J'ai réservé un hôtel bon marché avec une vue sur l'intérieur des terres plutôt que sur la mer, comme je l'avais souhaité. C'était la pénalité pour avoir pris l'une des rares chambres restantes. J'ai regardé la verdure du paysage qui semblait attirer mon attention sur un petit arbre rabougri au sommet d'une colline. Je pouvais sympathiser avec lui. Il était triste, seul et exposé.

Plus tard, je suis allée acheter des vêtements. Je savais que l'achat d'une nouvelle garde-robe était une tentative de changer le "moi" extérieur pour que mon moi intérieur suive, avec un peu de chance.

L'après-midi, j'ai marché le long de la plage. C'était le début du printemps et il n'y avait donc pas grand monde avec qui la partager. Je me suis dit que je m'offrirais un repas coûteux le soir. Les économies d'échelle sont merveilleuses quand on est seul. Pour le prix de deux repas, je pouvais me faire plaisir. J'ai réservé une table pour 20 heures dans un restaurant au bord de la plage et je suis rentré à l'hôtel. Il y avait une émission comique à la télévision et je me suis surprise à rire fort pour la première fois depuis des mois.

J'ai pris mon bain, je me suis habillée et je me suis admirée dans le grand miroir de ma chambre. J'avais l'impression d'avoir à nouveau seize ans, sans savoir ce que la nuit me réservait. C'était un sentiment de renaissance. Un nouveau moi allait marcher dans le monde la tête haute. J'avais porté mes vieux vêtements pendant trop longtemps.

La nourriture était bonne. Du loup de mer arrosé de Chablis. En plus de cela, j'ai déposé un pudding au chocolat avec de la crème. Deux cognacs ont été ajoutés et le tout a mariné dans mon estomac.

J'ai marché jusqu'à la plage après mon repas. Les étoiles brillaient dans le ciel sombre de . Leur lumière semblait se refléter sur la masse de petits coquillages qui reposaient sur le sable humide au bord de l'eau. Peut-être était-ce le vin, mais je pouvais imaginer que la plage était le ciel et que le ciel était sous mes pieds. Le silence qui régnait dans la nuit était une oasis au milieu des bruits incessants de la vie moderne.

Le vrombissement constant des automobiles, les moteurs à réaction omniprésents au-dessus de nos têtes. Ces interruptions avaient cessé d'exister à ce moment-là.

Le mouvement de la mer qui venait caresser la plage ressemblait à un soupir de résignation de la planète face à l'apparente domination de l'humanité. Je suis resté debout, j'ai regardé et j'ai écouté aussi longtemps qu'il le fallait pour me faire sentir que je n'avais pas plus d'importance pour l'univers qu'un des coquillages de cette plage. Étonnamment, cette pensée m'a rassuré.

Je suis rentré à l'hôtel, je me suis déshabillé et j'ai accroché mes nouveaux vêtements. Je me sentais bien. Même le reflux que j'ai ressenti au moment de me coucher m'a semblé bienvenu. Une fois de plus, je n'ai pas fait de rêves.

Je me suis réveillé à dix heures. Cependant, le reflet de l'homme intelligent que j'avais vu la veille au soir s'était transformé en celui de mon père. L'idée d'un petit déjeuner ne m'attirant pas, je me dirigeai à nouveau vers la plage. J'ai erré le long du bord de mer en regardant les étoiles qui reposaient encore dans le sable. Je regardais et parfois ramassais de petits cailloux blancs. Sans raison, j'ai entassé dans mes poches les pierres qui avaient attiré mon attention.

Il y avait des falaises qui surveillaient la mer avec un sens aigu du devoir. L'océan pouvait être un enfant turbulent lorsqu'il était encouragé par le vent, mais la plupart du temps, il était doux et bien élevé.

Les falaises présentaient des couches de couleurs différentes, ce qui me fascinait. Les structures représentaient le temps à travers différentes étapes.

Ils étaient comme les couches qui semblaient pouvoir être observées dans ma vie. Elles étaient les strates qui racontaient l'histoire de ma vie, de son histoire troublée à ce moment de tranquillité sur la côte, et à mon existence seule dans mon nouveau havre de paix.

Et la vie transparaît à travers les différentes histoires. Chaque couche est différente, mais toutes me constituent, comme les différents niveaux constituent l'essence de la falaise.

J'ai mis mes vieux vêtements dans le sac qui contenait les nouveaux, j'ai réglé mon compte, j'ai déposé mon ancienne vie dans un magasin de charité et j'ai repris la route vers ma nouvelle réalité.

# CHÈRE LECTRICE, CHER LECTEUR

Voici mes histoires. J'espère qu'elles vous expliqueront ma vision de la vie et de ses problèmes, telle qu'elle ressort de mes nombreuses années de thérapie.

Parfois, les gens ne vous croient pas, ne nous croient pas. Ces histoires courtes et ces métaphores ont été écrites pour aider les personnes qui ont des problèmes, celles qui ont besoin d'un nouveau regard sur la vie et pour les thérapeutes.

Nous ferons un voyage qui inclura l'infini et son opposé. Pour certains, vos pensées sont aussi insignifiantes que de petites décharges électriques dans votre cerveau. Mais pour d'autres, elles font partie du tissu de la vie. Les toiles ne sont rien d'autre que la substance et le néant entre les deux. Avec un peu de chance, vous trouverez la substance qui échappe à ceux qui ne trouvent que les trous.

Dans ce livre, vous trouverez quelque chose que vous voudrez garder avec vous aussi longtemps que vous vivrez.

Vous y trouverez des changements personnels qui se développeront à partir de la graine contenue dans les histoires. Elles vous expliqueront quelque chose. Rappelez-vous toujours que je ne vous donne rien que vous ne possédiez déjà ; seulement les moyens de les trouver.

S'il vous plaît, partagez cette pensée avec tous ceux qui ont besoin d'aide.

# DÉCOMPRESSION

Il est important de savoir ce qu'est la relaxation pour soulager le stress.

Terry et sa femme Juliet ont loué un gîte dans un petit village de France. C'était les vacances d'été dont ils avaient rêvé et qu'ils attendaient avec impatience. Leur vie était stressante. Ils travaillaient dur, mais on leur demandait toujours plus. La pression exercée par leur travail était immense. Les exigences de leur temps étaient des poids à porter comme des fardeaux. Leurs vies étaient comme des ballons gonflés à l'extrême, prêts à éclater.

Le soleil brille le jour et les étoiles brillent la nuit Dans le ciel clair, des étoiles filantes traversaient la nuit.

Ils s'écriaient tous deux : "Faites un vœu".

Les yeux fermés, ils se livraient à leurs pensées intimes. On ne peut jamais dire à personne ce que l'on souhaite à une étoile.

Pierre a été leur voisin pendant deux semaines. Il ne parlait pas anglais et le couple parlait très peu le français, si ce n'est pour pouvoir commander un café, une bière ou un verre de vin dans un café.

Cela n'a pas changé grand-chose pour eux, car ils voulaient être ensemble, loin de tout ce qui aurait pu ajouter de la tension et de l'inquiétude à leur vie.

Ils voulaient manger, boire du vin et se détendre.
Pierre a vu que les voisins temporaires profitaient de leur pause.

Un jour, il a regardé par-dessus le mur du jardin et a dit : "Décompressez". Il a pointé la maison du doigt et a souri.
Terry s'inquiétait du fait que la citerne de gaz située dans le jardin avait besoin d'un peu d'attention. Il a enquêté, il a vérifié tout ce qui pouvait provoquer une explosion. Il n'a rien trouvé.

Pierre s'occupait de ses légumes dans le jardin.

Terry lui cria "Bonjour". Pierre lui rendit son salut d'un signe de tête.

"Qu'est-ce qui doit être décompressé ?

Pierre répondit : "Décompressez" et se détourna avec un autre sourire.

Terry est persuadé que cet homme en sait plus qu'il ne veut bien l'expliquer.

Que voulez-vous dire par "décompresser" ? Qu'est-ce qui doit être décompressé ? Qu'est-ce qui va exploser si je ne le fais pas ?"

"Attendez", dit Pierre en s'éloignant.

Terry, plus inquiet qu'avant, dit à Juliet que le "tonday" avait besoin d'être décompressé, quoi que ce soit et où que ce soit.
Ils entendirent des rires provenant de la maison de Pierre.

"Foutus Français ! marmonna Terry, de plus en plus en colère.

Une jeune fille, d'une vingtaine d'années peut-être, sortit de la maison de Pierre en riant.

"Bonjour, monsieur. Je suis la petite-fille de Pierre. Je parle un peu l'anglais que j'ai appris à l'école". Sa voix était douce et son accent engageant. Terry commence à se calmer.

"Mon grand-père dit que lorsqu'il vous demande de décompresser, vous semblez devenir anxieux. Il n'y a aucune raison de s'inquiéter. Il dit que vous et votre femme semblez troublés et que vous avez besoin de vous détendre pendant vos vacances. Le mot qu'il aime utiliser est "décompresser". Laissez vos pressions s'échapper dans le bon air. C'est un meilleur mot que "se détendre", n'est-ce pas ? Lorsqu'un mot est surutilisé, comme c'est le cas de "relax", il perd son sens. Comment se détendre et se sentir détendu ? C'est difficile. Le mot "décompresser" a

plus de sens, il est plus imagé. Mon grand-père veut que vous profitiez de la vie que vous avez ici et s'excuse s'il vous a inquiété.
"Il y a encore une chose : pourriez-vous venir dîner à 19 heures ce soir ? Je serai là pour traduire. C'est mon travail, d'ailleurs. Je travaille en Angleterre."

Ils acceptent l'invitation.

"C'est le début de notre décompression." Ils ont dit tous les deux en harmonie.

"La décompression ne consiste pas à regarder la fille avec la langue pendante, d'ailleurs". dit Juliet avec un sourire sur son visage et dans sa voix.

C'est ainsi que la décompression commença. Ils pouvaient se détendre sans but précis. Plutôt que de s'asseoir à l'ombre d'un parasol en voulant planifier leur tranquillité en se disant qu'il faut être tranquille, ils pouvaient prendre le sens de décompresser, de relâcher la pression, de se détendre, de se relaxer et de se poser.

"Vous savez, l'une des choses que j'ai souhaitées lorsque j'ai vu l'étoile filante, c'est la possibilité de me détendre, parce que je voulais la planifier comme je le fais au travail. Je l'ai considéré comme un objectif inatteignable qui nécessitait des efforts pour l'atteindre. Maintenant, je sais comment faire. Ne jamais s'inquiéter, laisser toute la négativité accumulée s'échapper d'elle-même. Il s'agit de laisser l'ouragan de la vie se transformer en une agréable brise chaude. Je crois que mon rêve est devenu réalité.

"Et pour moi aussi. a déclaré l'autre partenaire.

# DÉPRESSION

La dépression peut être évitée lorsque la personne qui en souffre commence à penser à un avenir heureux pour remplacer un passé sombre. Cela demande du temps, des efforts et de l'aide. Mais c'est possible. Le poème suivant offre aide et compréhension.

La bête invisible traquait la femme. Elle se faufilait entre les arbres de la forêt, suivant chacun de ses pas. Elle n'avait pas d'odeur, elle ne faisait pas de bruit à ce moment-là, mais elle était là. Même si on ne pouvait pas la voir, elle projetait une ombre sombre qui rendait tout ce que la femme voyait lugubre, triste et intouchable.

Parfois, la bête murmurait un son qui rappelait une voix humaine. Parfois, elle poussait un cri comme si elle souffrait.

Partout où elle se tournait, elle avait l'impression que cette chose la suivait. Elle devait se retourner par-dessus son épaule pour vérifier. Incapable d'arrêter sa recherche, elle était aveugle à ce qui se trouvait devant elle. Elle ne voyait que l'obscurité.

C'était comme si elle avait été enfermée dans une prison ; une prison sans murs, mais elle n'avait pas de liberté, quoi qu'il arrive.

À travers l'air sombre et brumeux, elle pouvait sentir qu'il y avait de la lumière, mais elle était trop préoccupée par son harceleur pour s'en approcher, pour s'enfuir.

De temps à autre, une brindille craquait sous le poids de ses pas fatigués. De temps en temps, elle entendait la voix de son mari qui semblait s'avancer dans l'obscurité pour la secourir.

Les pilules ne semblent pas faire effet. On lui avait promis la liberté, ou au moins un sursis, mais elle était retenue prisonnière par ce monstre intouchable. Il ne voulait pas la laisser partir. Il grignotait sa santé mentale, il griffait sa vie.

Quelqu'un lui a suggéré de prendre des vacances. Pourtant, elle savait qu'elle vivait dans une cellule mobile. Où qu'elle aille, elle devait l'emporter avec elle. Le soleil pourrait illuminer sa vie pendant un certain temps, mais il n'aurait pas plus d'effet qu'une ampoule qui brille, mais seulement pour un bref instant.

Elle devait laisser le monstre derrière elle. Elle décida de se diriger vers la clarté qu'elle savait être là. Elle avait le choix entre se faire dévorer par la bête à l'endroit où elle se trouvait ou risquer d'être attrapée et dévorée en avançant.

Il lui fallut du temps pour retrouver sa liberté. Elle devait cesser d'être hantée par de mauvais souvenirs, empêcher ces mauvaises pensées de devenir sa normalité.

Elle marcha encore et encore, remarquant qu'il faisait de plus en plus clair. Ce n'est que lorsqu'elle se retournait que l'obscurité s'intensifiait à nouveau.

Elle vécut à l'orée de la forêt pendant un certain temps après avoir retrouvé sa liberté, mais elle se remit en route jusqu'à ce qu'elle puisse vivre une vie heureuse avec ses amis et sa famille.

Elle ne se retourna qu'une seule fois par-dessus son épaule. Elle vit la bête, visible pour la première fois. Elle pleurait, elle était triste.

Elle dit à son mari : "Je crois que le monstre ne me suit plus. On dirait qu'il souffre de dépression."

Ils ont ri. Ce fut le plus grand rire qu'elle ait connu depuis des années.

# GLACE SÈCHE

Le recours à l'alcool et aux drogues pour camoufler et déguiser des situations ne permet jamais de se débarrasser des souvenirs, il ne fait qu'aggraver les dégâts.

Il y a eu un jour une émission de télévision dans laquelle les gens voulaient imiter leurs idoles. Elle s'appelait "Stars in Your Eyes". Ils apparaissaient tels qu'ils étaient dans la vie normale, parlaient d'eux-mêmes, puis disparaissaient dans un brouillard de glace sèche pour réapparaître sous les traits de leur héros en disant : "Ce soir, j'aimerais être...".

Ils semblaient tous être des gens sympathiques qui avaient l'ambition de ressembler à quelqu'un qu'ils admiraient. Après le spectacle, ils seraient redevenus les personnes sympathiques qu'ils étaient au départ.

Prenons un autre scénario. Appelez-le "Fools in Other's Eyes". Donnez-leur de l'alcool ou des drogues. Laissez-les s'évader dans le brouillard et apparaître comme des ivrognes ou des drogués. Ils peuvent jouer ce qui semble être une vie meilleure, sans responsabilité ni conscience sociale. Ils peuvent tituber, marmonner et voler.

Dans leur esprit, bien sûr, ils étaient élégants et sophistiqués. Ils étaient des exemples parfaits de la race humaine, mais pour le public, ils étaient des gaspilleurs et des personnes dangereuses qui avaient perdu la tête.

Lorsqu'ils étaient dégrisés ou qu'ils redescendaient de leur état, ils devaient reprendre leur vie d'avant mais, très souvent, ils devaient faire face aux dommages qu'ils s'étaient infligés à eux-mêmes et aux autres.

Le camouflage disparaît. Ne pouvant plus se cacher, ils sont apparus dans toute leur absence de gloire.

Et où s'arrêtera ce programme ? Les vainqueurs des épreuves pourraient participer à une grande finale qui donnerait des points dans différentes catégories. Des points supplémentaires pour "Battre la femme", "Accident de voiture avec le pire résultat", "Être le meilleur modèle pour créer des enfants dysfonctionnels" et le favori, "Démolir le cerveau".

Les téléspectateurs se connectaient chaque semaine pour assister au chaos. Ensuite, bien sûr, il pourrait y avoir un programme de suivi, un spin-off. "D'où viennent les problèmes ?"

Le public pourrait appuyer sur les boutons d'un clavier pour voter pour "Abus dans l'enfance", "Rivalité entre frères et sœurs", "Pression des pairs", "Manque de confiance" et bien d'autres.

L'abus d'alcool et/ou de drogues permet souvent à la victime de s'échapper vers ce qui semble être un endroit plus lumineux et plus intéressant. Ce n'est qu'une illusion. Là-bas, il n'y a que plus d'obscurité et de morosité, ce qui devient évident lorsque la personne se dégrise ou redescend d'un état d'euphorie.

Le meilleur moyen d'échapper à un passé sinistre est de l'exposer à quelqu'un qui écoutera, comprendra et aidera la personne à trouver un moyen propre et sobre d'aller de l'avant.

La glace sèche ne peut que masquer quelque chose. Le changement est une illusion qui ne dure jamais.

# MANGER ET BOIRE

Lorsque vous mangez rapidement et sans vous soucier de ce que vous consommez, vous mangez plus. Et quand on mange sans réfléchir, on ne peut jamais valoriser ce que l'on a dans son assiette.

L'homme en surpoids s'est assis à table pour prendre son déjeuner. Il a avalé son entrée en quelques instants.

Le sommelier versa un peu de bordeaux dans le verre de l'homme. L'homme fait tourner le liquide rouge, le renifle et en analyse l'odeur. "Merlot avec un peu de Cabinet Sauvignon". Il se dit à lui-même en approuvant d'un signe de tête le serveur pour qu'il en verse davantage.

Il prit la première gorgée et sonda les saveurs avec sa langue. Il avala et laissa l'arrière-goût se développer. Il prit une autre petite gorgée et reposa le verre.

Lorsque le plat principal a été servi, il a pris son couteau et sa fourchette et s'est attaqué à la viande comme s'il était un lion affamé. Les pommes de terre sautées furent démolies ainsi que les asperges.

Il but une nouvelle gorgée de vin. "Un peu de pinot noir ici aussi". pensa-t-il.

L'homme commanda son dessert. Lorsqu'il arriva, il l'engloutit. Il éructa ensuite et frotta son énorme estomac comme pour l'admonester.

Une femme mince et séduisante, assise à la table voisine, avait assisté à tout le spectacle. Elle l'avait vu manger goulûment son repas alors qu'il était si attentif au vin qu'il avait bu. Elle avait une expression d'irritation sur le visage.

Elle s'est penchée vers l'homme et lui a demandé si elle pouvait lui dire quelques mots qui pourraient le mettre mal à l'aise, mais qui lui donneraient de l'espoir.

L'homme était heureux d'avoir l'occasion de converser avec une si jolie dame ( ).

"J'aime les énigmes, alors allez-y. Son ton était un mélange de sarcasme et de curiosité.

La femme commença à parler. "Si vous mangiez votre nourriture de la même manière que vous buvez votre vin, vous seriez plus mince que vous ne l'êtes. Lorsque vous mangez, savourez votre nourriture comme si vous étiez un gourmet. Cherchez à savoir ce que le chef a utilisé pour préparer les plats, les épices qu'il a ajoutées et le niveau d'assaisonnement.

L'homme regarde la femme d'un air surpris.

Elle poursuit. "Lorsque vous mangez rapidement et sans vous soucier de ce que vous consommez, vous mangez plus. Et quand vous mangez sans réfléchir, vous ne pouvez jamais valoriser ce que vous avez dans votre assiette. C'est ce qui vous a fait prendre de l'embonpoint. N'oubliez pas : mangez avec autant d'ardeur que vous buvez votre vin.

Sur ce, la femme se lève et s'en va.

"Mais qui était-elle ?" demande l'homme au serveur.

"Oh, elle ! C'est la femme du chef. Elle aime l'habileté avec laquelle il prépare ses plats et en veut à tous ceux qui ne respectent pas ses efforts. Il a passé des années dans différents restaurants pour apprendre son métier. Il a étudié la manière dont les herbes et les épices contribuent à rehausser la saveur et le plaisir des aliments. C'est un vrai chef gourmet".

Le serveur lui demande alors : "Avez-vous apprécié votre repas, monsieur ?"

L'homme en surpoids réfléchit et répond. "Je pense que oui, mais je n'ai jamais fait assez attention à ce que je mangeais. Le vin était bon, par contre. Je pense que je vais commencer mes habitudes alimentaires demain en revenant pour goûter la nourriture."

# VÉRITÉ ÉLÉMENTAIRE

L'humanité a dû apprendre que les éléments peuvent être sollicités pour aider la vie, mais que lorsqu'ils sont utilisés comme des esclaves, ils se défendent avec une force et une férocité qui ne peuvent être domptées.

Comme une énorme baleine après un coup de harpon, notre planète a vacillé et tremblé sous l'effet de la douleur causée par les hommes. Ses cris ont été entendus loin à la ronde, mais les hommes voulaient tout ce qu'ils pouvaient prendre.

De la même manière que la baleine était découpée en morceaux pour fournir de la graisse pour le carburant, de la viande pour la nourriture, de la peau pour le cuir et ses os pour n'importe quoi, la planète était disséquée pour ses ressources.

La planète, qui n'est pas stupide mais qui n'a pas de voix pour persuader les humains, a décidé de réagir. Elle s'est réunie avec les quatre éléments.

**L'air** voulait être plus propre. Il voulait que la pollution diminue. Il devait nourrir les plantes et les animaux. Il donnait le souffle de la vie mais, avec les gaz d'échappement et les panaches des usines, ce souffle avait une odeur d'halitose.

**La Terre** voulait arrêter l'hémorragie continue des hommes qui aspiraient son pétrole. Ils ont taillé son métal et ses pierres précieuses. Pourquoi ces pierres étaient-elles si précieuses ? Les pierres précieuses servaient surtout à l'ornementation. Elles n'avaient aucune valeur réelle, si ce n'est celle de rehausser l'apparence des personnes qui les portaient. Des hommes mouraient en les extrayant pour un faible rendement. Le profit était pour les marchands et les négociants. Les terres étaient mises à nu pour réaliser des profits payés en papier fabriqué à partir des arbres des forêts tropicales. Des objets précieux ? L'ivoire était précieux parce qu'il provenait de grandes créatures telles que les éléphants, bien que personne ne semble avoir compris que c'est l'éléphant qui est le bien le plus précieux, et non sa défense. La corne de rhinocéros était considérée comme un aphrodisiaque parce qu'elle appartenait vraiment à une créature perçue comme dangereuse et qu'elle était ornée d'un symbole phallique ! Les gens sont étranges !

**L'eau** devait être respectée et nettoyée. Les mers étaient utilisées comme décharges pour les restes de la Terre. Combustibles nucléaires, plastiques, eaux usées, mercure et toutes sortes de choses nuisibles. On pensait qu'ils étaient plus sûrs dans la mer parce qu'ils devenaient invisibles pour l'homme. Ils ont pollué la vie des poissons et des autres formes de vie dans la mer. Ils ont détruit le plancton qui nourrissait les poissons et redonnait de l'oxygène à l'air. Ces petites plantes piègent le dioxyde de carbone en flottant à la surface. Le plancton nourrissait les baleines qui étaient chassées.

**Le feu** est accusé d'être à l'origine de la pollution. Sans le feu, il n'y aurait pas de moteurs à réaction, de moteurs de voiture, de fours ou d'usines. Les métaux précieux ne pourraient pas être fondus. On a décidé que le feu était le coupable. Il prélevait l'oxygène de l'air et restituait le dioxyde de carbone.

Les quatre éléments se sont réunis et, contrairement à tant de réunions de comités humains, ils sont parvenus à un plan d'action.

La planète a vomi comme un volcan. Le feu a fait en sorte que la lave soit aussi chaude que possible. **La Terre** a ajouté du sable et de la silice pour faire de la poussière. **L'eau** a ajouté des cristaux de glace pour rendre le nuage presque invisible et enfin l'**air** a soufflé le nuage vers les zones habitées de la planète.
Ils ont choisi les parties de la planète qui posaient problème. Les parties où le transport aérien était un mode de vie, où les gens seraient rendus inébranlables par le chaos.

Ailleurs sur la planète, au même moment, il y avait des tremblements de terre, des moussons, des ouragans et des incendies. La planète hurlait à tue-tête. Les gens écouteraient-ils ? Vont-ils cesser de transporter par avion de la nourriture provenant de régions du monde où elle est cultivée par des personnes affamées, mais acheminée vers d'autres pays à des fins lucratives ?

Les gens penseraient-ils à d'autres méthodes de communication que les réunions personnelles après avoir parcouru des milliers de kilomètres en avion ?

Les stocks de poissons seraient-ils préservés si l'on ralentissait leur destruction massive ?

# LE PROBLÈME DE FELICITY

Si l'énurésie est liée au stress chez certaines personnes, l'idée d'augmenter le stress en ajoutant des cloches et des sifflets semble contre-productive. Le lit devrait être un lieu de sécurité et de confort plutôt qu'un endroit où la personne risque d'être critiquée ou humiliée.

L'alarme incendie s'est déclenchée, le détecteur de fumée s'est éteint et le bruit des cloches et des sirènes a tiré Felicity de son sommeil.

Sa mère s'est précipitée dans la chambre et lui a crié : "Lève-toi et va aux toilettes !

"Lève-toi et va aux toilettes. Tout de suite !"

Felicity fond en larmes. Elle avait encore fait pipi au lit.

Les alarmes qu'elle avait incorporées dans son rêve provenaient de la machine installée pour alerter tous les habitants de la maison que le "problème" s'était à nouveau produit ! C'était étrange, car le problème se produisait toutes les nuits.

Ainsi, grâce à l'alarme, ses parents étaient au courant du problème, ses frères aussi, ainsi que tous les visiteurs de la maison, y compris ses grands-parents.

Sa grand-mère s'est mise en colère parce qu'elle comprenait le problème.

"Pourquoi réveillez-vous Felicity tous les soirs ? Cela la rend sûrement plus anxieuse et plus susceptible de faire pipi au lit. Pensez-vous que c'est une bonne idée d'avoir une alarme qui dit à tout le monde ce qui s'est passé ? Elle se déclenche après l'événement plutôt qu'avant. Cela ne sert à rien, n'est-ce pas ?

Norma, la mère de Felicity, est toujours en colère et dit à son mari que si sa belle-mère n'arrête pas de "s'immiscer", elle ne sera plus la bienvenue dans la maison.

"Écoutez. J'utilise ces alarmes pour entraîner l'esprit de Felicity et l'empêcher de faire pipi au lit. On me dit que ça marche. J'en utilise une depuis des mois et je pense que je fais des progrès. Puis-je vous demander d'arrêter de me critiquer et de vous occuper de vos affaires ?

Le ton de la mère de Felicity était ferme et excluait toute possibilité de négociation avec sa belle-mère.

"Norma. Je sais que cela vous déprime. Laisse Felicity rester avec moi pour te donner un peu de répit. Je suis prête à m'occuper d'elle pendant quelques semaines pendant les vacances scolaires".

Norma accepta son offre, plus par dépit que par gratitude. Elle a mis l'alarme, les feuilles de caoutchouc et le reste de l'attirail dans une valise et Felicity et ses grands-parents ont commencé à rouler jusqu'à leur maison.

"Grâce à Dieu, soupire Norma en s'adressant à son mari. "Plus d'odeur d'urine, plus de draps souillés, plus d'alarmes qui se déclenchent au milieu de la nuit.

La grand-mère de Felicity n'a jamais déballé la valise. Au lieu de cela, elle s'est assise et a raconté à sa petite-fille une histoire qui remonte à sa jeunesse.

"J'avais le même problème que toi quand j'étais jeune fille. Heureusement, il n'y avait pas d'alarmes bruyantes. Elles n'avaient pas encore été inventées. Mes parents m'obligeaient à laver mon drap tous les matins parce qu'ils pensaient que je le faisais exprès pour les embêter. C'était idiot car, comme vous le savez, il n'y a rien d'agréable à faire pipi au lit.

C'est donc ma grand-mère qui m'a dit que je devais arrêter de penser à mouiller mon lit et commencer à penser à des lits secs. Elle m'a dit de demander au lutin dans ma tête de me dire que je pourrais avoir besoin des toilettes et de me réveiller à temps. C'était comme une chose magique. Je n'avais jamais pensé que je pouvais avoir un lutin dans ma tête, mais je lui ai quand même demandé.

La première nuit, ça n'a pas marché, mais j'ai continué à lui demander. La deuxième nuit, mon lit était sec. Je n'arrivais pas à y croire. Le lutin s'était réveillé et m'avait demandé d'aller aux toilettes pour faire pipi. J'étais si heureuse. La troisième nuit, le lutin ne m'a pas réveillée et j'ai eu un problème. Ce qui est important, c'est ce qui s'est passé à ce moment-là. Plutôt que d'arrêter de demander de l'aide à mes pensées, j'ai continué. La quatrième nuit a été sèche et la suivante aussi. Eh bien Felicity, à partir de ce jour, ou plutôt de cette nuit, le problème n'est plus jamais revenu.

Maintenant que je suis plus âgée, je peux comprendre ce qui s'est passé. Le lutin, c'était ma confiance en moi. Lorsque j'ai commencé à croire que je pouvais avoir des lits secs, ils ont commencé à se produire. Avant cela, j'avais développé l'idée que je ne me contrôlais pas et que le problème était inévitable, qu'il se produirait toujours. Sans vouloir être grossier à l'égard de votre mère, l'idée de l'alarme sape votre confiance en vous. Elle installe dans votre esprit l'idée que vous avez échoué. Il n'y a pas de récompense pour le succès.

Lorsque vous irez vous coucher ce soir, demandez à votre lutin de vous réveiller. S'il le fait, c'est fantastique, mais s'il ne le fait pas, nous lui dirons un mot demain matin et nous lui demanderons, très gentiment, de faire son travail et de s'occuper de toi. Si ton lit n'est pas sec demain matin, cela ne fait aucune différence pour moi parce que je t'aime et je sais que tout ira mieux bientôt, si ce n'est avant".

Lorsque Felicity s'est couchée ce soir-là, elle a demandé à son lutin de la réveiller si elle voulait aller aux toilettes, mais elle s'est réveillée dans son propre espace humide. Déçue, elle en parle à sa grand-mère qui n'est pas surprise.

"Ce soir, nous demanderons toutes les deux. J'ai un plan spécial. J'ai demandé à mon lutin, tu sais celui qui s'est occupé de moi, de parler à ton lutin. Nous demanderons gentiment et poliment et le message passera".

Cette nuit-là, Felicity passa sa première nuit sèche depuis de nombreux mois. Elle était stupéfaite que sa grand-mère ait pu faire autant de magie. Elle ne croyait pas qu'elle avait des lutins dans la tête, mais le doute était suffisant pour obtenir un résultat. Après ce résultat, la croyance en sa capacité à se réveiller si nécessaire était suffisamment ferme pour fonctionner la plupart du temps, au début, puis tout le temps.

Après ses vacances, elle est rentrée chez elle. Sa mère fut surprise de la différence. "Tu vois, je t'ai dit que les alarmes allaient te permettre de te réveiller en cas de besoin. Je t'avais dit que les alarmes entraîneraient son esprit." Elle n'a jamais remarqué que la valise n'avait jamais été ouverte.

Un enfant a besoin de s'évader du problème en étant positif. L'énurésie n'est jamais un crime qui doit être puni. Cela arrive. En supposant qu'il n'y ait pas de problèmes médicaux, et cette possibilité doit être vérifiée, il convient de jouer un rôle de soutien. Si les parents sont gênés que leur enfant fasse pipi au lit, cela ajoute, inconsciemment, une pression sur l'enfant pour qu'il se rétablisse le plus vite possible. L'histoire ci-dessus se veut une approche douce faisant appel à l'imagination des enfants plutôt qu'un remède. Cependant, si vous êtes conscient du problème de l'un de vos proches, je pense qu'il est sage de réfléchir longuement avant d'utiliser des alarmes qui ne signalent quelque chose qu'après coup.

# GRAINS DE SABLE

Le message est toujours le même. Ce qui commence comme quelque chose de bienveillant, d'aimant et de positif peut devenir blessant, puis destructeur si la violence, verbale ou physique, s'y ajoute.

Les mots doux d'amour, les remarques gentilles et les compliments sont faciles à trouver et à utiliser. Ils sont aussi courants que les grains de sable dans le désert. Les grains de sable sont formés par des roches qui s'entrechoquent. C'est l'érosion ; c'est le broyage des rochers au fil des ans.

Le sable est doux ; il est confortable comme les caresses du langage de l'adoration et comme les douces étreintes de ceux que nous aimons. Pourtant, il suffit d'un seul gros caillou pour détruire l'esprit et les émotions de la personne que nous aimons s'il la touche.

Ces cailloux peuvent être des mots, des gestes ou des actes physiques. Ils peuvent être des choses qui ne se transforment jamais en sable lorsqu'elles frappent ; ils endommagent la cible et, par conséquent, rebondissent pour blesser celui qui les a lancés.

Et combien de façons de raconter cette histoire ?

Flocons de neige, boules de neige et avalanches.

Gouttes de pluie, canons à eau et inondations.

Brises légères, coups de vent et tornades.

Mais le message est toujours le même. Ce qui commence comme quelque chose de bienveillant, d'aimant et de solidaire peut devenir blessant, puis destructeur si la violence, verbale ou physique, s'y ajoute.

Ce qui a été endommagé peut être réparé, mais ne reviendra jamais à l'état initial. Un grain de sable, un flocon de neige, une goutte d'eau ou un souffle d'air rappelleront toujours à la personne blessée la douleur qui en a résulté en d'autres temps.

## GRANDIR, SE DÉGRADER

Pour être plus grand, il faut être plus grand que plus gros. Pour vaincre les brimades, il faut être plus fort et plus en forme plutôt que d'être l'objet de moqueries qui entretiennent le problème. En revanche, être plus petit ne préserve jamais l'innocence de l'enfant dans l'adulte. Plutôt que de punir le corps qu'Ann tenait pour responsable de l'abus, elle devait punir les auteurs de l'abus. Qu'<u>ils</u> souffrent plutôt que la victime.

Brigetta était une petite fille. Elle était la plus jeune des trois enfants qui vivaient dans la maison. Elle avait un frère et une sœur plus âgés qu'elle.

Ses frères et sœurs semblaient favorisés jusqu'à la naissance de Brigetta. Son frère, le premier né, était considéré comme l'enfant du ciel, le fils, l'héritier, la prunelle des yeux de sa mère.

Lorsque l'enfant suivant est né, tout le monde s'est réjoui que ce soit une fille. Pas de concurrence pour le frère, pas de concurrence pour la mère et elle devint la princesse que le père voulait dans sa famille.

La vie était heureuse jusqu'à la naissance de Brigetta.

La princesse en place avait l'impression d'avoir été envoyée en exil. Le père avait une nouvelle princesse, la mère un nouveau bébé dont elle devait s'occuper et le frère s'ennuyait avec les deux filles.

Il s'en prend à Brigetta à mesure qu'elle grandit. Sa première sœur était trop proche de lui en taille et se défendait si on la mettait au défi.

La sœur se défoulait sur sa cadette car elle était plus forte.

Brigetta rêvait de devenir plus grande afin d'être plus présente dans la maison. Elle avait besoin d'être plus grosse pour survivre, alors elle mangeait.

Ses parents aimaient leur fille grassouillette et la gâtaient en lui achetant des bonbons et du chocolat. Brigetta grandit. Non pas en taille, mais en circonférence. La graisse qu'elle portait l'aidait à se protéger des coups de poing occasionnels de son frère et de ceux, plus fréquents, de sa sœur.

Lorsqu'elle entra à l'école, Brigetta était aussi lourde que sa sœur aînée, mais plus petite. Ses nouveaux camarades de classe voient qu'elle est ronde et l'ignorent. Cependant, un jour, un an après leur première rencontre et après les vacances d'été, Brigetta est devenue énorme. Une fille l'a appelée Brigetta Bigeater et le nom est resté.

Les garçons l'intimidaient et la traitaient de tous les noms. Elle n'a jamais eu de petit ami, contrairement à sa sœur qui a pu ajouter un nom après l'autre à sa liste d'admirateurs.

Au début de son adolescence, Brigetta a rencontré des garçons qui voulaient trouver une fille facile à satisfaire. Ils l'utilisaient et la quittaient. En guise de commentaires d'adieu, ils lui disaient souvent qu'elle était dégueulasse et que personne ne voudrait jamais être avec elle. Elle était devenue très grande.

Son rêve était devenu réalité, mais à un prix élevé. Aucun garçon ou homme ne voulait s'approcher d'elle, elle était donc en sécurité. Son véritable amour était le chocolat, mais malheureusement, son ennemi était du même acabit.

Lorsque Brigetta était à l'école, elle avait une camarade de classe. Elles ne se connaissaient pas vraiment, mais leurs vies étaient liées par la nourriture.

Ann était une jeune fille heureuse lorsqu'elle est entrée à l'école, mais un jour triste l'attendait.

Elle était innocente jusqu'à l'âge de huit ans. Parfois, on demandait à un voisin de s'occuper d'elle pendant que ses parents sortaient et ils devinrent de bons amis. Il lui achetait des cadeaux et elle en profitait lorsque ses parents sortaient. Elle se couchait tard devant la télévision avec William.

C'était une enfance parfaite jusqu'à ce qu'un soir, quelque chose se produise. William s'est avéré être un pédophile. Il faisait des choses horribles et menaçait Ann de toutes sortes de malheurs si elle en parlait.

Ann voulait rester innocente, mais ce n'était plus possible. Elle a enterré ce souvenir jusqu'à ce que, au début de son adolescence, un garçon se montre trop violent avec elle. Il s'agissait d'un viol et non d'une séduction. Ann était mortifiée. Elle a décidé, quelque part dans sa tête, que l'endroit le plus sûr était son enfance. Elle a refusé de grossir. Elle a arrêté de manger et est restée au même poids pendant quelques années. Cela n'a pas empêché les hommes de la regarder et elle a donc commencé à perdre du poids. Elle allait retrouver la taille qu'elle avait à huit ans, la vraie place de sécurité qu'elle occupait avant que les ennuis ne commencent.

L'une de ses camarades de classe, celle-là même qui avait donné le surnom de Brigetta, a commencé à l'appeler Ann O'Wrecks-it. Telle est la cruauté créative de certains enfants.

Des années plus tard, Brigetta et Ann se sont rencontrées dans une clinique spécialisée dans les troubles alimentaires. L'une devait perdre du poids, l'autre en gagner.

PS. Ann et Brigetta font à peu près la même taille aujourd'hui et sont devenues les meilleures amies du monde.

# COUPABLE OU NON COUPABLE ?

Il y a des choses pour lesquelles nous devrions nous sentir coupables et d'autres pour lesquelles on nous a dit que nous devrions nous sentir coupables parce que cela fait passer les autres pour des autorités supérieures. Qui fixe les règles pour que, lorsque nous les enfreignons, nous nous sentions coupables ?

Il y a des choses pour lesquelles nous devrions nous sentir coupables et d'autres pour lesquelles on nous a dit que nous devrions nous sentir coupables parce que cela fait passer les autres pour des autorités supérieures.

Cette affirmation nécessite une explication. Le meurtre, le viol, les abus, le vol et les blessures sont des choses pour lesquelles nous sommes censés nous méfier d'être reconnus coupables par la société afin d'empêcher les crimes. Cependant, nous savons tous que les gens transgressent.

Cependant, lorsque les victimes d'abus sont culpabilisées afin de les réduire au silence pour protéger l'agresseur, nous pouvons voir que la culpabilité est mal placée.

Lorsqu'une victime éprouve tant de honte et de culpabilité à l'égard de son corps parce qu'elle est en surpoids, ou parce qu'elle pense que son corps a encouragé les abus, et qu'elle prend un couteau et se coupe, qui est le vrai méchant ?

De même, dans une moindre mesure, les gens sont amenés à donner à la nourriture des valeurs émotionnelles de bien et de mal, de sorte que lorsque quelqu'un se sent coupable d'avoir mangé un beignet, c'est qu'il y a quelque chose qui ne va pas.

Les effets sont les mêmes. La personne qui transgresse ressent la même angoisse que celle qui commet un crime en se faisant prendre. Les gens cachent le chocolat comme s'il s'agissait d'une drogue illégale.

La modération est un meilleur objectif que l'agitation mentale provoquée par certaines choses que l'on fait passer pour des crimes. Les gens peuvent se sentir coupables d'avoir libéré leurs émotions par des larmes. Qu'y a-t-il de mal à cela ? Seule la nature stoïque de la vie moderne l'est. La culpabilité et le blâme ont des points communs. Parfois, si les gens se sentent coupables, c'est que quelqu'un leur a reproché quelque chose.

Une mère qui fait une fausse couche se sent coupable de ne pas avoir pu mener son enfant à terme. Cela a rarement à voir avec des facteurs autres que la nature.

## SI, MAIS ET PEUT-ÊTRE

Le passé reste avec vous, mais l'avenir vous appartient toujours et vous pouvez le façonner de la meilleure façon possible.

Et si je n'avais pas...

commencé à fumer ?
Commencé à boire beaucoup ?
Commencé à me droguer ?
Commencé à voler ?
Commencé à crier sur mon partenaire ?
Vous avez commencé à insulter votre partenaire ?
Vous avez commencé à frapper votre partenaire ?
A mal conduit ?
J'ai conduit trop vite ?
J'ai bu un verre de plus avant de prendre le volant ?
J'ai pris un amant ?
On pourrait en ajouter beaucoup d'autres.

Le bonheur ne m'aurait alors pas échappé comme une anguille gluante.
-----
Et si j'avais...
On pourrait en ajouter beaucoup d'autres.

Alors le bonheur aurait pu rester avec moi comme un chien câlin et amical.
-----
Et si maintenant...
...faire ces changements positifs.

# SAGESSE INTÉRIEURE

Il n'y a qu'une seule vérité. Nous faisons partie de l'univers et l'univers fait partie de nous. Tant que nous travaillons avec lui, il travaillera pour nous.

Le vieil homme s'esclaffe.

"Il en sait autant et aussi peu que toi. Il est toi. Il est la voix de ton propre esprit. Toute sa sagesse vient de toi.

"Tout ce qui se passe vient du mouvement de la connaissance d'une partie de ton esprit à l'autre dans une histoire. C'est ainsi que vous avez appris lorsque vous étiez un jeune enfant. Vous écoutiez des histoires. Vous voyiez les images avec votre esprit et les déplaciez vers vos yeux avec votre imagination.

"Vous réfléchissiez à leur signification et à leur rapport avec votre vie. Rien n'a changé depuis cette époque. Il y a, bien sûr, un avantage à ce que vous faites. Vous pouvez désormais inventer votre propre destin. Vous pouvez inventer votre propre destin, intégrer vos rêves dans vos récits et attendre qu'ils se réalisent".

"Il n'y a qu'une seule vérité. Nous faisons partie de l'univers et l'univers fait partie de nous. Tant que nous travaillons avec lui, il travaillera pour nous".

# ÎLE

Une métaphore interactive qui vous emmène sur une île imaginaire où la relaxation est le but et le résultat.

Vous avez maintenant l'impression que votre esprit flotte dans le temps et l'espace, voyageant de plus en plus vite, de plus en plus loin, jusqu'à ce que vous arriviez doucement sur la plage d'une magnifique île tropicale. Vous pouvez voir et sentir le sable blanc sous vos pieds. Vous voyez et entendez la mer qui se jette doucement sur le rivage.

La plage semble s'étendre à l'infini, s'éloignant de vous dans les deux sens jusqu'à ce qu'elle se perde derrière les palmiers qui bordent l'île. Vous avez conscience d'être la seule personne sur la plage, la seule personne sur l'île. Vous pouvez entendre le gargouillement des galets tandis que les vagues se jettent dans l'eau, agitant le bord de l'eau.

L'écume vous frappe au visage, vous rafraîchissant dans cette agréable chaleur du soleil. Vous réfléchissez à la sensation de bien-être que vous procure le soleil, qui transmet sa chaleur, avec bienveillance, à chaque élément de votre corps.

Vous vous sentez en sécurité, vous savez que chaque plante, chaque animal et chaque partie de cette île est en sécurité. Vous savez que cet endroit existe pour vous aider à vous sentir de mieux en mieux dans votre peau. C'est un sanctuaire où vous pouvez vous détendre et vous sentir à l'aise.

Tout comme vous, vous êtes conscient que cette île a plus à offrir, un potentiel beaucoup plus grand, et vous êtes impatient de l'explorer et de le découvrir.

Vous vous tournez vers l'intérieur des terres et vous remarquez un petit ruisseau qui s'écoule doucement de la forêt qui s'étend au-delà des palmiers. Vous décidez de suivre cette petite rivière dans la forêt.

Vous marchez sur un petit sentier au bord de l'eau. Vous vous sentez bien en regardant les verts de la forêt, certains sombres, d'autres clairs, d'autres encore brillants là où le soleil brille sur les feuilles. Les doigts de la lumière éclatante du soleil se tendent à travers les branches comme s'ils étaient et essayaient de s'enrouler doucement autour de vous d'une manière tendre et attentionnée. L'eau du ruisseau babille et bavarde, comme si elle était vivante, presque comme si elle contenait l'esprit même de la vie.

Bientôt, vous atteignez une petite chute d'eau douce. Sous la pluie d'eau, le bassin est si accueillant qu'il semble vous inviter à y entrer. Vous savez, d'une manière ou d'une autre, que cette piscine vous débarrassera de tant de problèmes, de tant de soucis. Vous trempez vos doigts dans l'étang et vous sentez qu'il est si chaud, si accueillant.

Vous êtes seul et vous commencez à vous déshabiller, il n'y a personne pour vous voir. Vous vous sentez si libre lorsque vous enlevez vos vêtements, un par un, et que vous les laissez en tas au bord du ruisseau.

Vous descendez doucement dans l'eau cristalline, d'abord les pieds, puis les chevilles, les mollets et les cuisses.

La piscine est peu profonde et vous vous asseyez au fond, laissant l'eau recouvrir votre ventre et votre poitrine. Vous vous allongez et vous flottez, vous sentant en sécurité. Vous avez l'impression que l'eau dissout tous les soucis que vous avez eus, toutes les inquiétudes, tous les doutes. Vous plongez la tête sous la cascade chaude et vous ressortez dans une éclaboussure bienfaisante, vous sentant léger et merveilleux alors que toutes ces incertitudes sont balayées. Vos soucis semblent flotter et disparaître en aval, pour ne plus jamais revenir, flottant dans l'immense océan que vous avez vu tout à l'heure, pour être dilués encore et encore, de sorte qu'ils ne puissent jamais être reformés.

Vous vous sentez tellement excité que vous voulez explorer de plus en plus cet endroit merveilleux, presque magique. Vous sortez de l'eau et vous vous séchez instantanément à la chaleur du soleil. Vous abandonnez vos vêtements et marchez nu, comme si vous veniez de naître, plus en amont.

Très vite, vous apercevez une autre cascade qui alimente un autre bassin d'eau chaude et accueillante. Celle-ci semble différente. Il y a une subtile aura de lumière, différentes couleurs jouant à la surface, reflétant le soleil, les différentes teintes de la forêt.

Vous marchez doucement dans cette partie du cours d'eau, en vous abaissant en douceur. Cet étang semble plein de l'essence de l'optimisme, plein d'espoir, d'ambition et de désir. Ces éléments semblent pénétrer chaque cellule, chaque nerf de votre corps et de votre esprit. Vous vous sentez si exalté, si revigoré, si élevé.

Vous vous tenez à nouveau sous la douce pluie d'eau, profitant de ce sentiment d'optimisme, de force intérieure. Vous vous reposez un moment, appréciant ce sentiment de rafraîchissement, de libération.

Cette fois-ci, lorsque vous quittez l'eau, les gouttelettes restent, comme si elles continuaient à s'imprégner dans votre être au lieu de s'évaporer.

Vous voyez une belle robe et vous la mettez. Vous continuez à marcher le long de ce ruisseau, le long de ce chemin, jusqu'à ce que vous aperceviez une clairière dans la forêt, le soleil se reflétant à travers les arbres, l'endroit est paisible et merveilleux.

Vous vous allongez sur un doux lit de mousse et d'herbe et vous commencez à vous assoupir dans un sommeil agréable et réparateur. Pendant votre sommeil, vous rêvez que chacune de ces gouttes d'eau est une pensée positive qui changera la façon dont vous affrontez les défis de votre vie.

Vous savez que ces pensées vous accompagneront lorsque vous reviendrez à la réalité de votre vie. Vous savez combien vous gagnerez à être rafraîchi et revitalisé, combien vous gagnerez à être optimiste.

# PEINTURE DE PAYSAGE

Une métaphore interactive sur la façon dont nous pouvons voir la vie autour de nous si nous regardons avec des yeux ouverts qui perçoivent la beauté de la vie.

Le paysage s'étend à perte de vue.

Les changements de bleu dans le ciel donnent l'impression que le ciel est comme un grand couvercle sur cette belle scène. Il y a quelques nuages, un mélange de nuages blancs et cotonneux et de nuages plus foncés, dont la base est plus foncée que le sommet, qui sont mis en valeur par le soleil et semblent flotter.

Le soleil est si brillant que des ombres nettes soulignent les traits. Dans le paysage lumineux, vous êtes conscient des ombres plus sombres où les nuages s'interposent entre la terre et le soleil. Vous pouvez voir l'ondulation de la terre, les verts les plus vifs coupant les plus sombres.

Les collines s'élèvent dans un paysage plat, comme si elles voulaient voir tout ce qui les entoure. Des chemins de craie blanche se frayent un chemin jusqu'au sommet de certaines d'entre elles. Il y a parfois de plus grandes cuvettes de craie là où le sol s'est dérobé.

De loin, les champs des agriculteurs ressemblent au feutre d'une table de snooker - la texture lisse de cultures soigneusement entretenues.

De petits oiseaux s'ébattent, émettant des sons qui semblent provenir de partout. Les fleurs ajoutent différentes couleurs aux herbes : pissenlits et marguerites, campanules et ajoncs, boutons d'or, fleurs violettes, persil des vaches.

Un oiseau de proie plane, battant des ailes, attendant sa proie qui s'abrite dans les touffes d'herbes hautes.

Des vaches noires et blanches paissent dans un grand champ et, dans un autre champ plus proche, on peut voir les formes crémeuses des

moutons, qui contrastent avec le blanc des jeunes agneaux. Des points noirs apparaissent lorsque les corbeaux picorent les insectes dérangés par les moutons.
En regardant les champs labourés, on se rend compte que la terre brune ne signifie pas toujours qu'elle est stérile, mais qu'elle peut être fertile et pleine de vie qui ne demande qu'à jaillir.

Une rivière lente coule dans les collines herbeuses, bordée de saules rabougris qui s'étendent au-dessus de l'eau, et de mauvaises herbes qui s'installent au milieu de l'eau. Les arbustes se reflètent sur l'eau calme.

On peut voir des forêts et des petits bois par endroits. Vous remarquez que les arbres les plus petits sont à l'extérieur ; les arbres les plus proches poussent plus haut pour capter la lumière, ils sont plus grands. Des ombres sombres dessinent des arches et des allées à l'entrée de ces zones boisées, tantôt inquiétantes, tantôt accueillantes, selon l'intensité de l'obscurité. Parfois, des corbeaux sont perchés au sommet des arbres, comme des taches noires, se balançant dans le vert. Tous les arbres sont en train d'éclore.

Lorsque les arbres apparaissent au sommet des crêtes et des collines du paysage, ils sont courbés par le vent, comme s'ils avaient été maintenus dans cette forme au cours de leur croissance, penchés à l'opposé du vent, les cimes duveteuses s'étirant, comme des doigts pointant à l'opposé du vent, comme s'ils cherchaient quelque chose de fort et de stable à quoi s'accrocher. Cela vous rappelle l'expression de votre enfance selon laquelle vous resterez ainsi si le vent tourne.
À d'autres endroits, on remarque du lierre qui pousse à travers les arbres, des ronces à travers les haies, comme si ces plantes plus faibles utilisaient la force des autres pour se retrouver dans une bien meilleure position.

Il y a parfois des arbres en avenues, parfois en bouquets. Certains sont vieux, d'autres sont jeunes et frais. Certains sont tombés au bord du chemin, couchés sur le sol comme de grands animaux endormis, des sculptures en bois. Certains arbres semblent être des géants qui entourent et protègent de petits villages.

Les maisons de ces villages arborent des pierres de différentes couleurs qui soulignent leur individualité. Certaines ont des encadrements de fenêtres blancs et des encadrements de portes noirs. D'autres ont des roses qui poussent le long des maisons comme pour atteindre le chaume. D'autres ont de la fumée qui s'élève paresseusement des cheminées.

Les flèches des églises s'élèvent au-dessus des arbres, comme si elles veillaient sur les maisons voisines ( ). Une vieille auberge vous fait penser aux feux de bois et aux cruches d'ale moussantes que l'on se passe, comme au temps où ces villages étaient jeunes. L'homme et la nature en harmonie.

L'image que vous venez de voir est parfaite. Explorez-la avec votre esprit pendant quelques minutes.

Examinez chaque aspect de votre vie comme si vous décriviez un tableau à un aveugle.

# VIVRE ET MOURIR DANS LE PASSÉ

Les souvenirs sont bons, mais la réalité de l'époque actuelle devrait être le point de vue stable plutôt qu'une plate-forme pour sauter dans le passé.

Alfred a regardé les vidéos et a souri aux pitreries de son jeune moi avec sa jeune femme et ses jeunes enfants.

Plus tard, il a parcouru l'album de photos tout en écoutant la musique de sa jeunesse.

Il aimait revisiter ces années où il était en pleine forme et en pleine possession de ses moyens.

Doreen, l'épouse d'Alfred, était assise à ses côtés pendant ce voyage dans le temps.

Elle se souvient qu'elle était autrefois une jolie jeune femme qui allait devenir une excellente mère, puis une grand-mère aimante.

Après avoir pris leur thé, Alfred s'est installé devant la télévision pour regarder les rediffusions des émissions qu'il aimait.

Doreen se rend à pied chez sa fille pour lui rendre visite ainsi qu'à ses petits-enfants.

"Papa est de nouveau devant la télévision. On dirait qu'il est coincé dans le passé. En tout cas, est-ce que Teresa voudrait venir avec moi dans les magasins demain ? Je sais qu'elle veut des vêtements pour impressionner ses amis".

"Elle adorerait ça, maman. Tu as l'air de mieux connaître la mode que moi".

"Eh bien, je me souviens de ce que c'était quand j'étais plus jeune. J'aimais la dernière mode et je travaillais le samedi pour avoir l'argent nécessaire pour l'acheter. Cela m'a appris que les jeunes doivent être à la page. Je passe la prendre à dix heures".

Après une tasse de thé, Doreen rentra chez elle.

Alfred était toujours dans son fauteuil, regardant de vieilles émissions comiques. Il ne riait pas. Il avait plutôt l'air triste.

"J'aimerais être encore assez jeune pour faire des choses. Je me sens vieux et inutile". Il dit : "C'est parce que vous vivez dans le passé.

"C'est parce que vous vivez dans le passé. Tu n'arrives pas à t'adapter à la réalité d'aujourd'hui. Le passé vous semble toujours meilleur, mais comme vous ne pouvez que regarder en arrière, vous manquez ce qui se passe maintenant. Doreen ressent une légère irritation.

Son mari ne la sortait jamais. Il ne rendait jamais visite à sa fille et à ses enfants. Il semblait ennuyé lorsqu'ils lui rendaient visite, mais il n'avait aucune raison d'être ainsi.

Le lendemain, elle est allée chercher sa petite-fille et s'est rendue au centre-ville. Elles visitèrent de nombreux magasins et achetèrent quelques robes, chemisiers et chaussures.

"On s'arrête pour déjeuner. Nous irons au McDonald's. Grand-père ne veut jamais manger là. Il préfère un endroit plus ancien".

Après avoir commandé leur repas et trouvé des sièges, Doreen aperçoit l'une de ses amies et la salue.

Daphné demanda si elle pouvait se joindre à elles et s'assit.
"Comment va Alfred ?"

"Il va bien, mais il est coincé à la maison et dans le passé. Il ne semble se reposer que sur la nostalgie et ne jamais se tourner vers l'avenir".

"Vic était comme ça, ajouta Daphné. "Il vivait dans le passé, comme si sa vie était figée vingt ans plus tôt. Si la vie est comme une échelle, il voulait s'asseoir sur un échelon sûr à mi-chemin. Je voulais continuer à grimper. Bien sûr, c'était bien de regarder en arrière pour voir d'où je venais, mais cela n'a jamais duré si longtemps que j'ai arrêté de monter ".

Doreen savait que Vic avait été frappé par une légère crise cardiaque. Il s'est arrêté.

Il craignait que tout exercice, y compris la marche sur de courtes distances, ne lui fasse courir le risque d'un second infarctus. Il était donc resté assis pendant des heures sans rien faire d'autre que de se remémorer le bon vieux temps.

Il était mort environ six mois avant que les deux femmes ne se rencontrent au McDonalds.

"Il faut que tu gardes un œil sur Alfred. Il va suivre le même chemin que Vic". avertit Daphne en partant.

"Est-ce que grand-père va mourir aussi ?" demande la petite-fille de Doreen en regardant sa grand-mère d'un air perplexe.

"Ne sois pas bête, Georgina. Il va bien". répond Doreen qui ne croit pas à ses propres paroles.

Lorsque Doreen rentre à la maison, Alfred est dans son fauteuil. "Ils ont dit que le vieil acteur, tu sais, comment il s'appelle, est mort la nuit dernière. J'aimais beaucoup ce qu'il faisait".

L'acteur rappelait à Alfred une petite amie qu'il avait eue avant de rencontrer Doreen. Ils dansaient, chantaient, se tenaient la main et s'embrassaient dès qu'ils le pouvaient. Elle appartenait au passé, mais elle était toujours présente dans l'esprit d'Alfred.

La mort de l'acteur avait fait resurgir un flot de souvenirs. Son présent existait dans son passé. Aujourd'hui n'a pas d'importance pour lui. Il ne pourrait plus jamais revivre ces jours-là, mais il pouvait faire tourner les souvenirs comme s'il jouait un film.

Alfred ne buvait jamais la tasse de thé que Doreen lui préparait. Son esprit était dans un endroit qu'il avait apprécié avec son ancienne petite amie. La télévision diffusait une vidéo qu'il avait réalisée lors de leur visite en Grèce. Elle montrait des dauphins jouant dans l'eau. Doreen remarque alors qu'il ne s'agit pas de vacances qu'ils ont passées ensemble. Elle datait d'une époque antérieure.

Elle l'a trouvé dans le fauteuil, le sourire aux lèvres, mais le cœur sans battement.

Il était parti à la rencontre de ses souvenirs.

# PERDRE SON SANG-FROID

Les personnes en colère ont le choix entre rester en colère et tout perdre ou apprendre que le contrôle, la patience et la paix sont une bien meilleure option pour être heureux dans leur vie. Il ne s'agit jamais de céder à une personne, mais de prendre le dessus sur son propre comportement colérique. Regardez le double sens de l'expression "perdre son sang-froid". On peut y voir le fait de se mettre en colère... ou de perdre la cause de la perte de contrôle.

Tony, le mari de Margaret, s'occupait certes de lui-même, mais le soin des autres n'était pas dans ses attributions à ce moment-là, mais il l'est devenu lorsque Margaret a menacé de le quitter. Cela n'avait jamais été une option dans ses jeunes années chez ses parents.

Tony a cherché de l'aide. Il se rendit compte que sa colère n'avait pas tant pour but d'effrayer les autres que de se protéger contre sa propre vulnérabilité.

Il n'avait aucune raison d'effrayer les gens qu'il aimait tant, mais il voulait désespérément éviter d'être blessé. C'était comme s'il voulait forcer les gens qu'il aimait à l'aimer. Il savait que c'était stupide. C'est le genre de choses que font les enfants. Ils menacent de s'enfuir ou de se faire du mal dans l'espoir qu'on les trouve ou qu'on en fasse tout un plat.

Cela lui fit penser aux fois où il avait menacé de se blesser ou de se tuer. Il avait souvent dit à Margaret qu'il se laisserait tuer par certaines des personnes violentes qu'il côtoyait. Il savait que de telles menaces ne fonctionnaient jamais. Les brutes ne construisent que de la haine et non de l'amour.

Il ne s'était jamais considéré comme une brute auparavant. Il n'était pas nécessaire de frapper les gens pour être une brute. Les mots sont une arme aussi puissante qu'un poing ou un gourdin. Le but est le même. Changer le point de vue d'autrui par la force plutôt que par la persuasion ou la négociation.

Il s'agissait toujours d'un acte égoïste, utilisant la force de la force ou le volume du langage pour gagner. La négociation permet aux deux parties d'obtenir ce dont elles ont besoin et ce qu'elles veulent, dans les limites du raisonnable. Les brimades n'ont rien à voir avec la raison, c'est un acte de violence irrationnel. L'homme raisonnable écoutera les paroles de l'autre et y répondra avec une intelligence ouverte.

La négociation ressemble à l'amour en ce sens qu'elle est presque un acte de séduction mutuelle. L'amour était la chose qui semblait être refusée à Tony. C'est peut-être la raison pour laquelle il peut maintenant se percevoir comme un tyran verbal et physique.

Il voulait de l'amour et sa seule façon d'avancer était de le donner plutôt que de l'exiger par la menace.

Avec l'aide qui lui a été apportée, Tony a commencé à se demander ce qu'était la colère. Il avait entendu parler de la réaction de lutte ou de fuite et pensait que si une personne en colère s'enfuyait, il s'agissait d'une réaction de survie et non de lâcheté. Cela incluait la survie de l'émotion de l'amour ainsi que de la forme physique.

Il en conclut que la colère est aussi une question de combat ou d'autoprotection. Pourtant, le véritable résultat est la perte, non pas du combat, mais de la qualité de sa vie. La question est de savoir comment il peut la contrôler.

S'il avait le choix entre fuir le conflit ou combattre la cause perçue du conflit, la réponse était difficile pour lui. Mais en réfléchissant et en tenant compte des conséquences, le choix est devenu plus facile à faire.

Dans le passé, lorsque sa Margaret disait quelque chose qu'il n'approuvait pas, il ne s'enfuyait certainement pas. Elle y voyait un signe de faiblesse. Il n'avait d'autre choix que de la combattre. Le plus souvent avec des mots, mais parfois aussi avec ses mains.

S'il utilisait les mots, il pourrait crier comme pour effrayer un lapin de ses laitues. C'était une forme de combat, mais le lapin ne ripostait jamais. Parfois, il criait comme pour effrayer quelque chose de plus hostile,

comme un chien féroce qui grogne.
S'il utilisait ses mains, cela pouvait être pour éloigner un moustique ou quelque chose de plus agressif comme une guêpe qui serait écrasée.
Mais rien de tout cela n'était sa femme. C'était une âme douce qui n'offrait que peu de menaces.
Peu de mots sont consacrés aux éléments passifs de la réaction de lutte ou de fuite, à savoir se défendre ou s'immobiliser.

La réponse qu'il cherchait était contenue dans ces autres réactions. S'il se mettait en colère, il pouvait alors défendre son point de vue sans colère. Ainsi, si sa femme lui disait qu'il devait couper l'herbe, il lui expliquait pourquoi il ne l'avait pas fait au lieu de se mettre en colère contre ce qu'elle considérait comme du harcèlement. Il pourrait alors lui dire qu'il le fera le lendemain. Elle souriait alors et le prenait dans ses bras.

L'autre choix qui s'offrait à lui était de se figer, de se contrôler afin de pouvoir envisager une conversation calme et un autre câlin. Il a fallu du temps pour apprendre cela et sa femme a mis du temps à apprendre qu'il avait appris et à retrouver la confiance. Elle en était arrivée au point où sa seule option avait été de fuir l'homme en colère. Aujourd'hui, elle peut l'aider à se réparer et à guérir.
Le mauvais caractère de Tony était en train de disparaître, mais d'une manière totalement différente.

# MAGIQUE

traite de la façon dont l'égoïsme travaille contre l'individu plutôt que pour lui. Il explique comment le désir de n'aider que soi-même ne mène qu'à la déception.

Abracadabra !

Il ne s'est rien passé. Abracadabra !

Il ne s'est encore rien passé.

Jeme, l'homme égoïste, est déçu, mais au fond de lui, il s'attendait à ce que rien ne se passe. Il avait lu de nombreux livres sur le fonctionnement de l'univers, sur la façon d'atteindre son destin, sur la façon d'influencer les autres, sur les secrets de la religion et de la magie. Mais rien ne semblait fonctionner.
Il avait acheté des baguettes magiques, des tambours, des talismans et des porte-bonheur. Il avait médité, contemplé, observé et réfléchi. Mais il n'arrivait toujours pas à obtenir ce qu'il voulait.
Il a répété toute une série d'incantations, de souhaits, de sorts et de malédictions. Il avait allumé des bâtons d'encens et des bougies.
Il a consulté des prêtres, des gourous et des charlatans. Il s'est assis dans des cercles de pierre, il a lu ses horoscopes.
Il a consulté d'anciens ouvrages de sagesse.
Il avait été vu par des chiromanciens, des cartomanciens et des personnes qui prétendaient parler aux morts.
Tout ce qui a été essayé a échoué. Bien sûr, à présent, il était frustré, déconcerté et vaincu par le monde et les gens en dehors de lui. Il ne pouvait pas voir son avenir, il ne pouvait pas contrôler son sort, son destin ou sa fortune.
Bref, il se sentait comme tout le monde. Il voulait être meilleur que cela ! Il estimait qu'il méritait mieux que d'être aussi ordinaire.
Cependant, il aimait les mendiants et les indigents parce qu'ils lui permettaient de se sentir mieux dans sa peau. Il pouvait leur montrer l'argent qu'il avait sur lui et observer la tristesse de leur visage lorsqu'il s'en allait avec ses biens intacts.

Il aimait également vendre ses outils magiques impuissants à d'autres personnes qui cherchaient désespérément à améliorer leur vie, même s'il perdait généralement de l'argent dans l'opération. Sa satisfaction venait en partie du fait qu'il prouvait l'impuissance de ces objets. Il était le premier à tenter d'extraire leur sorcellerie.

Il y a eu une transaction dont il était très fier. Il avait réalisé un profit en vendant un vieux bâton en chêne sculpté à un homme qui n'avait pas les moyens de se l'offrir. Jeme avait soutiré à son client la dernière pièce d'argent qu'il possédait. Jeme avait acheté le bâton à quelqu'un qui lui avait dit qu'il pouvait faire fonctionner des choses imparfaites et que cela pouvait rapporter gros. Comme tout ce qu'il avait acheté, le bâton n'avait pas fonctionné du tout. Mais le jour où il a vendu le bâton en réalisant un gain financier a été l'un de ses rares jours heureux.

Bien que Datu, l'homme qui a acheté le bâton, soit très pauvre en argent, il est en fait très riche dans son cœur. Il avait vu un jeune garçon incapable de marcher. Ses jambes avaient été cassées alors qu'il était tout petit et s'étaient tellement déformées qu'il était incapable de se tenir debout. Le gentil homme avait acheté le bâton pour fabriquer une paire de béquilles plutôt que pour faire des sorts. Après en avoir fait deux bâtons solides, il les donna au jeune homme, sans rien attendre, pas même un remerciement.

Le jeune homme s'entraîna avec ces bâtons jusqu'à ce qu'il soit capable de se déplacer comme s'il n'avait pas été endommagé. Étrangement, le bâton avait fait fonctionner des choses imparfaites.

À l'insu de Datu, son acte de générosité désintéressée avait été vu par un ami de l'homme le plus riche de la région. Lorsque l'homme riche a appris ce qui s'était passé, il a été tellement touché dans son cœur qu'il a donné des terres et des bâtiments au gentil homme. L'homme riche savait qu'il était plus sûr d'avoir un bon voisin que de voir une partie de ses terres occupée par une personne cupide. Il s'est également arrangé pour qu'il reçoive un peu d'argent afin que le gentil homme n'ait pas à faire concurrence à ses propres entreprises.

Le Datu, non content de ces cadeaux, a transformé son bâtiment en sanctuaire pour les malheureux de la région. Il les a aidés à marcher à nouveau. Il les a aidés à apprendre des métiers. Il a redonné de l'espoir aux désespérés et de la joie aux misérables.

Lorsqu'il entendit parler de cela, l'homme riche fut très heureux parce que sa richesse apportait du bonheur à beaucoup de gens ainsi qu'à lui-même. Il donna de plus en plus d'argent, de bâtiments et de terres à Datu pour qu'il puisse développer son travail. Des gens de tout le pays apprirent ce qui se passait. Le commerce de l'homme riche a prospéré parce que les autres commerçants savaient que cet homme était digne de confiance. De cette façon étrange, l'homme riche devint très heureux et riche. Il utilisait sa richesse pour créer ce qui ne s'achetait pas, la paix de l'esprit. Datu développa son travail afin d'aider le plus grand nombre possible de malheureux du pays.

Un jour, Jeme, l'homme égoïste, a vu Datu avec un homme marchant avec des béquilles. Il reconnut qu'il s'agissait de bâtons, car il avait vu les sculptures complexes qui avaient été faites pour cette baguette magique. Il les suivit jusqu'au campement et demanda à rencontrer le gentil homme. Datu avait l'impression d'avoir déjà rencontré cet homme et se sentait mal à l'aise. Il ne savait pas pourquoi.

À ce moment-là, l'homme qui avait été le jeune homme est entré en marchant sur ses béquilles. Il a dit à Datu qu'il était la personne qui lui avait vendu le bâton. Il a ensuite déclaré qu'étant donné qu'il avait eu tant de chance, le gentil homme devrait partager avec lui une partie de l'argent qu'il avait gagné. Après tout, a-t-il dit, c'est lui qui lui avait promis que le bâton magique lui apporterait la bonne fortune. Il lui proposa même de lui vendre d'autres instruments pour gagner encore plus d'argent. Datu l'a regardé et a souri d'un air aimable.

Il lui a répondu d'un ton doux. Il dit à Jeme que le bâton était en effet une chose forte et puissante. Il expliqua comment il avait aidé un jeune homme à remarcher. Il décrivit comment cet acte de bonté avait entraîné le développement de la bonté et de l'attention aux autres.

L'homme égoïste, perplexe, a demandé au gentil homme quels mots magiques et quelles formules magiques il avait utilisés. Il a demandé quels rituels avaient été accomplis pour donner au personnel le pouvoir d'apporter autant de chance. Il voulait savoir comment il pouvait s'attirer une telle fortune.

Datu a dit à l'homme de donner tout son argent à l'homme le plus pauvre qu'il pourrait trouver avant le coucher du soleil le jour suivant. Il devait ensuite revenir pour se faire expliquer les mots magiques à prononcer pour attirer la chance.

L'égoïste s'en alla, mécontent et jurant sous son souffle. Il avait essayé toutes sortes de choses, mais il n'avait jamais pu se résoudre à une générosité insensée. C'est pourquoi il ne revint jamais. Il avait trop peur que la phrase magique ne fonctionne pas pour lui. Il avait trop peur de perdre le peu qu'il avait. L'idée que son argent soit donné aux mendiants et aux malchanceux lui était insupportable.

Après que Jeme, l'égoïste, ne soit pas revenu, le jeune homme a regardé le Datu, l'homme gentil, et lui a dit qu'il savait quels étaient les mots magiques.

Sans attendre de réponse, il dit : "Tiens, prends ce que j'ai. Tu en as plus besoin que moi." Le jeune homme marqua une pause, puis ajouta : "Je connais ces mots parce que ce sont ceux que vous m'avez dits lorsque vous m'avez donné mes béquilles".

Le gentil monsieur a souri et a répondu. "Ces mots ont une magie bien plus grande que toute autre chose. L'homme égoïste finit par n'avoir que lui-même comme ami. J'ai la chance d'être un canal d'abondance plutôt qu'un récipient. La magie est basée sur l'intention plutôt que sur la fin."

Le jeune homme vit un garçon aux jambes cassées porté par son père. En lui tendant ses béquilles, il lui dit : "Tiens, prends ce que j'ai. Tu en as plus besoin que moi." Le sourire sur son visage était aussi brillant que le soleil en été.

# LA MÉMOIRE

La mémoire est une affaire d'associations sensorielles : images, sons, odeurs, goûts et toucher.

Mis à part d'autres problèmes, une mauvaise mémoire n'est jamais le signe que nous avons de mauvais souvenirs ; c'est parce que nous n'avons pas appris à utiliser la ressource de la mémoire !

Nous pouvons tous nous souvenir de certaines choses. Il s'agit des moments où nous avons eu un lien avec quelque chose d'important. Vous vous souviendrez toujours du nom de votre premier amour, mais vous oublierez le nom de la caissière du supermarché local... à moins que vous ne l'aimiez bien !

Pensez un instant à votre premier amour. Vous vous souvenez peut-être de l'image visuelle, de l'odeur du parfum ou de l'après-rasage. Peut-être la sensation d'une main qui touche la vôtre. Peut-être le son d'une voix ou le goût d'un chewing-gum ou d'un bain de bouche !

Il s'agit là d'un indice essentiel. La mémoire est une question d'association plutôt qu'une chose qui contient des informations comme le fait un ordinateur. Les faits froids et durs vont à la poubelle. Les associations chaleureuses et significatives sont conservées là où nous pouvons les retrouver.

Oublions un instant les exemples du premier amour. C'est difficile parce qu'ils sont à l'avant-plan de votre esprit et qu'ils sont facilement accessibles. Cependant, lorsque vous utilisez votre mémoire d'une manière différente, lorsque vous la chargez d'associations, l'information est retenue. Recherchez des schémas. Le numéro de téléphone de votre meilleur ami est une collection aléatoire de chiffres que vous avez classés d'une manière ou d'une autre. Vous ne pouvez pas vous donner la peine de faire cela avec le numéro de l'administration fiscale, car vous êtes heureux de l'oublier, à moins que vous ne soyez comptable ou que vous ne travailliez pour elle.

Pour vous souvenir des choses, associez-les à des formes, des motifs, des couleurs et des odeurs. Les personnes que vous rencontrez vous rappellent-elles d'autres personnes ? Un nom est-il associé à leur visage pour vous le rappeler ? Vous rappellent-ils une personne célèbre portant un nom similaire ?

# AVANCER SUR LE TRAIN DE LA VIE

Aller de l'avant dans la vie signifie placer les mauvais souvenirs à un endroit où ils cessent de nuire au présent et à l'avenir. Ils doivent être les couleurs ternes d'une toile de fond qui met en garde contre un comportement répété, plutôt que des rideaux noirs de regrets qui empêchent d'avancer.

Le train s'éloigne de la gare. La fumée et la vapeur emplissent l'air tandis que le conducteur actionne le moteur.

Dianne est assise dans le wagon du milieu. Un wagon vide, jusqu'à ce qu'un homme monte à bord. Il était vêtu de noir et n'affichait aucun sourire. Le train a ramassé trois sacs de courrier pendant qu'il roulait à toute allure. Les sacs sont attrapés par un bras mécanique qui les fait basculer dans le wagon arrière.

Dianne est intriguée. Elle se dirige vers l'arrière du train et ouvre le sac de courrier qui est plein. Il contenait des cartes écrites de sa propre main et elle les a lues pour elle-même. Certaines étaient des souvenirs d'événements heureux de sa vie. Elles étaient écrites à l'encre de couleur vive. D'autres racontaient les mauvaises choses qui lui étaient arrivées, celles qu'elle préférait oublier. Elles sont écrites avec des couleurs sales sur des cartes crasseuses.

Le deuxième sac, de la couleur d'un lever de soleil, était vide, tout comme le troisième, sale et taché.

L'homme la regarda lire les cartes, toujours sans expression.

Il commença à parler. "Triez ces cartes entre celles que vous voulez garder et celles que vous voulez perdre. Celles dont vous avez besoin doivent être mises dans le sac lumineux. Celles dont tu veux te débarrasser vont dans le sac sale qui leur correspond. Les cartes vierges vous permettent d'écrire vos rêves pour l'avenir. Laissez le sac sale dans le wagon arrière. Ramenez le sac neutre dans le wagon du milieu et placez le sac brillant dans le wagon de devant."

Elle fit ce qu'on lui demandait.

Elle est cependant intriguée par ce qui se passe et par l'identité de cet homme. "Êtes-vous une sorte d'employé des chemins de fer, demanda-t-elle, avant d'ajouter, ou un homme chargé d'une autre mission ? Son ton était empreint d'un sentiment d'accusation.

Il la regarde et sourit pour la première fois. "Je suis ce qui vous aide à mettre de l'ordre dans votre vie. Je suis une sorte d'inspecteur des chemins de fer, un gardien des passagers. Je suis le gardien du Train de la Vie". Il marque une pause de quelques instants

"Vous devez empêcher les choses qui vous préoccupent et vous inquiètent inutilement de vous hanter et de vous inquiéter. Elles sont dans le sac sale. Il n y a pas de joie là-dedans."

Il ramassa le sac sale et le jeta dans le wagon arrière pour elle. Puis il actionna un levier qui séparait le wagon du train principal.

Il lui fit signe de regarder le wagon perdu ralentir suffisamment pour laisser un énorme espace. Elle vit les rails bouger et le troisième wagon se frayer un chemin jusqu'à une voie de garage où il s'arrêta et commença à se dégrader sous l effet de la rouille.

Alors que le train s éloignait en montant une pente, il passa devant un autre wagon assis au sommet de la colline, comme s'il attendait, dans une autre voie de garage.

Alors que son train franchit le sommet et descend la pente, Dianne voit la voiture s'engager sur la voie et prendre suffisamment de vitesse pour la rattraper.

L'homme tire à nouveau sur le levier et le train s'attache.

Il dit à Dianne : "Je vais maintenant mettre le sac contenant les souvenirs heureux dans le wagon qui représente un passé heureux. Je mettrai ensuite le sac lumineux dans le wagon de devant. Ce que vous avez, c'est l'équilibre dans votre vie. De bons souvenirs à regarder en arrière, des rêves lumineux pour construire votre avenir et un carrosse sans encombrement où vous pouvez regarder par les fenêtres de et apprécier le paysage quand vous le souhaitez."

Sur ce, il sembla disparaître. Dianne regarda par la porte du dernier wagon et le vit lui faire un signe de la main alors qu'il montait à bord d'un train qui allait dans la direction opposée, prêt à régler la vie d'un autre voyageur troublé.

# MYTHOLOGIE ET VOYANCE

Si vous voulez voir l'avenir, faites-le advenir. Planifiez l'avenir, laissez vos plans se réaliser. La superstition vous empêche d'agir. L'espoir et l'optimisme créeront la confiance dans VOTRE capacité à réaliser un résultat, jamais dans les étoiles, les feuilles de thé, le marc de café, les échelles, les fissures dans les dalles... ai-je besoin de continuer ?

La voyance repose sur l'idée que l'avenir est prévisible, comme s'il était écrit dans un scénario de film ou par une entité divine qui n'a rien de mieux à faire. Ce n'est pas le cas.

Cependant, des personnes gagnent de l'argent en donnant l'impression que l'avenir peut être prédit grâce à leur capacité à lire les signes et les présages.

L'astrologie s'appuie fortement sur les nombreuses positions différentes des planètes et des étoiles, qui permettent un nombre infini d'interprétations possibles. Chaque planète a son propre caractère et sa propre sphère d'influence. Il est peu probable que ces influences soient réelles. Il n'a jamais été prouvé que les planètes avaient des effets majeurs mesurables susceptibles de modifier le comportement humain. Qu'ont fait les astrologues lorsque Pluton s'est avéré être un ensemble nébuleux de roches et de gaz ?

La clé réside dans l'interprétation subjective.

Un être humain fait des déclarations sur un autre ou sur lui-même en utilisant l'astrologie comme technique pour stimuler la réflexion.

Par exemple, si vous vivez une relation heureuse et que vous lisez dans votre horoscope : "Aujourd'hui, vous rencontrerez la personne de vos rêves", vous serez heureux si vous rencontrez votre partenaire pour dîner. Toutefois, si vous rencontrez une personne vraiment sympathique au cours de la journée, vous pourriez être prédisposé à voir cette personne d'une manière différente, ce qui pourrait nuire à votre relation actuelle. Les mots de l'horoscope restent les mêmes, mais le résultat peut être modifié par votre propre interprétation introspective de ces mots.

Et si vous lisez l'horoscope de votre partenaire et qu'il indique qu'il rencontrera un admirateur secret et trouvera l'amour ? Cela se traduit-il par de l'amour ou de l'agitation dans votre relation ?

Telle semble être l'explication de livres tels que le "I-Ching". Les réponses données sont vagues et doivent être interprétées dans le contexte de la question posée. L'information provient toutefois de l'esprit du demandeur. Il ne s'agit pas de dénigrer la sagesse du I-Ching, mais plutôt d'admirer les techniques psychologiques employées par l'auteur à une époque lointaine. Avant de poser une question à l'oracle, l'interrogateur doit en élaborer la formulation. Il y ajoute une intention qui oriente le message obtenu.

Prenons un autre exemple, celui de la lecture des feuilles de thé. Les feuilles de thé ne prédisent pas l'avenir, mais le lecteur semble peut-être le faire. Il s'agit de prendre des informations et de les "interpréter" de manière créative, d'un point de vue personnel.

L'inconvénient de la cartomancie est qu'elle attribue des valeurs à des objets inanimés qui se situent entre le positif et le négatif. Par exemple, l'As de pique est souvent associé à des valeurs négatives.

La plupart des techniques de divination par les cartes à jouer utilisent au moins sept cartes. Dans un jeu de 52 cartes, il y a donc environ sept chances sur une de lire une main comprenant l'as de pique (c'est-à-dire 7 cartes sur 52). Si l'on consulte le jeu quotidiennement, la carte apparaîtra, par hasard, une fois par semaine. Si l'on tient compte du fait que les gens ont tendance à vouloir connaître leur avenir lorsque les choses vont mal plutôt que bien, parce qu'ils recherchent un soulagement, cette fréquence d'apparition d'un signe négatif fera probablement plus de mal que de bien.

Je pense qu'il est plus facile d'aborder un problème avec un bon plan créatif, plutôt que d'attendre qu'une planète bouge !

Des batailles ont été perdues parce que des généraux les ont menées avec des présages négatifs provenant des entrailles de chèvres qui affectaient leur capacité à penser rationnellement. Les généraux qui ont planifié toutes les possibilités avec un esprit libre, ouvert et créatif ont dû avoir plus de chance.

# DES MURS DE PRISON OUVERTS

Parfois, nous ne sommes pas enfermés dans des murs solides, mais dans un piège émotionnel, comme la peur dans une relation abusive.

Je me sens tellement enfermé dans des murs de prison
qui n'existent pas. Alors pourquoi ne pas s'échapper ?
S'il n'y a pas de murs, le chemin
Vers la liberté est un chemin facile.

Et parce que les liens qui m'attachent et m'emprisonnent
Ne peuvent être ni sentis ni vus, je ne peux pas les briser.
Je suis incapable de franchir des murs qui
qui n'existent pas, et donc je ne peux pas m'échapper.

Mais parce qu'ils n'existent pas, je ne peux pas les décrire,
Pourtant, ils me contiennent toujours.
Pourtant, si je marche vers l'avant
je peux les traverser.

Ces murs qui n'existent que dans mon esprit
Ne sont faits de rien qui puisse m'empêcher
De profiter de ce qui devrait être apprécié.
Ils ne peuvent pas me retenir.

# LE PALAIS DES RÊVES

Une métaphore interactive pour transformer vos rêves en réalité.

Vous vous trouvez dans le hall d'entrée d'un grand palais. Vous savez qu'il s'agit du palais de vos fantasmes, de vos rêves éveillés et de vos rêves endormis.

Sur les murs, des peintures vous représentent dans diverses situations que vous avez appréciées dans votre vie.

De magnifiques peintures si réalistes qu'elles ressemblent à d'immenses écrans de cinéma qui auraient été figés. Entre ces tableaux, une porte fermée mène à une pièce spéciale. Chaque pièce de ce gigantesque palais est une partie de votre imagination où vous pouvez jouer et ressentir toutes les fantaisies dont vous avez toujours rêvé, et même celles auxquelles vous n'avez jamais pensé.

C'est un endroit où vous pouvez planifier les fantasmes que vous aurez et dont vous vous souviendrez, en ajoutant des personnes, des scènes et des actions à votre guise. Ici, vous pouvez devenir ce que vous voulez être, être là où vous voulez être et faire ce que vous voulez faire.

Vous êtes conscient que ce palais est en fait votre propre esprit, que vous pouvez devenir tout ce que vous voulez devenir, que vous pouvez réaliser ce riche potentiel intérieur en croyant en vous-même, en voyant ce que vous voulez devenir. Vous savez que votre potentiel est aussi infini que l'univers, aussi bienveillant qu'il devrait l'être, pour vous-même et pour les autres.

Un fantasme peut consister à revivre de vieux souvenirs, en changeant peut-être certains détails afin d'obtenir un résultat différent. Un fantasme peut aussi être une réalité qui ne s'est pas encore produite. Aidez ces fantasmes, croyez en eux et obtenez ce que vous voulez.

Vous avez déjà visité ce palais, vous voyez la splendeur des bâtiments. Vous voyez les portes qui mènent aux nombreuses pièces, chacune d'entre elles contenant un scénario et une distribution pour votre fantasme.

Vous choisissez une porte, peut-être une porte que vous avez déjà franchie, peut-être une nouvelle. Vous décidez à l'avance. Vous décidez maintenant. Peut-être laisserez-vous à votre propre imagination le soin de vous présenter soudainement une scène alors que vous franchissez une porte mystérieuse.

Franchissez la porte que vous avez choisie... maintenant.

Remarquez tout ce que vous pouvez sur le lieu : êtes-vous dans une pièce, un bâtiment, une ville, ou êtes-vous en plein air, est-ce plat, vallonné, montagneux, qu'est-ce qu'on peut voir, qui est là avec vous ?

Ajoutez les détails pour vous-même, comme si vous peigniez un grand chef-d'œuvre. Mais dans ce chef-d'œuvre, vous pouvez ajouter les températures qui vous entourent. Fait-il chaud ou frais ? Vous pouvez ajouter les odeurs et les textures des choses que vous ajoutez. Vous pouvez changer l'échelle temporelle du présent au futur ou au passé.

Alors, retrouvez-vous dans cette scène maintenant et profitez de votre imagination.

ARRÊTEZ DE LIRE ET COMMENCEZ À RÊVER, MAINTENANT
Maintenant, détendez-vous et revenez dans le hall d'entrée du palais. Vous pouvez voir le tableau que vous avez dessiné plus tôt, accroché à sa place à côté de la porte que vous avez franchie auparavant.

Lorsque vous serez prêt, revenez à cette page.

Vous attendez avec impatience la prochaine fois que vous visiterez ce merveilleux palais, votre propre imagination.

# PASSÉ, PRÉSENT ET FUTUR

Si nous disposions d'une machine à remonter le temps dans dix ans, reviendrions-nous dans le présent pour changer notre façon d'être aujourd'hui ?

"J'aimerais bien avoir une machine à voyager dans le temps", se dit-il.

"Si j'en avais une, je pourrais voyager dans le futur et voir ma destinée. Je pourrais même faire en sorte qu'il se réalise parce que je saurais comment le monde sera. Je pourrais étudier la technologie et la ramener pour l'inventer et gagner beaucoup d'argent.

"Si j'avais une machine à remonter le temps, je pourrais voyager dans mon passé. Je pourrais effacer les erreurs que j'ai commises et me construire une vie meilleure".

Il lui vint à l'esprit qu'une grande partie de son souhait était de changer des choses qui n'auraient jamais dû se produire et de réécrire les actions qui l'avaient conduit à un endroit moins confortable qu'il ne le souhaitait.

Il a poursuivi ses réflexions. "Mes désirs futurs sont de voler les idées et le travail d'autres personnes. Il serait trop facile de s'approprier les développements à venir. Si Hitler avait eu une machine à remonter le temps, il aurait peut-être, non, certainement, développé la bombe nucléaire et l'aurait utilisée. Nous ne serions pas là. Je n'aurais pas pu remonter le temps et l'abattre parce que je ne serais pas ici, maintenant.

"Si j'avais eu une machine à remonter le temps et si j'avais pu retourner dans le passé, j'aurais pu cesser d'être un homme jaloux. J'aurais pu éviter les choses qui, avec le recul, me paraissent mauvaises et préjudiciables. J'aurais pu travailler plus dur, j'aurais pu planifier une meilleure vie. Si seulement..."

Ce qui manquait dans ses pensées, c'était l'idée que notre avenir dépend de ce que nous faisons dans le présent. Nous devons penser aux conséquences. Nous devons contrôler nos réactions et nos relations avec les autres, les créatures de notre planète et le monde lui-même.

Nous avons une machine à remonter le temps en nous, mais une machine qui peut changer l'avenir en tenant compte du présent.

# PINBALL

Manipulation inexpliquée d'un plan d'action.

Qui est le joueur qui a commencé le jeu ?
Il a mis sa pièce dans le flipper
et m'a projeté sur la table
pour rebondir, sur le destin, parfois allumé,
mais parfois non.

Et quand tout semble se terminer
un flipper (joué par qui ?)
me remet en jeu pour marquer des points, encore une fois.
Mais qu'est-ce qui compte ? La balle ou le score ?
Quand une balle a été utilisée
il y en a une autre dans le casier, (parfois).

Et qui joue, d'ailleurs, ce manipulateur
de mon parcours ? Et combien de points a-t-il marqué
pour moi, en écrivant ces étranges métaphores ?

# PLANÈTE

Une métaphore interactive qui vous montre comment être optimiste dans la vie

Vous voyagez à travers l'espace et le temps jusqu'à la surface d'une planète lointaine, une planète semblable à la Terre, avec une atmosphère riche et l'absence de toutes pensées et actions négatives.

Vous êtes ici, léger comme l'air, et vous pouvez choisir de marcher ou de flotter en toute sécurité. C'est un endroit où vous, en tant que votre moi idéal, avez réalisé tous les souhaits et espoirs que vous vouliez accomplir sur Terre, mais que vous n'avez pas pu réaliser à cause de la façon dont vous vous sentiez, ou à cause de mauvaises circonstances, ou de la malchance, ou de n'importe quoi d'autre.

Ici, le soleil est chaud, l'eau est pure, l'air est pur et vivifiant. Vous décidez de flotter, d'explorer, d'expérimenter ce nouveau monde. En dérivant dans l'espace, vous apercevez d'immenses montagnes qui scintillent sous la lumière du soleil, des plantes vertes et des arbres chargés de fruits. Vous voyez des animaux qui vous reconnaissent en flottant au-dessus d'eux, semblant lever les yeux et sourire lorsque vous passez au-dessus d'eux.

Vous ne savez pas pourquoi, mais chaque son, chaque vue, chaque odeur de la vie qui vous entoure vous remplit de l'essence de ce lieu, d'optimisme, d'espoir et de confiance. Vous êtes conscient que ce lieu est désintéressé, qu'il existe pour vous et que, par conséquent, vous existez pour lui. Vous avez le sentiment que ce que vous faites pour aider ce lieu vous sera rendu en termes de bonheur, de tranquillité et d'épanouissement. Comme vous aimeriez que la Terre soit ainsi.

Doucement et progressivement, un lieu apparaît sous vos pieds, une situation que vous reconnaissez comme familière de votre vie sur Terre, qui vous a fait sentir que la vie avait plus à vous offrir ; il peut s'agir de votre travail, de votre maison, de votre partenaire, de vos biens, de vos émotions, de votre santé, de vos habitudes ; peut-être un mélange de certaines de ces choses, ou de toutes. Cet endroit vous est si familier. Mais il est différent.

Plutôt que de posséder les aspects négatifs qui vous sont si familiers, l'endroit est plein d'aspects positifs. Les différences sont si marquées que vous pouvez voir ce qu'il faudrait changer pour passer de l'un à l'autre. Vous pouvez vous voir tel que vous pourriez être, vos circonstances telles qu'elles seraient.

Lentement, vous descendez, lentement, vers cet endroit, prêt à vivre, plutôt qu'à être témoin ; prêt à être impliqué dans les différents événements, les différentes humeurs, les différents sentiments.

En flottant vers le bas, vous réalisez que vous n'êtes ici qu'en esprit, que la substance de votre être vit la vie telle qu'elle est la plus souhaitable, que vous observez cet autre vous, que vous remarquez les différences subtiles, que vous examinez comment un changement d'attitude pourrait apporter tant d'améliorations à tous les aspects de votre vie.

Vous pouvez ressentir les avantages de ce changement, si vous avez essayé d'imiter ce vous alternatif, si vous avez utilisé votre rencontre avec ce vous alternatif pour améliorer votre propre qualité de vie.

Vous vous approchez de votre moi alternatif, qui est conscient de votre présence, et vous demandez : "Quel est le secret de la bien meilleure qualité de vie que je peux ressentir ?"

On vous répond que vous devez parcourir ce monde et dresser la liste des attributs positifs que vous observez, puis les comparer aux aspects négatifs qui ont envahi la vie sur Terre. On vous demande ensuite de revenir plus tard avec la conclusion à laquelle vous êtes parvenu. Le moi alternatif se retourne alors avec un sourire ironique et complice.

Déçu de devoir faire le travail plutôt que de recevoir la réponse, vous vous dites de flotter à nouveau dans les airs, pensant qu'il s'agit d'une énigme stupide que vous ne pourrez jamais résoudre.

Puis, alors que vous flottez vers le haut, vous vous rendez compte que la première partie de la réponse a déjà été donnée. Le sentiment négatif que vous avez éprouvé à l'idée d'avoir à faire et à penser les choses par vous-même est une preuve d'ingratitude.

L'attitude positive aurait peut-être dû être une attitude d'appréciation. La prise de conscience qu'un sentiment négatif vous est venu avant une pensée positive est une révélation. Le moi alternatif essayait de vous aider plutôt que de vous exploiter. Aider les autres à en tirer profit est une façon plus positive de vivre que de les exploiter.

Lorsque vous flottez, le soleil est chaud comme une émotion, la chaleur plutôt que la froideur, l'amour plutôt que la haine. Autre réponse.

L'eau est pure plutôt que corrompue, l'air est pur et vivifiant plutôt qu'étouffant et restrictif.

En dérivant dans l'espace, vous pouvez voir d'immenses montagnes qui scintillent sous la lumière du soleil, de belles plantes vertes et des arbres chargés de fruits qui semblent avoir existé depuis toujours. Les arbres donnent leurs fruits en échange des insectes et des animaux qui pollinisent leurs fleurs et répandent leurs graines. Ils semblent satisfaits d'avoir reçu en échange de leur don. En échange de leur don, les insectes et les animaux ont également reçu. Encore une autre réponse : la satisfaction plutôt que l'avidité.

Vous pouvez voir les animaux qui vous reconnaissent en flottant au-dessus d'eux, semblant lever les yeux et sourire lorsque vous passez au-dessus d'eux. L'intégration plutôt que le rejet.

Cela devient de plus en plus facile. La motivation pour trouver la réponse, pour réaliser quelque chose est préférable à l'envie de ceux qui savent déjà. S'impliquer dans la vie elle-même est plus satisfaisant que d'essayer d'échapper à ses problèmes en buvant ou en se droguant. Ici, le sentiment d'accomplissement remplace l'autocritique.

En revenant et en redescendant vers votre moi alternatif, vous éprouvez

un sentiment de fierté et de satisfaction d'avoir trouvé la solution à vos soucis et à vos inquiétudes. Ce n'est pas l'endroit où vous vous trouvez, ce ne sont pas les circonstances que vous trouvez ; c'est plutôt la façon dont vous percevez et réagissez à la situation. Trouvez le côté positif de chaque situation plutôt que d'accepter les aspects négatifs. Plutôt que de changer la situation, changez-vous vous-même, et les choses qui vous ont contrarié et inquiété vous sembleront alors changer d'elles-mêmes.
Vous accueillez votre moi alternatif avec enthousiasme, vous voyez que votre retour est bien accueilli. Votre conclusion est la compréhension que vous souhaitiez. C'est le même endroit que la Terre, tout est identique, sauf que vous aviez tout perçu de manière négative. Bien sûr, c'est le même endroit. La différence, c'est vous. Mais maintenant, vous êtes différent, vous êtes positif.

Vous savez maintenant pourquoi chaque son, chaque vue, chaque odeur de la vie qui vous entoure vous remplit de l'essence de ce lieu, d'optimisme, d'espoir et de confiance. Vous savez que ce lieu est désintéressé, qu'il existe pour vous et que, par conséquent, vous existez pour lui.

Vous avez le sentiment que ce que vous faites pour aider ce lieu vous sera rendu en termes de bonheur, de tranquillité et d'épanouissement. Comme vous souhaitiez que la Terre soit ainsi.

Votre souhait s'est réalisé.

# EMPOISONNER LE PUITS.

La vengeance délibérée revient souvent blesser le vengeur.

Le désert était chaud, très chaud. Au fur et à mesure que le soleil montait dans le ciel, le plaisir que l'on ressent habituellement à la chaleur se transformait en une douleur intense.
Lorsque l'homme atteint le puits, il est au bord de l'épuisement. Il était très sec. L'eau était fraîche et propre dans le seau qu'il avait soulevé. Il s'assit à côté de la pierre pour étancher sa soif.
L'homme était amer à cause de ce qu'il avait vécu. Il s'était battu avec le chef de son village après que celui-ci ait dit quelque chose que l'homme avait contesté. Il avait alors quitté sa maison, jurant de ne jamais y revenir.
Il avait emporté un grand sac de poison pour éviter d'être suivi. Chaque fois qu'il arrivait à l'un des rares puits du désert, il buvait, remplissait ses bouteilles, mettait du poison dans le seau et continuait son chemin. Il cherchait ainsi à se venger en blessant les autres villageois.
Le désert était aussi grand que le sentiment de solitude et d'isolement de l'homme. Après un long moment, il atteignit les contreforts des montagnes où il s'installa dans un nouveau village. Il était fier d'avoir empoisonné tous les puits entre ce nouvel endroit et son village. Il ne pouvait plus être suivi. Il était également fier d'avoir trouvé une nouvelle vie avec de nouvelles personnes.
Le tremblement de terre s'est produit sans prévenir. Le village fut détruit et un immense canyon apparut. Ses nouveaux amis ont disparu et il s'est retrouvé seul. Il n'y avait ni eau ni nourriture. Il n'avait pas d'autre choix que d'aller dans le désert.
Le désert était chaud, très chaud. Au fur et à mesure que le soleil montait dans le ciel, le plaisir que l'on ressent habituellement à la chaleur se transformait en une douleur intense.
Lorsque l'homme atteignit le puits, il était au bord de l'épuisement. Il était très sec. L'eau était fraîche et propre dans le seau qu'il avait soulevé. Il s'assit à côté de l'entourage de pierre pour étancher sa soif.
C'est ainsi que sa promesse de ne jamais revenir dans son village fut tenue.

# VIES ANTÉRIEURES

Pourquoi avons-nous besoin de penser que nous avons déjà vécu ? C'est probablement pour construire la croyance que nous sommes, d'une certaine manière, immortels et que notre âme ou notre esprit se perpétue. Quoi qu'il en soit, y a-t-il un intérêt à ce qu'un têtard se métamorphose pour devenir une grenouille et qu'après sa mort, la grenouille redevienne un têtard ? Mieux vaut espérer que nous continuions à vivre d'une autre manière. Peut-être dans un autre monde, mais plus probablement dans nos enfants.

Gloria avait été Cléopâtre dans une vie antérieure.

Elle le savait parce que Madame Fifi le lui avait dit.

Non, au lieu de le lui dire, elle lui a "ouvert les voies inconscientes de son esprit" pour une somme relativement modeste pour certains, mais importante pour Gloria.

Lorsque Gloria a rencontré Fifi, on lui a dit que la vie d'un personnage célèbre et royal de l'histoire vivait en elle. Gloria était à la fois intriguée et flattée.

Après que Gloria se soit assise, Fifi a fait quelques passes magiques et a demandé à Gloria de lui parler des pensées qu'elle avait dans la tête. Gloria mentionna qu'elle se sentait chaude.

"Est-ce qu'elle a chaud comme dans un désert ?"

"Non."

"Alors cela signifie peut-être que vous êtes dans une sorte de palais."

Gloria se dit alors qu'elle était peut-être la reine Victoria, mais ne dit rien.

Fifi continue. "Donc, si vous n'êtes pas dans le désert mais dans un palais, alors vous pouvez peut-être sentir que vous êtes dans un endroit luxueux entouré de servantes."

Gloria avançait dans une direction. Elle avait besoin de se détendre un peu plus qu'elle ne le faisait.

"Je pense que vous aimez vous détendre dans un bain. N'est-ce pas ?" Gloria acquiesce. Tous les soirs, elle prenait un bain chaud avec des bulles qui soulageaient son corps tandis qu'elle rêvait de ce que sa vie aurait pu être si elle avait eu plus de chance.

"Que faites-vous dans le bain ? Tu t'allonges et tu te détends ou tu fantasmes sur les hommes ?

"Parfois. Gloria ne veut pas parler de sa vie privée, alors elle donne une réponse qui conviendrait à l'une ou l'autre question.

"Ces hommes sont-ils aussi de naissance noble ?"

"Pas vraiment. Ecoutez, est-ce que j'étais quelqu'un dans une vie antérieure ou pas ?" Gloria commençait à s'agacer. Elle avait payé son argent et voulait obtenir des réponses.

"D'après ce que vous avez dit, vous avez confirmé ce que les esprits m'ont dit. Vous étiez Cléopâtre. Les hommes de votre vie sont Antoine et Jules César. Des hommes qui étaient nobles, mais pas de naissance royale comme nous le savons. Et vous avez dit que vous aimiez vous baigner dans du lait. Aujourd'hui, vous utilisez probablement cette crème blanche pour bébé, mais le souvenir est toujours là. Le besoin d'être Cléo vit toujours dans votre psyché."
"Quand j'étais Cléopâtre à l'époque, étais-je une reine sage ?"

"Bien sûr que tu l'étais, ma chérie. Si sage que tu as gouverné un royaume, ou devrais-je dire une reine ? Ha, ha."

"Etais-je si intelligente que je pouvais faire la différence entre un chameau et une vache ?" Gloria était en train de s'installer. On ne lui avait rien dit. Elle avait écouté les suggestions de Madame Fifi qui avait supposé qu'elles étaient prises comme un appât sur un hameçon.
"Oui, bien sûr, elle, vous, pourriez". Elle, vous, étiez et êtes très

intelligents."

"Pourrait-elle faire la différence entre le S*** de chameau et le S*** de taureau ?"

Après une pause, Gloria poursuit. "Mais elle devait en être capable parce que je le suis aussi. Rendez-moi mon argent ou je ferai en sorte que votre vie future se passe en prison. Les histoires de la Reine d'Egypte ne sont rien d'autre que de la vente pyramidale, et c'est illégal je crois."

Gloria rit de sa propre plaisanterie tandis que Madame Fifi lui rend son argent.

"J'espère que vous serez mordue par un serpent et que vous mourrez. dit Madame Fifi.

"Eh bien, j'espère que tu te feras bientôt botter les fesses". Gloria rit à nouveau et s'en va.

Madame Fifi marmonne pour elle-même. "Chaque fois que Cléopâtre apparaît dans une vie antérieure, j'ai du chagrin. Elle devait être une femme étrange."

# PERTES ET PROFITS

Les gains matériels perdent de leur valeur après les pertes émotionnelles. Si l'équilibre est maintenu, la recherche de la richesse est une bonne chose, mais lorsque le bonheur des personnes qui aiment et doivent être aimées est le véritable prix à payer, toutes les richesses du monde en valent-elles vraiment la peine ?

Richard se glissa dans le siège en cuir lisse et doux, attacha sa ceinture de sécurité, s'assit tandis que le moteur démarrait et commença son voyage.

Alors qu'il se dirige vers l'aéroport, il salue Hélène, sa femme.

Après être monté à bord de l'avion d'affaires, il s'est glissé dans le siège en cuir lisse et doux, a attaché sa ceinture de sécurité, s'est assis pendant que les moteurs démarraient et commençaient leur voyage.

Alors que l'avion roulait vers la piste, il demanda à sa jolie assistante si elle avait tout ce dont il avait besoin pour sa réunion.

Il s'apprête à se rendre à une conférence à Aruba. Il appréciait le temps qu'il passait à gagner de l'argent en tant que cadre supérieur d'une banque très rentable.

Il gagnait tellement d'argent en primes que son plus grand problème, pensait-il, était de savoir comment le dépenser.

La luxueuse maison dans laquelle il vivait de temps en temps était payée. Son fils et sa fille ont reçu la meilleure éducation possible que l'argent puisse acheter. Ils étaient pensionnaires dans les meilleures écoles et, de temps en temps, ils écrivaient des lettres à leurs parents pour leur raconter ce qui s'était passé.
Oui, Richard était un homme très prospère. Ses conseils valaient une fortune.

Il disait aux investisseurs potentiels qu'ils pouvaient choisir entre le profit et la perte. Ils pouvaient emprunter de l'argent à sa banque pour améliorer leur trésorerie. L'argent emprunté permettrait d'acheter l'équipement nécessaire à la croissance de l'entreprise. Ils pouvaient racheter d'autres entreprises pour élargir leur base, etc.

Les affaires de l'entreprise occupent Richard. Il était tellement absorbé par son travail qu'il devait trouver du temps en annulant ses promesses d'assister à des manifestations dans les écoles de ses enfants. Il n'a jamais vu son fils faire du sport dans les premières équipes auxquelles il appartenait. Il n'a jamais vu sa fille jouer les rôles principaux dans les pièces de théâtre dont elle était la vedette.

Lorsqu'ils ont quitté l'école et sont entrés à l'université, il n'a pas pu les emmener là où ils allaient vivre. Il a cependant pu payer leurs études, ce qui l'a rendu heureux.

Richard était en voyage d'affaires lors de la remise de leurs diplômes. Il n'a pas assisté aux cérémonies, mais il a vu les photos de ses proches dans leurs robes et leurs mortiers.

Ses enfants ont trouvé de bons emplois et ont commencé à gagner des salaires substantiels à peu près au moment où Richard a eu sa première crise cardiaque. Ses deux enfants étaient trop occupés pour lui rendre visite à l'hôpital, mais ils ont demandé à leur assistante de lui envoyer des cartes lui souhaitant un prompt rétablissement. La femme de Richard lui rendait visite de temps en temps, mais elle se rendait compte qu'elle essayait de parler à un étranger. La conversation se résumait à des banalités et elle était soulagée de rejoindre son amant après la visite. C'était un homme qui, en termes d'argent, était pauvre. C'était cependant un homme qui pouvait montrer de l'intérêt pour Helen. Il la complimente et l'aime. Il chérit cette femme qui, jusqu'à ce qu'il la rencontre, avait été comme une rose solitaire dans le désert, une beauté dans une prison invisible.

Richard a demandé un support informatique dans son lit, mais le consultant qui s'occupait de lui l'a refusé. Même les menaces de licenciement, alors que Richard avait payé une somme énorme en assurance maladie privée, n'ont pas permis d'obtenir ce qu'il voulait.

Il n'avait d'autre choix que de rester allongé dans son lit à réfléchir à sa vie. Il soupçonnait qu'Helen avait une liaison, son détective privé a donc enquêté et lui a annoncé la nouvelle. Le divorce était la prochaine étape à franchir, mais cela réduirait sa valeur de moitié, ce qui était impensable. Il valait mieux prendre l'option moins coûteuse de et laisser sa femme s'occuper de ses propres intérêts pendant que Richard travaillait, et chaque fois qu'il en avait besoin, il pouvait acheter le confort de jeunes femmes dans n'importe quelle ville où il séjournait, et il le faisait. Son assistant personnel avait maintenant quitté son emploi et s'était installé dans un nouveau travail moins exigeant à tous égards.

La vie a été difficile pour Richard. Il a dû faire des choix. Il a dû choisir sa carrière. Il a dû choisir une femme qui serait heureuse de vivre les moments de solitude qu'il passait en son absence. Il a dû prendre des décisions qui affecteraient la vie des gagnants et des perdants avec lesquels il travaillait. Cela ne faisait guère de différence pour lui, car pour faire des bénéfices, il savait que quelqu'un devait faire des pertes pour maintenir l'équilibre de l'ensemble. Sa vie était comme une créature gigantesque qui devait consumer les autres. Il écrasait ce qui se trouvait sur son chemin et donnait des avantages à court terme à ceux qui pouvaient l'aider dans son propre voyage.
Aujourd'hui, il est seul. Les jolies filles qu'il avait achetées n'étaient plus sur le marché dans son lit stérile de l'unité de soins intensifs. Les bouteilles de champagne et de vin qui coûtaient autant qu'un petit pays pour ses soins de santé étaient interdites.

Pourquoi s'en soucierait-il ? Bientôt, il reprendrait la route pour conclure ses affaires.

Très peu de gens ont assisté à ses funérailles. Les collègues d'affaires qu'il avait connus étaient trop occupés à conclure leurs affaires. Sa femme et ses enfants étaient là, mais son fils devait se rendre à une réunion le lendemain et il est parti tôt. Sa fille devait s'envoler pour l'Australie afin de conclure une affaire. Sa femme devait montrer son dévouement en tant que veuve et a donc dû faire une croisière pour surmonter le choc. À la grande surprise de ses amies, elle rencontra sur ce bateau un homme sympathique qui lui tiendrait compagnie. Ils se sont rencontrés lors d'un dîner dans le salon de première classe.

Certes, il s'agissait d'un faux-semblant, mais Helen devait garder l'apparence d'une épouse dévouée et sa rencontre avec son amant depuis de nombreuses années devait donc être une surprise discrète pour tout le monde, y compris pour ses enfants. Non pas qu'ils s'en soucient beaucoup. Ils étaient devenus des copies de leur père. Ils voulaient la vie riche de la réussite, mais ils n'ont jamais su que dans le bilan de la vie, le profit financier pouvait conduire à une perte émotionnelle . La seule chose qui manquait à la famille, c'était de savoir ce que signifiait vraiment être une famille.

# SABLES MOUVANTS

La vie peut présenter des options précaires. Pour être en sécurité, il faut éviter les pièges qui peuvent se présenter comme des plaisirs, tels que les mauvaises relations, la drogue ou les emplois sans perspectives. Ayez suffisamment confiance en vous pour prendre les bonnes décisions. Saisissez les chances qui vous sont offertes et évitez celles qui vous mettent en danger.

La femme était coincée dans des sables mouvants au milieu d'une forêt. Plus elle luttait pour sortir, plus elle s'enfonçait. Cette tourbière n'était pas le mélange habituel de sable et d'eau, elle était faite d'émotions marécageuses, humides et nauséabondes.

Elle est tombée dans ce bourbier lorsqu'elle s'est séparée de son petit ami. Il avait usé et abusé d'elle pendant des années et lorsqu'elle en a eu assez, elle a pris son courage à deux mains et le lui a dit.

Il lui a dit qu'elle était laide, grosse et inutile au lit. Il lui avait dit cela tant de fois auparavant qu'elle a commencé à croire que c'était vrai.

Et puis, après l'avoir giflée, il l'a laissée vivre avec quelqu'un d'autre qu'il pourrait exploiter, utiliser et abuser.

Elle a sombré dans la morosité. Elle s'est plongée dans des pensées de regret. Elle n'avait pas d'avenir et était à moitié heureuse d'être coincée et à moitié malheureuse que sa vie ne puisse pas progresser.

Un géant marchait sur le même chemin et vit la femme dans les sables mouvants. Il ne put s'approcher suffisamment pour la sauver, car il était si lourd qu'il s'y enfoncerait lui-même. Il recula et déroula une corde de son sac à dos. Il la lança à la femme qui l'attrapa.

Le géant tira, tira et tira jusqu'à ce que la femme soit libérée et puisse se tenir debout sur la terre ferme.

Elle était reconnaissante et remercia le géant.

Qui êtes-vous ? demanda-t-elle.
Le géant répondit d'une voix profonde comme le tonnerre. Je suis ton avenir. Lorsque quelqu'un est coincé, il doit être conscient que c'est l'avenir qui le tire de la situation délicate dans laquelle il se trouve. Maintenant que tu es à l'extérieur du bourbier, tu te trouves sur un terrain plus élevé et tu peux chercher des chemins plus sûrs que celui sur lequel tu étais. Lorsque vous êtes coincé dans des sables mouvants profonds, vous ne pouvez voir que le désordre dans lequel vous vous trouvez. Lorsque vous vous tenez debout, vous pouvez voir les options qui s'offrent à vous dans votre vie. Ton petit ami était l'appât qui t'a attirée dans la boue. Maintenant que vous êtes libérée de lui, réjouissez-vous. Il sera le sable mouvant pour d'autres âmes que je devrai sauver.

Ce discours terminé, le géant se dirigea avec précaution vers un grand arbre à l'orée de la forêt et attacha la corde autour de son tronc. Il lança ensuite la corde à la femme.

Utilisez cette corde pour que votre voyage se déroule en toute sécurité. C'est au bout de cette corde que commence ton avenir. Regarde l'espace ouvert au-delà de la forêt, visualise ton avenir heureux et laisse-le se dérouler pour toi.

La femme répondit : "Mais je n'ai pas d'avenir. Je suis laide, grosse et mauvaise au lit. C'est mon ex qui me l'a dit".

Le géant la regarde dans les yeux comme s'il voyait son âme. Tu n'es rien de tout cela. Certains hommes pensent qu'ils ne peuvent garder les belles choses qu'ils ont qu'en les cachant dans une cage d'insultes. Sois aussi libre de cette cage que tu l'es des sables mouvants. Les choses qu'il a dites ne sont pas vraies. Il projette sur vous ses propres insécurités. Continuez votre vie. Appréciez-la. Tu as tout ce qu'il faut pour réussir maintenant que tu es libre.

Le géant s'éloigna et disparut du champ de vision.

La femme essuya ses vêtements et commença à relever la tête. Elle pouvait voir les nombreuses directions qu'elle pouvait prendre, certaines sûres, d'autres dangereuses. Elle suivit la corde jusqu'à l'arbre. Elle se leva et regarda les prairies devant elle, sourit et commença à marcher.

Elle savait maintenant que le meilleur moyen d'éviter les pièges était de prévoir les dangers au début d'un voyage plutôt que de se retrouver dans une situation dangereuse.

Le géant n'apparaîtra peut-être pas la prochaine fois !

# REJET

Décrit le besoin de certaines personnes qui se sentent rejetées, de rejeter les autres. Ce faisant, elles pensent avoir éliminé la possibilité d'être rejetées à nouveau.

L'homme était assis au sommet d'une falaise et pensait à la façon dont son mariage s'était terminé. Sa femme l'avait quitté sans préavis pour voler de ses propres ailes.

Bien des années auparavant, lorsque le père de sa femme avait appris qu'il allait avoir un enfant, il avait été ravi. Lui et sa femme avaient essayé pendant longtemps, sans succès.
Lorsque la fille est née, il a été déçu de ne pas avoir eu de fils, mais il était assez heureux. Avoir un fils montrerait au monde qu'il était un vrai homme, un homme assez fort pour engendrer des hommes forts comme lui, mais avoir une fille prouvait qu'il était capable de se reproduire. Lorsque sa fille grandissait, elle partageait l'amour de son père, elle se sentait au sommet de sa montagne. Au fil des ans comme il n'avait pas d'autres enfants, il se contenta de la laisser être la chose la plus importante de sa vie.
Cependant, lorsque la fillette eut sept ans, sa femme tomba à nouveau enceinte. La famille est ravie. Après tout ce temps, la fillette allait avoir un compagnon de jeu, quelqu'un avec qui partager son jeune monde.
Lorsque le fils de l'homme est né, il était si heureux. Il avait un fils et un héritier, il avait une preuve réelle de sa masculinité.
La jeune fille se sentit un peu rejetée parce qu'on accordait maintenant tant d'attention à son frère, mais lorsqu'elle essaya de jouer avec lui, on lui dit de le laisser tranquille. Il était la prunelle des yeux de son père. La jeune fille était tombée de sa montagne.
Elle est devenue silencieuse et a beaucoup pleuré. Elle se sentait blessée. Elle voulait être heureuse, aimante et expressive, mais on lui a dit de se taire sous peine de réveiller le bébé. Son père n'arrêtait pas de lui crier dessus. Il l'a menacée de toutes sortes de façons de ce qui arriverait si elle s'approchait de son précieux fils.
Elle s'est cachée et voulait être seule. Elle pensait avoir enfin un ami avec qui jouer, mais elle n'avait pas le droit de s'approcher de lui. Son père

était si agressif.

En grandissant, la jeune fille a rencontré un homme qu'elle aimait. Ils se sont mariés et après quelques années, ils ont eu un fils. La femme savait ce qu'il fallait faire, elle avait bien appris quand elle était enfant. Elle a donné tout son amour à son fils, au détriment de son mari. Son fils lui appartenait. Son fils l'aimerait pour toujours. Elle ne serait plus jamais rejetée.

Le mari de la femme a compris ce qui se passait. Il connaissait l'agressivité de son beau-père et voyait comment il avait intégré la peur du rejet dans le caractère de sa fille. Il se rendit compte qu'il était marié à une femme qui voulait rejeter l'homme qui l'aimait, l'homme qui avait construit son monde autour d'elle, avant qu'elle ne soit rejetée par lui. Elle vieillissait et se sentait moins attirante, même si son mari pensait qu'elle était toujours la plus belle femme de l'univers. Elle avait l'impression que le fait que son mari se sente blessé par le fait qu'elle l'ait rejeté était sa façon à lui de montrer sa désapprobation à son égard. Elle pensait donc qu'il commençait à la rejeter. Ce n'était pas le cas.

Il s'est rendu compte que le point critique du mariage avait eu lieu après que sa femme se soit rendue dans le village de son frère avec ses parents pour le mariage de ce dernier. Avant le voyage, sa femme avait été très malade et s'était rétablie chez ses parents, où son père l'avait traitée comme une petite fille pour la première fois depuis de nombreuses années.

Elle se sentait à nouveau comme lorsqu'elle était enfant unique. Son père s'occupait d'elle, et il s'était occupé d'elle. Puis, lors du mariage de son frère, elle avait été mise à l'écart alors que son frère était redevenu le centre d'attention, et elle en avait ressenti de la rancœur.

Par loyauté familiale, elle a estimé qu'elle ne pouvait pas blâmer son père vieillissant et qu'elle avait besoin de quelqu'un de plus jeune, quelqu'un qui avait l'âge de son père à l'arrivée de son frère, sur qui reporter ces sentiments de rejet. C'est ainsi que son mari est devenu le destinataire, la victime.

Il a ouvert les yeux et s'est rendu compte que sa femme avait vécu une vie où elle avait l'impression que tout ce à quoi elle s'attachait fortement la rejetterait. Elle avait donc développé une règle : "rejeter avant d'être rejeté". Elle pensait ainsi ne plus jamais être blessée .

# CONTRÔLE À DISTANCE

Le stress provient souvent du sentiment d'être contrôlé par des influences extérieures telles que les mauvaises habitudes, les circonstances et d'autres personnes qui devraient être des membres de l'équipe plutôt que des capitaines. Il s'agit parfois d'entreprises et d'églises. Parfois, il s'agit de peurs irrationnelles.

Jim a donné un coup d'hélice à son avion. L'avion s'est mis à voler et était prêt à décoller.

Jim l'a lancé dans les airs et a joué avec les boutons et les interrupteurs pour stabiliser la trajectoire de vol. Il s'amusait beaucoup avec son avion radiocommandé. Il aimait pouvoir le faire voler où il voulait. Il adorait quand l'avion montait dans les airs, tournait en rond et plongeait rapidement pour s'élever au-dessus de la prairie herbeuse.

Jim aimait chaque instant. Il l'avait toujours fait, même si les avions qu'il avait pilotés pouvaient être capricieux et maladroits. Il avait perdu son sang-froid plus d'une fois par le passé et les avait délibérément fait s'écraser au sol. Cela était parfois dû au modèle qu'il pilotait mais, le plus souvent, c'était parce que Jim manquait d'habileté et ne pouvait pas se critiquer lui-même.

Les avions cassés étaient ramenés dans son garage et stockés. Ils seront cannibalisés pour fabriquer des pièces de rechange. C'est ainsi que l'essence de tous les avions que Jim a pilotés se retrouve au cœur de chaque nouveau modèle.

Spirit, comme l'avion s'appelait, voulait voler à sa manière en cette journée chaude et ensoleillée, il voulait être libre des manœuvres aléatoires et gênantes que Jim appliquait. Lorsque Spirit voulait rouler à droite, Jim le faisait basculer à gauche. Quand Spirit voulait prendre de la hauteur, Jim le faisait voler au-dessus de l'herbe. L'avion est mis à rude épreuve. Les pièces qui avaient été ajoutées avertissaient que si Spirit luttait trop fort, Jim le ferait piquer vers le sol. Spirit fait ce que lui disent les signaux radio.

Cette journée allait cependant être inhabituelle. Comme on dit, il y a parfois une goutte d'eau qui fait déborder le vase. Pour Spirit, un corbeau allait essayer d'être la goutte d'eau qui fait déborder le vase.

Il s'est jeté sur l'avion, croyant qu'il s'agissait d'un faucon. Il a percuté le corps de l'avion, mais au lieu de le blesser gravement, il a seulement réussi à arracher l'antenne.

Le modèle s'envola sauvagement tandis que le corbeau s'éloignait en se sentant stupide, comme il aurait pu le faire.

Les pièces détachées crièrent à Spirit. "Vous êtes hors de contrôle. Préparez-vous à un crash."

Il n'y eut pas de crash. Spirit entendit les mots qui lui étaient criés d'une manière différente. "Hors de contrôle" signifiait être libéré du contrôle que Jim avait. Il avait toujours eu le contrôle de sa propre vie, mais les signaux envoyés par la personne au sol l'emportaient sur ce contrôle.

Spirit s'éleva dans le ciel, tourna et vola à grande vitesse vers l'homme qui avait pris plaisir à être le seul à décider de la direction que Spirit pouvait prendre. Il n'avait jamais partagé le plaisir, il avait utilisé Spirit pour ses propres plaisirs. Lorsque les modèles du passé lui avaient déplu, il les avait punis et avait recommencé avec des contrôles plus rigoureux. Spirit manqua de peu le sommet de la tête de Jim alors qu'il le survolait. L'expression de colère sur le visage de Jim est compensée par le sentiment de liberté que ressent Spirit.

Et, bien sûr, Spirit s'est envolé vers le coucher du soleil, transportant les pièces détachées qui avaient été rejetées. Il vola jusqu'à ce qu'il n'y ait presque plus de carburant, puis glissa vers un jeune garçon qui jouait avec son père.

"Papa, regarde. J'aimerais avoir un avion comme ça. J'en prendrais soin. Je le traiterais avec douceur. Je partagerais ce que je pourrais pour que nous puissions nous amuser tous les deux."

Cela suffit à Spirit. Il crachota, son moteur résonnant comme un souffle d'émotion. Spirit descendit en planant pour se poser délicatement aux pieds du garçon.
Le jeune garçon le prit dans ses bras et embrassa tendrement son nouvel ami. Les mots prononcés par Spirit à l'intention des pièces détachées n'ont jamais été entendus par les gens.

"Nous avons trouvé quelqu'un qui nous aimera sans avoir besoin de nous contrôler.

Ce qu'il est important de savoir, c'est que lorsque nous savons que le sentiment de contrôle de nous-mêmes nous appartient plutôt qu'à d'autres, alors nous pouvons apprécier le sentiment de construire un destin qui est libre du besoin d'être à la disposition de ces influences qui pensent devoir dominer nos vies. Ces choses tirent leur satisfaction et leur plaisir du contrôle qu'elles prennent aux dépens du droit de l'individu à être heureux.

# LA RIVE DU FLEUVE

Le voyage dans la vie devrait être une promenade plutôt qu'une course trépidante et génératrice de stress. Voici un scénario que vous pouvez utiliser pour vous-même ou pour d'autres personnes afin de trouver le bon chemin à suivre.

Vous êtes à la campagne, au bord d'une petite rivière qui coule doucement. Un chemin s'étend devant vous et vous vous promenez.

Le soleil commence à percer les nuages, sa chaleur devient perceptible sur votre front. C'est confortable et agréable. L'air est calme, les feuilles des arbres bougent à peine. La légère odeur du feuillage est un parfum agréable qui imprègne l'atmosphère d'une manière douce et aimable.

Les oiseaux chantent et gazouillent ; on les voit parfois glisser entre les arbres et les buissons, parfois sauter de branche en branche.

Sur le bord du chemin, on peut voir des herbes et des plantes sauvages qui profitent de l'occasion pour montrer leurs feuilles vertes au soleil, absorbant cette énergie naturelle, se préparant à entrer en activité après le long sommeil de l'hiver. Et ici et là, les fleurs se montrent aux passants, aux créatures qui les aideront à créer la prochaine génération, aux admirateurs. Elles semblent presque se vanter les unes les autres. "Je suis plus brillante que toi. Je suis plus belle que toi."

La piste devant vous serpente avec la rivière, sans se presser d'arriver quelque part, en prenant simplement plaisir au voyage. Elle semble paresseuse, mais elle a sa raison d'être ; elle arrivera à destination, mais en son temps. Dans cette apparente léthargie, vous pouvez sentir une énergie, une énergie cachée qui suggère qu'elle est forte mais contrôlée, ne se montrant que lorsque c'est nécessaire. Vous pouvez voir une grosse pierre au milieu du ruisseau. L'énergie se manifeste sous forme de vagues écumantes, babillant et bavardant, poussant d'un côté, aspirant et tirant de l'autre.

Et vous savez qu'avec le temps, le temps qu'il faut, cette pierre sera lissée et usée ; elle sera traitée. Ce qui était autrefois un obstacle ne sera plus qu'un souvenir. Et dès que l'eau aura franchi cet obstacle, le cours d'eau se reformera, il redeviendra ce qu'il était : calme et tranquille, paisible et facile.

De la même manière, vous êtes conscient de la vigueur emmagasinée dans les plantes qui vous entourent, des bourgeons qui se préparent à éclater, avec de nouvelles feuilles, des branches plus fortes, des fleurs et des graines.

Pendant ce temps, les oiseaux sont occupés à créer des territoires et des nids, et la vie elle-même.

Vous en faites donc partie en tant qu'élément essentiel de la vie, en tant qu'observateur et en tant que participant. C'est comme si tout ce que vous voyez, entendez, sentez, ressentez et pressentez n'existait que parce que vous êtes là pour en être témoin, comme si vous étiez l'ingrédient essentiel à l'existence de toutes ces choses.

Mais la force de la nature dont vous faites l'expérience fait partie de vous, votre volonté est aussi irrépressible que l'eau de la rivière, aussi déterminée à s'épanouir que chaque plante que vous voyez, aussi résolue que chaque oiseau que vous pouvez voir et entendre, à faire de votre place et de votre destin une réalité. Mais plus encore.

Vous pouvez reconnaître le potentiel que vous avez. Vous pouvez l'utiliser de manière consciente plutôt que par instinct. Vous savez que vous pouvez changer votre façon de faire les choses.

Vous savez que ce potentiel est parfois oublié, parfois ignoré. Cependant, il est toujours là, un stock d'expériences, certaines bonnes, d'autres mauvaises ; mais les expériences sont les différentes manières dont les choses nouvelles ont été faites à l'époque ; la manière que vous pensiez être la meilleure à ce moment-là ; et parfois, avec le recul, ces manières se sont révélées être les meilleures, parfois ces choses auraient pu être faites d'une manière différente. Quoi qu'il en soit, vous avez appris, vous avez acquis des connaissances qui vous ont aidé et vous aideront dans des situations futures.

Au fur et à mesure que vous avancez sur le chemin, le soleil est encore plus chaud et plus confortable, le chemin plus lisse et plus facile à parcourir et vous vous sentez de plus en plus détendu, de plus en plus à l'aise avec la vie que vous avez. Vous vous sentez de plus en plus confiant, votre réservoir de connaissances devenant de plus en plus grand.

Vous voyez un banc au bord de la rivière, il a l'air doux et accueillant. Une petite voix dans votre tête vous dit que vous seriez paresseux de vous asseoir ici.

La voix vous dit de continuer, de foncer, d'arriver là où vous allez le plus vite possible.

Elle vous dit que tous ceux qui vous verront assis penseront que vous êtes oisif, que les plantes et les animaux penseront que vous êtes paresseux. Il y a une pression pour continuer à avancer, pour éviter de s'asseoir. Mais vous voulez vous asseoir, alors que cette voix vous incite à continuer, à vous dépasser. Vous ne savez plus où vous en êtes.
Vous décidez de vous asseoir un moment, de faire un compromis. Pendant que vous êtes assis, vous fixez l'eau, les formes tourbillonnent, changent, selon l'endroit où vous regardez, tantôt dans les profondeurs, tantôt à la surface. Des images se forment et vous pouvez voir le passé et l'avenir. La rivière a toujours le même aspect, mais elle change constamment.

L'eau qui passe maintenant vient du passé, mais l'eau qui passe se dirige vers l'avenir. Vous pouvez voir une vision de ce que la rivière verra lorsqu'elle continuera à couler pendant un certain temps. Vous pouvez voir le chemin sur la rive jonché de personnes qui ont écouté cette voix qui les condamnait pour avoir voulu se reposer.

Ils ont continué à avancer, par peur de la critique, par peur de l'échec. Ils ont ignoré leurs propres besoins, ils ont voulu atteindre ce lieu si lointain que plus ils s'en approchaient, plus il leur paraissait éloigné.

Vous pouvez les voir dans cette vision, épuisés, stressés, malades. Ils ont payé un prix trop élevé pour leur quête incessante de quelque chose qu'ils ne pouvaient pas définir, quelque chose d'aussi abstrait que le succès, la reconnaissance ou la prospérité.

Il vous vient à l'esprit que si le prix à payer pour ces choses est trop élevé, c'est peut-être que l'objectif n'est pas le bon, peut-être que ces personnes recherchaient quelque chose qu'elles auraient pu atteindre, mais d'une manière plus agréable.

Vous vous rendez compte que le véritable objectif est de vous réjouir du chemin que vous empruntez. À l'avenir, la rivière sera peut-être plus large, plus profonde, mais ce sera toujours la même. Il vous vient à l'esprit que les plantes et les oiseaux seront semblables, le soleil identique, le banc aussi doux. Mais c'est là où vous êtes que se trouvent ces choses, et essayer d'obtenir quelque chose de différent en vous poussant jusqu'à l'épuisement est un exercice inutile.

Appréciez votre chemin actuel et, lorsque vous serez prêt, avancez à votre rythme. La mesure de votre succès se trouve dans le temps présent, dans les choses que vous faites en ce moment. Les gains futurs peuvent être illusoires si vous ignorez le plaisir que vous éprouvez à les obtenir.

Vous voyez un oiseau au-dessus de vous, ses ailes battent pour prendre de la hauteur, puis il s'arrête et plane pendant un moment avant de battre à nouveau. L'oiseau arrivera là où il veut, mais avec suffisamment d'énergie pour faire ce qu'il a à faire. Tandis que vos yeux suivent le vol de cet oiseau, vous voyez que votre destination est toute proche, un raccourci à travers une belle prairie pleine de fleurs jaunes et rouges éclatantes.

Un raccourci qui vous aurait échappé si vous aviez continué à suivre le chemin. Un raccourci qui a échappé à ces gens que vous avez vus sur vos images dans la rivière, ces gens qui étaient trop occupés à se précipiter le long du chemin pour voir où ils allaient à plus long terme.

Vous vous promenez paresseusement dans le champ, sentant le soleil vous sourire, sentant le parfum des fleurs, sentant les herbes caresser vos jambes. Vous êtes satisfait. Vous arrivez là où vous voulez être.

# LES PIERRES ROULANTES
## ET LES ESPRITS LIBRES

Soyez un esprit libre, profitez de la liberté, mais ne vivez jamais dans la vallée sombre et solitaire.

Les Rolling Stones pensent qu'ils sont libres de suivre le courant. Ils se considèrent comme des rebelles, des anarchistes, des libérés. Pas besoin d'ambition, pas besoin de direction, pas besoin de penser. Pourtant, dans la liberté, il y a toujours une contrainte. Il y a un besoin de nourriture, un besoin de chaleur, un besoin désespéré d'amour.

Parfois, une pierre qui roule a abandonné. Elle veut se venger de ce qu'elle perçoit comme des méfaits de la part des autres. Parfois, les pierres roulantes se heurtent à d'autres pierres roulantes et sont réduites à l'état de cailloux et de sable.

Elles roulent sans direction mais, à la réflexion, elles semblent toujours avoir dévalé la pente jusqu'à ce qu'elles se retrouvent coincées au même endroit, sans vue, sans espoir.

Un esprit libre ressemble davantage à un ballon qui flotte de plus en plus haut dans les cieux, poussé par un vent chaud, et qui regarde le monde avec une vision plus large de la joie et de la sagesse.

Ne confondez jamais une pierre roulante avec un esprit libre. L'un est dans une prison qui existe dans les basses plaines. Il roule sur un chemin tout tracé, sans ambition ni direction, et se demande pourquoi il n'est allé nulle part.

L'autre est aussi libre qu'un aigle planant, jouant mais toujours conscient de la glorieuse nature dont il fait partie.
Soyez un esprit libre, profitez de la liberté, mais ne vivez jamais dans la vallée sombre et solitaire.

# TISSU DE CIRE

L'automutilation n'est jamais un moyen de résoudre les problèmes. Il est préférable de trouver une aide différente auprès de personnes qui peuvent briser les liens qui maintiennent une personne dans la misère. Rappelez-vous que la violence est le résultat des actions de l'agresseur, et non de la victime. La victime doit cesser d'être une victime. Elle doit se libérer de la cause du problème.

Alison, Bridget et Clarice étaient allongées l'une à côté de l'autre dans leur lit d'hôpital.

Elles souffrent toutes. Leurs blessures leur font mal. Les points de suture irritent.

Malgré la douleur, leurs vies avaient été sauvées grâce à la compétence des médecins et des infirmières qui s'étaient occupés d'elles.

Alison souffrait d'une rupture de l'appendice qui a dû être enlevée et son abdomen nettoyé. Sa cicatrice était nette et lui rappellerait à jamais la période d'intense agonie qu'elle avait vécue. Elle a vomi comme si elle expulsait de son corps tout son intestin gonflé. Son partenaire a appelé les urgences. Alison a été transportée en ambulance à l'hôpital où elle a été opérée.

Alison aimait la cicatrice qui représentait le sauvetage de sa vie.

Bridget avait une cicatrice au même endroit qu'Alison. Elle se trouvait dans la partie inférieure de l'abdomen et était également nette. Elle avait été faite lorsque son partenaire jaloux l'avait poignardée avec un couteau de cuisine après une dispute. Il pensait qu'elle avait une liaison et voulait lui "donner une leçon". C'est ce qu'il a fait. Ne jamais avoir affaire à lui, ou à des hommes comme lui.

Bridget aimait la cicatrice qui l'avait libérée d'un homme dont le but était de la contrôler et qui avait visé son estomac avec un couteau.

La cicatrice sur le corps de Clarice se trouvait à un endroit similaire. Clarice détestait son corps . Autrefois, il était jeune, mince et beau. Il avait, plus d'une fois, attiré l'attention d'un voisin, le père de sa meilleure amie. C'était il y a bien des années, mais la détresse qu'elle avait causée lui avait causé autant de douleur que la péritonite d'Alison, autant d'agonie que le coup de poignard d'un autre homme qui voulait la contrôler.

Clarice voulait détruire le corps qui avait apporté tant de chagrin dans sa vie. Elle a planté un poignard dans cette créature impure et malsaine qu'elle se sentait être. Heureusement, son cri a été entendu et on l'a emmenée à l'hôpital pour réparer les dégâts physiques. Elle n'en était pas reconnaissante à l'époque.

Un an plus tard, elle a commencé à aimer la cicatrice qui avait amené l'hôpital à lui proposer de l'aide pour surmonter les effets mentaux des abus qu'elle avait subis dans son enfance. Elle représentait une séparation d'avec un passé sombre et lugubre et symbolisait sa libération, non pas de la vie, mais d'une douleur qui ne pouvait être soulagée par aucun médicament.

Son automutilation était un appel à l'aide et ce bruit a heureusement été entendu avant que cette histoire ne connaisse une fin plus tragique.

# LES RATS DES ÉGOUTS

Comparez les poumons et les vaisseaux sanguins aux réseaux d'égouts et aux saletés qui y vivent. L'air et l'eau propres aident à prévenir les mauvaises choses qui se développent dans la saleté, comme la fumée de tabac et la graisse.

Les rats d'égout ont parfois une autre apparence, mais leur objectif est toujours le même. Ils veulent vivre dans des endroits où ils peuvent construire des nids et agrandir leurs familles. Ils ne sont jamais aimés car ils peuvent être dangereux, menaçants et destructeurs. Elles dégoulinent de saletés, répandent des maladies et consomment tout ce qu'elles trouvent.

Dans les égouts des villes, nous savons où elles se trouvent, mais nous sommes incapables de les éradiquer complètement. Nous pouvons les piéger, les empoisonner, mais elles survivent parce que nous continuons à jeter des détritus dans les égouts. Sans nous, ils disparaîtraient et finiraient par mourir.

Voilà pour les égouts et la vermine qui y vit.

Notre corps est un système qui repose sur des tuyaux, des vannes, de l'air et de l'eau propres. Lorsque nous mangeons, nous remplissons le tuyau principal qui va de notre bouche à notre derrière avec ce qui commence comme de la nourriture et finit ses jours comme des eaux usées. Ce que nous faisons, c'est extraire les bonnes choses de la nourriture, mais aussi les mauvaises. Le sucre et la graisse sont absorbés par les petits tubes et les obstruent, ce qui oblige notre cœur à battre plus fort pour maintenir la circulation.

Bien sûr, le cœur est une série de tubes. Les chambres et les valves doivent travailler de plus en plus fort à cause des déchets qui se trouvent dans nos tuyaux plus étroits. Ces déchets forment maintenant des plaquettes de cholestérol.

Et la fumée de cigarette est encore plus efficace pour rétrécir nos vaisseaux sanguins, car elle les rend de plus en plus petits.

Imaginez que les rats d'égout soient devenus si nombreux que les eaux usées ne peuvent plus circuler dans les canalisations. Imaginez qu'ils vivent dans le système d'aération de et qu'ils grandissent, grandissent et grandissent. C'est ce qui se passe dans les poumons, bien qu'on y parle d'emphysème, de bronchite et de cancer.

Nous avons le choix d'empêcher ces rats d'entrer dans notre corps. Nous pouvons arrêter de les nourrir avec de la fumée remplie de goudron. Nous pouvons choisir d'arrêter de manger autant de graisses.

Nous pouvons décider d'alimenter nos tuyaux internes en eau fraîche et en nutriments plutôt que de les obstruer avec des graisses. Nous pouvons faire de l'exercice pour aider le sang à circuler dans nos tuyaux.

Les rats d'égout ont parfois une autre apparence, mais leur objectif est toujours le même. Ils veulent vivre dans des endroits où ils peuvent construire des nids et agrandir leurs familles. Ils ne sont jamais aimés car ils peuvent être dangereux, menaçants et destructeurs. Ils dégoulinent de saletés, répandent des maladies et consomment tout ce qu'ils trouvent.

# CHANGEMENT DE FORME

Un voyage interactif dans le monde chamanique du changement de forme où vous adoptez les formes et les actions d'autres formes de vie.

Respirez profondément dans votre estomac. Rappelez-vous l'image d'une tourelle de château tirée d'un vieux conte. Mettez-vous dans cette tourelle, regardez par-dessus le bord et voyez une petite zone boisée avec un chemin de terre qui en sort. Sur ce chemin, il y a deux hommes à cheval. L'homme qui est devant a un grand oiseau sur le bras.

Assis sur un cheval noir, le premier homme porte une tunique de cuir brun foncé. Le second homme monte un cheval marron et porte une tunique vert bouteille.

Ils lèvent les yeux vers vous et vous saluent de la main. Vous les saluez et vous vous tournez vers le haut de l'escalier en colimaçon. Vous descendez lentement les marches de pierre jusqu'à ce que vous atteigniez la porte au bas de l'escalier.

Vous traversez la cour et passez devant les deux gardes de la porte principale. Ils inclinent la tête lorsque vous traversez le pont-levis en bois.

Vous vous dirigez vers les deux cavaliers et, en vous retournant, vous apercevez le Sage sur son immense monture blanche. Il vous fait un signe de tête et vous sourit. C'est un ami, mais aussi un guérisseur et un magicien.

Son énorme barbe blanche et touffue contraste avec sa robe bleue tachetée d'étoiles et de lunes. De petits flocons de pain blanc dans sa barbe donnent l'impression que des étoiles brillent également sur son visage.
Il s'approche lentement de vous, descend de cheval et remet les rênes au second cavalier. Il s'incline et dit qu'il est prêt à vous emmener en voyage vers le lieu de la guidance, de la guérison et de la réconciliation.

Il vous indique un petit mur de pierre derrière vous, de la hauteur d'un tabouret. Il vous demande de monter dessus et de vous accroupir dans la position d'un oiseau sur le point de s'envoler.

C'est ce que vous faites.

Il vous explique qu'il va bientôt vous dire un mot qui vous transformera en oiseau et que vous vous envolerez vers le ciel.

Il prononce un mot que vous pouvez choisir comme formule magique et vous vous sentez vous élever dans les airs.

(Remarque. Si vous oubliez votre mot à l'avenir, inventez-en un nouveau. Rien ne vous oblige à vous en souvenir).

Regardez en bas et voyez la tourelle du château, les autres bâtiments, les deux cavaliers et les trois chevaux en dessous de vous.

Vous avez les yeux aiguisés d'un oiseau de proie et vous pouvez voir les petits animaux qui gambadent autour de vous. Des lapins, des taupes et des campagnols. D'autres oiseaux volent autour de vous, apparemment insensibles à votre présence.

Vous prenez conscience du paysage. À votre droite, le petit bois se prolonge par des prairies qui forment un patchwork vers une falaise basse qui plane au-dessus d'une plage blanche débouchant sur un océan d'un bleu calme et magnifique.

Devant vous, une haute montagne dont le sommet est enneigé.
À mi-chemin, ou à mi-chemin, vous pouvez voir une énorme cascade qui déverse de l'eau dans la vallée en contrebas, avec de l'écume et des embruns. Au-dessus de la cascade, un double arc-en-ciel se dessine dans le ciel.

Sur votre gauche, une forêt s'étend jusqu'à l'horizon.

Là où la lisière droite de la forêt rencontre les contreforts gauches de la montagne, il y a un cercle de sol sablonneux.

Au-delà de cette partie, le paysage se transforme en savane.

Volez jusqu'à ce cercle de terre sablonneuse. Vous vous rendez compte qu'un autre oiseau vole à vos côtés, et vous savez qu'il s'agit du Sage. Il est et vous montre ces lieux, ce paysage. C'est le monde qui a toujours existé dans votre esprit et votre imagination.

Dans le sable, il y a un petit cercle de pierres basses qui sont douces pour s'asseoir, de la taille d'un canapé. Au milieu de ces pierres, on peut voir un vieil arbre qui, à un moment donné de son histoire, a été frappé par la foudre. Il ressemble à un fantôme gris qui se tient debout, observant son monde.

À sa base, on peut voir un rocher de la taille d'une petite colonne, un petit pilier de la moitié de la hauteur d'un homme. Sur ce rocher, on peut voir un objet que l'on oublie rapidement, consciemment, mais dont on se souvient toujours, inconsciemment.

Vous vous asseyez sur l'une des pierres douces et vous vous détendez. Vous explorez les environs avec vos yeux. Il y a des grottes dans les contreforts où tu peux te souvenir de ton passé, reconnaître ta vie actuelle et visualiser ton avenir heureux. Levez-vous et explorez-les si vous le souhaitez, maintenant ou lors de vos prochaines visites.

Pour l'instant, nous allons jouer un peu.

Pensez à un animal sauvage que vous admirez. Il peut être grand ou petit. S'il vit dans la savane, marchez jusqu'à la partie du cercle qui y mène. S'il vit dans un bois ou une forêt, marchez jusqu'à la partie du cercle qui y mène. S'il vit dans une prairie, marchez jusqu'au bord de cette prairie. S'il vit dans les collines ou les montagnes, allez jusqu'à la partie du cercle où se trouvent les rochers.

Accroupissez-vous à nouveau, mais cette fois dans la posture de l'animal que vous admirez. Dites le mot que vous avez entendu et qui vous a transformé en oiseau et sentez-vous vous transformer.

Regardez vers le bas et voyez vos nouvelles pattes. Si vous avez de la fourrure, voyez-la, sinon voyez votre nouvelle peau.

Entrez dans l'habitat que vous avez choisi et explorez-le. Voyez d'autres animaux. Sentez les odeurs et les parfums de ce nouveau monde temporaire. Courez, sautez si vous le pouvez. Restez-y aussi longtemps que vous le souhaitez. Introduisez d'autres animaux de la même espèce dans ce lieu. Qu'ils symbolisent vos amis et votre famille. Laissez-les représenter les personnes que vous n'avez pas encore rencontrées si vous vous sentez seul.

Un facteur important est que cet endroit est totalement inoffensif. Il n'y a pas de poisons, pas de crocs, pas de griffes qui blessent. L'énergie vitale de cet endroit provient uniquement de l'amour et de la chaleur.

Lorsque vous aurez apprécié d'être ce nouvel animal dans ce nouvel environnement, prononcez à nouveau le mot et transformez-vous en un immense et magnifique aigle. Battez lentement vos grandes ailes et volez vers la mer. La montagne doit se trouver sur votre gauche. Traverse les prairies, puis la plage.

Survolez l'eau et plongez doucement, la tête la première, dans les vagues. Au moment où tu perces les vagues, sache que tu es maintenant un dauphin.

Nagez et nagez. Sentez votre dos vous propulser dans la mer. Regardez ensuite les coraux brillants et les poissons qui semblent refléter leurs bleus, leurs oranges, leurs verts et leurs rouges Nagez plus vite et accélérez jusqu'à la surface, en vous élevant dans les airs, en faisant un saut périlleux et en retombant dans l'eau.

Continuez à nager et à jouer avec d'autres dauphins.

Continuez à rêver de santé et de bonheur. Bavardez avec toute la vie que vous pouvez voir.

Puis, lorsque vous êtes prêt, nagez jusqu'à la surface et sautez dans les airs. Devenez le premier oiseau que vous êtes devenu et volez vers le château.

Une fois arrivé, installe-toi sur le muret de pierre et retourne en toi-même. Descendez du mur, remerciez le Sage et les deux cavaliers, revenez par la porte, montez les escaliers de la tourelle et placez-vous à l'endroit d'où vous êtes parti.

C'est ainsi que l'on accède à l'endroit où l'on peut devenir n'importe quelle créature.
Et ce n'est pas tout !

Pour y arriver rapidement, il suffit de penser à l'objet sur le pilier de pierre à le cercle de sable et vous êtes de retour au cœur de cet endroit. Si vous le souhaitez, vous pouvez changer cela.

Peut-être un calice de santé, peut-être un objet qui a une signification particulière pour vous. Peut-être quelque chose que vous mangez pour vous donner confiance.

# SPERME

Très souvent, la tentative de suivre une routine de reproduction inhibe ce qui est censé se produire. Le stress empêche la magie de la création de la vie de se produire. L'important pour un couple qui veut un bébé est de faire l'amour plutôt que de travailler en fonction d'un calendrier et d'une horloge.

(contient des thèmes pour adultes)

"Mathew, enlève ton kit et viens te coucher ! Tout de suite !"

Sheila était déjà au lit. Elle était nue. Elle voulait à tout prix que Mathew se mette avec elle et fasse l'amour.

Cela se produisait à certains moments depuis un certain temps. Mathew trouvait difficile, ou pas si difficile, de pouvoir faire l'amour à la demande.

Dans le passé, il y avait de la romance, de la séduction. Il y avait toujours de l'attention l'un pour l'autre et le besoin de tendresse. Aujourd'hui, tout ce que Shelia voulait, c'était que Matthieu éjacule le plus vite possible pour que ses spermatozoïdes puissent travailler avec ses ovules.

Elle se moque de faire l'amour. Elle voulait du sexe pour le sperme. Elle ne se souciait pas de ce que Mathew ressentait. Elle voulait que ses ovules soient fécondés pour qu'elle puisse avoir un bébé.

Elle organisait sa vie comme si elle préparait une bataille. Elle savait quand elle était au bon moment dans son cycle. Elle savait quand c'était le bon moment à ce bon moment. Elle savait que c'était le moment idéal pour que Mathew largue ses bombes sur sa cible, l'œuf.

Comme c'est le cas pour les soldats dans une guerre constante, Mathew souffrait de fatigue au combat. Parfois, son fusil ne s'armait pas, parfois ses munitions étaient épuisées.

Lorsque cela se produisait, il était accusé de négligence grave et sa vie devenait un cauchemar jusqu'à ce que le moment de l'assaut suivant arrive et qu'il doive se mettre au garde-à-vous.

Mathew aimait faire l'amour. La perte du romantisme et l'envie de faire des bébés lui ont fait perdre ce plaisir. Sheila ressent la même chose. Elle a commencé à réaliser qu'elle n'aurait plus d'enfant. Après tout, cela faisait déjà quelques années que cela durait.

"Mathew, enlève tes vêtements et viens te coucher ! Tout de suite !" cria Sheila en se souriant à elle-même.

Mathew, comme d'habitude, se déshabilla et se glissa à côté d'elle. Sheila partagea son sourire avec lui.

"Désolée pour les exigences que j'ai posées". Sheila murmure doucement. "Revenons à l'époque où nous faisions l'amour plutôt que des bébés. Prenez votre temps, s'il vous plaît. Il n'y a pas d'urgence".

Mathew s'est redressé. La guerre était finie. Le couple a fait l'amour l'un pour l'autre. Ils ont partagé leur passion, ils ont partagé leur amour.

Lorsque le bébé est né neuf mois plus tard, la mère et le père, fiers, savaient qu'ils avaient fait un bébé en faisant l'amour plutôt qu'en faisant l'amour pour faire un bébé.

# STABILISATEURS

Pour gagner en indépendance et en liberté, il faut prendre des risques calculés plutôt que des risques insensés.

Susan, une femme de trente ans, fait du vélo sur le chemin de son jardin. L'un des stabilisateurs qui maintiennent son vélo en position verticale heurte une pierre et elle s'arrête. Au moins, elle n'est pas tombée.

Sarah, la petite fille de trois ans, fait du vélo sur le chemin du jardin voisin. L'un des stabilisateurs a accroché une pierre et elle s'est arrêtée. Au moins, elle n'est pas tombée.

La femme a entendu la fillette rire et a regardé par-dessus la clôture. La jeune fille l'a vue et a commencé à parler. "Pourquoi as-tu des stabilisateurs sur ton vélo ? Papa dit que tu n'es pas bien. Tu dois être bête."

"Des stabilisateurs, tu veux dire. Non, je ne suis pas bête, mais j'en ai besoin au cas où je tomberais et me blesserais". La femme répond.

La petite fille sourit. "Mon papa dit qu'on va bientôt m'enlever les miens et que je vais faire du vélo sans eux.

"Mais tu pourrais tomber et te couper le genou ou la main". La femme répond. "J'ai vécu toute ma vie sans prendre le moindre risque."

"Mais Susan, tu as dû rater tellement de choses." Mary, la mère de la petite fille, avait écouté la conversation. "Si je n'avais pas eu suffisamment confiance en mon propre jugement, je n'aurais jamais rencontré le père de Sarah. Elle ne serait pas née. Je vivrais encore avec mes parents. Jim n'aurait jamais pris de risques au travail et il occuperait toujours un emploi subalterne au lieu de faire ce qu'il fait, c'est-à-dire de la comptabilité. Apprendre à prendre des risques raisonnables est essentiel pour aller de l'avant. Je sais que lorsque Jim enlèvera les stabilisateurs du vélo de Sarah, elle vacillera, tombera peut-être, aura peut-être quelques bleus. Mais de cette façon, et avec Jim pour l'empêcher de se faire trop mal, elle apprendra à faire du vélo toute seule. Elle grandira et fera peut-être le tour du monde. Qui sait ? Ce que je sais, c'est qu'elle doit prendre quelques risques pour réussir".

Se sentant un peu comme un professeur sévère, Mary a demandé à sa voisine si elle aimerait qu'elle l'aide à apprendre à faire du vélo sans stabilisateurs.

Susan réfléchit un moment. "Ce serait bien, mais laissez-moi y réfléchir. Je ne veux pas me faire mal parce que j'ai prévu de faire un saut à l'élastique la semaine prochaine dans le cadre d'un cours de renforcement de la confiance en soi organisé par mon entreprise. Il s'agit aussi de faire du vélo les yeux bandés pour se familiariser avec le sens de l'orientation. Je m'entraînais les yeux fermés. Si je tombais, tous mes collaborateurs seraient les premiers à rire. J'ai toujours pris des risques calculés, jamais des risques insensés qui seraient toujours voués à l'échec. Les risques que je prends sont évalués et planifiés de manière à ce que je ne tombe jamais de ma bicyclette ou de mon projet d'entreprise.

Voyez-vous, j'ai toujours été trop conscient de la possibilité de m'abîmer physiquement ou financièrement pour jouer. Les chances de gagner sont contre le joueur. Las Vegas gagne toujours. J'ai décidé que pour réussir, je devais devenir le casino. Je m'assure qu'en cas de risque, je gagnerai toujours contre la personne qui est plus imprudente que rusée. Mon entreprise s'est construite pas à pas. Bien sûr, j'aurais pu tout perdre à tout moment, mais tant que je prenais l'argent des joueurs au lieu de le leur donner, je savais que je gagnerais à la fin. Les stabilisateurs de mon vélo me permettent, les yeux fermés, de ne jamais me blesser si je heurte une pierre, ce qui s'est produit. Mon cours de renforcement de la confiance serait un échec si mes meilleurs managers se blessaient et ne pouvaient plus travailler pour moi. J'évalue leurs risques"

Mary s'éloigne alors que Susan lui demande si elle aimerait participer à sa semaine de renforcement de l'esprit d'équipe. Mary était sûre d'avoir entendu dans la voix de Susan un ton sarcastique qui correspondait au sien lorsqu'elle avait parlé pour la première fois à sa voisine.

# L'HOMME CERF

Le vieux cerf est toujours battu par un jeune challenger, tôt ou tard.

Matthew Stag, le directeur général, était assis dans son bureau, les pieds sur la table. Il était fatigué, mais il savait qu'il devait être au mieux de sa forme lorsqu'il s'adresserait à la société qui voulait le racheter.

Il s'est préparé, a ajusté sa cravate et s'est pavané comme son animal homonyme dans la salle de réunion. Son entrée est parfaitement chronométrée. Les rivaux étaient déjà assis d'un côté et ses directeurs de l'autre. Ils regardent leur patron avec admiration et de subtils gestes de soutien. Alors qu'il s'apprête à prendre la parole, un jeune homme se lève et dit : "Si vous le voulez bien, j'ai préparé notre ordre du jour. Le premier point est l'acquisition de votre entreprise et de ses actifs".

"Pas si j'ai mon mot à dire". Le PDG répond en crachant ses mots plutôt qu'en les prononçant avec grâce. Écoutez, vous n'avez pas envie de vous frotter à moi. Je suis là depuis bien plus longtemps que toi, jeune homme".

Le jeune homme bien habillé se tient encore plus droit. "Ecoutez, vous êtes coincé dans une ornière et vous avez besoin de sang neuf pour redonner de l'élan à votre entreprise. Je peux apporter une nouvelle race ici. Vos employés sont utilisés depuis trop longtemps."

Les deux hommes s'affrontent à grand renfort d'arguments et de poses.

Ils se sont battus longtemps et durement jusqu'à ce que le PDG annonce sa démission et rentre lentement dans son bureau pour la dernière fois. Les directeurs étaient occupés à vanter les mérites de leur nouveau patron. Les femmes aux yeux de biche flirtent et les jeunes hommes reconnaissent le danger de cette nouvelle situation. Ils lui offraient ouvertement leur loyauté et leur soutien, sachant qu'un jour ils défieraient ce nouveau chef de troupeau.

Matthew rentra chez lui, un peu ivre, et annonça à sa femme : "Ils m'ont mis en pâture. Je suis mort maintenant. Ils veulent me pendre à l'adresse". Il regarda le portrait qui le représentait plus jeune. Il était là, debout sur une colline, avec les montagnes écossaises en arrière-plan qui soulignaient sa grandeur.

"Au moins, ils n'ont pas voulu accrocher ma tête au mur.

Diana, sa femme, veut savoir à quoi ressemble ce jeune homme.

"Toi aussi, ma chérie !" Matthew a beuglé avant de s'enfoncer dans son jardin. L'écume aux lèvres, il s'attaque à ses arbres.

# LIGNES DROITES.

Poursuit le thème selon lequel la logique a été vendue comme la bonne façon de penser, alors que la nature n'a pas de règles de précision dans sa beauté.

Le vieil homme était assis au bord de la rivière et réfléchissait. Il réfléchissait à la description que lui avait faite son ami.

Il lui avait dit : "Tu es un homme très droit". Cela signifiait qu'il était honnête. Il se demandait pourquoi un homme honnête était "droit" et un homme malhonnête "tortueux".

Alors qu'il contemplait le paysage légèrement vallonné, il remarqua qu'il n'y avait pas de lignes droites dans son champ de vision. Les herbes qu'il voyait semblaient être droites mais pliaient au moindre souffle de vent.

Il ne semblait pas y avoir de lignes droites dans la nature. D'une certaine manière, les lignes droites sont fascinantes, pensa-t-il. Elles sont uniques. Elles sont humaines. Toutes les autres lignes sont courbes ou pliées. Bien sûr, les humains peuvent créer des formes telles que des triangles, des carrés et des figures complexes à plusieurs côtés à partir de lignes droites. Mais ce sont les autres lignes qui font tout le reste.

Il savait, après tout, que tout est fait d'atomes. C'est-à-dire tout, et pas seulement nous, les humains. Il se parlait à lui-même, comme s'il pensait à haute voix à son entourage.

"Les atomes sont comme de petits systèmes solaires avec de minuscules particules chargées en orbite les unes autour des autres. Ces atomes forment nos cellules et les cellules de tous les êtres vivants. Ces cellules ont un noyau rond, en forme de boule, en leur centre.

Nous vivons sur une planète en forme de boule. Cette boule tourne autour d'un soleil rond qui, à son tour, tourne dans une galaxie qui tourne dans l'univers. Les cercles et les courbes sont les formes de notre existence. Tout dépend des cercles et des courbes, sauf la pensée de l'humanité qui devient de plus en plus rigide, et de plus en plus un processus logique en ligne droite.

Dans la nature, les lignes droites sont rares, voire inexistantes. Pourtant, nos bâtiments sont basés sur des lignes droites. Et nos maisons. Et nos bureaux.

Notre apprentissage est basé sur des lignes droites. Oui, seul le lien de cause à effet compte. Nous passons notre jeunesse à nous souvenir de faits pour passer des examens plutôt que pour acquérir des connaissances ou de la sagesse. Plutôt que d'apprendre ce que devrait être la vie.

Nous voulons devenir "logiques et rationnels". La flexibilité et l'imprévisibilité de la pensée émotionnelle et créative sont réservées aux décorateurs de la société tels que les artistes, les écrivains et les compositeurs. Mais les mots sont faits de lettres courbes et la musique d'ondes sonores. Les peintures s'appuient sur des formes et sur la perspective, la courbure de la Terre.

Ces gens qui sont censés avoir les pieds à plat, oui à plat sur le sol, cherchent le chemin le plus court pour aller de A à B."

Il se renifle à lui-même.

"C'est, bien sûr, la ligne droite. Mais les lignes droites ratent beaucoup de choses parce qu'elles couvrent moins de terrain. Nous voyons moins de choses, mais nous allons directement au but.

Quel est le but ?" Il réfléchit.

"Les lignes courbes sont souvent plus sûres. Un chemin en zigzag sur le flanc d'une montagne est bien moins escarpé que le chemin direct."

"Il se dit que la ligne droite est synonyme de rigidité, tandis que les courbes sont synonymes de souplesse.

Assis, il se demandait pourquoi son ami l'avait tant insulté en l'appelant "homme droit", surtout maintenant qu'il vieillissait et que son corps se déformait de plus en plus.

Il sourit pour lui-même, puis rit pour partager sa plaisanterie avec l'immense variété de formes de la nature qui l'entoure, dont aucune n'est droite.

# SUBSTANCE ET ABUS

La vie est plus heureuse et plus satisfaisante dans sa réalité que dans un monde artificiel rempli de vipères qui dansent de manière séduisante avant de s'approcher suffisamment pour mordre.

Gordon a bu un verre. Lorsqu'il buvait, il pensait que les autres l'appréciaient. Il aimait aussi sniffer de temps en temps de la cocaïne.

Il savait qu'il était la vie et l'âme de chaque fête, même si les invitations étaient de moins en moins fréquentes.

Il pensait que les femmes l'aimaient pour son esprit suave et son sens parfait de l'habillement, même si elles étaient souvent insaisissables afin d'éviter que d'autres femmes ne soient trop jalouses de leur relation avec lui. Il se demandait si elles ne craignaient pas que ses aventures ne contrarient sa femme, mais il n'y avait pas lieu de s'inquiéter car elle l'avait quitté quelques mois auparavant. Il l'avait seulement giflée gentiment après qu'elle lui ait dit qu'il était ivre. Il ne l'était pas, il était en pleine possession de ses moyens. Il est vrai qu'il avait percuté une autre voiture plus tôt dans la journée, mais les deux événements n'étaient que des coïncidences.

Quoi qu'il en soit, lorsqu'il lui avait dit qu'elle était grosse et peu attirante, il voulait simplement la protéger des prédateurs qui pourraient vouloir profiter de son mauvais état mental. De plus, un œil au beurre noir n'est pas le maquillage le plus séduisant pour une femme. L'homme pour lequel elle l'avait quitté devait être aveugle ou désespéré.

Gordon savait que lorsqu'il buvait, il semblait entrer dans une autre pièce. Il s'y plaisait. Les couleurs sont vives, la morosité de la vie quotidienne disparaît. Ses amis qui avaient le même style de vie que lui étaient toujours là pour partager une histoire, même si certains semblaient malentendants car ils lui demandaient souvent de répéter ce qu'il avait dit.

Certains amis étaient un peu agressifs. Ils ne pouvaient pas tenir leur

verre aussi bien que lui. Il le savait parce qu'il se réveillait parfois avec des bleus, des égratignures et un mal de tête là où, probablement, quelqu'un l'avait frappé en s'amusant.
Gordon aimait tellement la chambre spéciale qu'il planifiait sa vie pour y passer le plus de temps possible. Il avait perdu son emploi après avoir, pour s'amuser, attrapé les seins d'une des filles du bureau. Il savait qu'elle l'aimait bien, mais elle semblait avoir perdu son sens de l'humour ce jour-là et s'en était plaint au service des ressources humaines.

Il pensait qu'elle était de toute façon laide et qu'elle aurait dû être reconnaissante de l'attention qu'il lui portait. Il en a parlé à ses amis qui ont tous reconnu qu'il avait été victime d'une énorme injustice. "Ils l'ont encouragé à boire un autre verre d'alcool et à oublier. C'est exactement ce qu'il a fait, sa mémoire n'étant de toute façon pas aussi bonne qu'elle l'avait été.

Il avait beaucoup de bons amis dans la salle. L'un d'eux connaissait le secret de la vie et s'asseyait souvent dans la rue, une canette de bière à la main, pour dire aux passants ce qu'ils avaient besoin de savoir. Malheureusement, il ignorait qu'ils ne comprenaient jamais ce qu'il disait. "Ces foutus étrangers ne parlent même pas anglais", disait-il à Gordon, qui ne comprenait pas ce qu'il disait.

L'une des petites amies de Gordon vivait dans la chambre claire et lumineuse. Bien qu'elle n'ait pas de dents et qu'elle tombe souvent, elle était de bonne compagnie. Elle ne remarquait jamais qu'il était incapable de faire l'amour, ou d'avoir des relations sexuelles comme il disait, parce qu'elle s'endormait presque toujours pendant que Gordon tripotait son corps.

Il l'aimait tellement qu'il était heureux d'augmenter son plaisir de vivre en la partageant avec ses amis.

Parfois, par nostalgie, il lui donnait une gifle ou un coup de poing et elle ne réagissait jamais de la même façon que sa femme. Elle était parfaite pour lui.

La voiture qui a renversé Gordon a été la meilleure chose de sa vie. Deux jambes et deux bras cassés, c'est d'abord un inconvénient. Il n'arrive pas à trouver l'entrée de sa chambre. Il devait rester dans l'obscurité de l'existence normale. Mais plus il y restait, plus il y avait de lumière.

Aucun de ses amis ne lui rendit visite à l'hôpital, à l'exception d'un seul. Le philosophe avait été admis pour une insuffisance hépatique chronique, mais il était encore capable de dire aux médecins et aux infirmières comment leur vie avait mal tourné. Ils ne l'ont jamais compris et ne le comprendront jamais jusqu'à leur mort. L'homme, qui les a devancés, est mort le lendemain, toujours incompris.

Gordon, désormais sobre, voyait le monde tel qu'il était. La chambre spéciale commençait à lui sembler une destination plus sombre et la vie réelle plus attrayante. Il décida de rester là où il était et de ne plus jamais entrer dans la chambre.

Il lui a fallu de la force, de la force morale, mais il est arrivé là où il devait être et c'est là qu'il est encore.

# COLLINE DE LA MAISON D'ÉTÉ

Le plaisir et la joie proviennent souvent de la façon dont nous percevons notre situation. Cette métaphore interactive vous montrera comment changer de point de vue.

Vous êtes arrivé dans un champ. La matinée est froide. Des nuages gris de brouillard flottent dans l'air, apportant avec eux une humidité tenace. Hier, votre ambition était de marcher jusqu'au sommet de la colline de Summerhouse.

Aujourd'hui, vous avez des doutes. Le chemin est humide et glissant et le sommet semble si loin. Vous ne vous sentez pas du tout enthousiaste pour cette randonnée. Il serait peut-être plus simple de rester là où vous êtes. Mais il fait humide et déprimant ici, et c'est à contrecœur que vous décidez de continuer.

Votre sac à dos est lourd, comme s'il contenait tous vos problèmes et vos soucis. La perspective de la marche vous inquiète, mais vous continuez. La boue semble tirer vos pieds vers l'arrière, la pente tente de vous ramener d'où vous venez. L'air est épais et vos idées noires vous pèsent autant que le fardeau que vous portez sur le dos.

Au fur et à mesure que vous avancez, vous apercevez au loin les contours des arbres et des buissons, dissimulés par la brume, qui ressemblent à des monstres tapis dans l'obscurité. Leur vert naturel s'est transformé en une sombre masse sombre.

Vous continuez à monter, et à mesure que vous avancez, l'air semble se raréfier, et vous vous rendez compte que l'herbe au bord du chemin est plus lumineuse ; une fleur peu fréquente semble se frotter les yeux pour accueillir la journée qui s'annonce. La boue est moins épaisse, moins collante, et comme pour vous aider, un oiseau vous chante de temps en temps.
Au fur et à mesure que vous progressez vers le haut, la brume s'amenuise pour devenir un brouillard, et l'on voit beaucoup plus de choses. Vous pouvez voir les arbres et les buissons en détail, les fleurs rouges, bleues

et jaunes. Le chemin s'étend devant vous jusqu'à un petit groupe d'arbres. Le chemin vous fait presque signe d'avancer, au lieu de vous retenir.

Vous vous sentez mieux maintenant, et vous êtes heureux d'avoir décidé de poursuivre vos projets. L'endroit où vous êtes maintenant est meilleur que celui d'où vous venez ; l'inconfort initial fait que ce que vous avez maintenant vous semble encore meilleur que ce qu'il aurait pu être si vous aviez commencé avec le soleil qui brillait sur vous. L'obscurité a peut-être été une incitation à progresser vers ces hauteurs plus grandes.

Vous êtes presque arrivé aux arbres, le chant des oiseaux est plus fort et plus mélodieux, l'air est plus pur et plus limpide. Vous entrez dans les arbres et, juste devant, vous remarquez un petit cerf qui broute, inconscient de votre présence ; ou peut-être n'est-il tout simplement pas effrayé par vous.

Vous vous arrêtez pour regarder et vous vous rendez compte qu'il s'agit d'une comparaison avec votre vie. Vous savez que si vous poursuivez le cerf, si vous essayez de vous approcher trop près, trop vite, il s'enfuira. Peut-être que si vous restez immobile, le cerf continuera à brouter, à se rapprocher de vous. Et vous pensez aux choses que vous avez arrêtées par excès de zèle, aux choses que vous avez perdues en voulant les posséder trop vite. Des choses comme les relations, même votre sommeil, et votre propre satisfaction.

Vous voyez que le cerf se retourne pour vous regarder, hoche la tête de haut en bas comme s'il était d'accord avec vos pensées, puis il s'éloigne lentement dans la partie la plus épaisse des bois pour continuer à se nourrir. Vous vous retrouvez alors avec un sentiment de paix et d'illumination. Vous poursuivez votre chemin, conscient des petits frottements de la vie.

Au bout de cette rangée d'arbres, lorsque la lumière du soleil vous accueille, votre démarche est plus élastique, votre tête est plus haute, le sac à dos que vous portez est considéré comme un contenant pour les agréables nécessités de votre voyage, plutôt que comme un encombrement. Le soleil ajoute sa chaleur à l'ambiance de cette journée qui s'améliore. Vous vous sentez bien, vous vous sentez bien en continuant à monter vers ce que vous considérez maintenant comme un objectif réalisable. Vous prenez la pente à bras-le-corps.

Vous vous rendez compte que rien n'a changé. Si ce n'est votre perception de ce qui vous a toujours entouré. La colline, les bois, les animaux, les plantes et les fleurs, le jour lui-même, tout est comme avant. Vous êtes la même personne qu'avant, mais vous pensez d'une nouvelle manière. Vous voyez la vie beaucoup plus clairement, vous êtes conscient de tout d'une manière différente.

Lorsque vous atteignez le sommet de la colline, la journée est si chaude, si agréable. Le ciel est d'un bleu profond et le soleil met en valeur les couleurs qui vous entourent : les différentes nuances de vert, les ombres fortes et nettes projetées par les arbres, les fleurs de toutes les couleurs qui descendent dans la vallée en contrebas, où l'on peut voir l'éclat brillant d'un ruisseau qui serpente.

La vue depuis le sommet est magnifique. D'autres collines s'étendent au loin, avec une mosaïque de champs, de haies et de petites forêts. De temps en temps, on aperçoit des bâtiments nichés dans de petits villages. Parfois, de nombreux bâtiments forment des villes. C'est comme si le monde entier pouvait être vu d'ici.

Vous absorbez les images, les sons, les odeurs et vous les mélangez à vos sensations pour en faire une expérience riche de la joie d'être vivant, de pouvoir faire partie de tout ce qui existe. Vous vous sentez bien, revigoré par cette rencontre avec la vie, la vie qui vous entoure.

Vous vous rendez compte que ce sentiment n'aurait pas existé si vous aviez abandonné au fond, si le désir de sortir de la grisaille n'avait pas été assez fort. La grisaille a été remplacée par des couleurs vives, la froideur par la chaleur, et les fardeaux par la légèreté. Tout cela est né de votre décision de changer de vie et de circonstances, de votre décision d'améliorer ce que vous aviez avant.

Vous vous retournez pour entamer votre descente, marchant lentement à travers les arbres, à travers cette merveilleuse ombre de feuilles et de branches. Le cerf est de nouveau là, cette fois-ci conscient de votre approche. Il semble approuver d'un signe de tête ce que vous ressentez, comme si cela se voyait dans votre sourire, vos manières et votre sentiment d'aisance. Ce sentiment durera toujours, quoi qu'il arrive dans votre vie.

Vous continuez à descendre, le chemin est maintenant sec et facile à parcourir. Vous êtes bientôt de retour. C'est différent, la grisaille que vous aviez laissée derrière vous a fait place à la clarté.
Vous savez que vous êtes revenu à votre point de départ, mais ce n'est plus ce que c'était. C'est le point de départ d'une nouvelle façon pour vous de regarder votre vie de manière positive ; et à l'avenir, cela peut être le point de départ d'une nouvelle ascension de la colline vers ces vues, ces sons et ces sentiments glorieux. Mais en regardant autour de vous, vous vous rendez compte que la plus grande différence, c'est vous.

# LA VIE DE SURF

Comment prendre le contrôle de notre propre destin dans un monde qui semble déterminé à gouverner nos vies à notre place.

L'homme a couru vers la mer en portant sa planche de surf. Il a nagé dur pour se frayer un chemin à travers les déferlantes jusqu'à ce qu'il soit prêt à tourner. Il est monté sur la planche et a laissé l'énergie contenue dans l'eau le propulser vers la plage.
Il avait trouvé la nage jusqu'à son point de retournement très fatigante. Cela lui rappelait quand il était jeune et qu'il devait tirer sa luge jusqu'au sommet de la colline avant de pouvoir la redescendre. Il devait travailler contre la gravité avant de pouvoir l'utiliser.
Il retourna à sa serviette sur la plage et réfléchit. Il pensa à sa vie. Il avait travaillé dur et longtemps pour économiser l'argent nécessaire à ces courtes vacances au soleil, au bord de la mer. Sa pause, loin de son travail et de sa femme. La comparaison entre le surf, la luge et les jeux de son enfance et son travail continu, qui consistait à dépenser son énergie sur une longue période pour obtenir un court moment de plaisir, lui traversa l'esprit.
Toute sa vie semblait s'être déroulée de la sorte. Il compare les jouets à piles de ses enfants aux jouets à horlogerie de son enfance. Il se sentait comme ces mécanismes d'horlogerie où il fallait fournir de l'énergie à ce qui était, en réalité, un système de stockage d'énergie qui la libérait lentement. Pour les horloges, en l'occurrence. Cependant, la plupart de ses jouets, comme son bonheur, déversaient cette énergie trop rapidement, dans un élan, avant de devenir immobiles.
Alors qu'il observait l'eau, il vit un surfeur à voile sautiller sur les vagues. Il comprit que l'homme sur la planche utilisait l'énergie de la brise pour se donner du plaisir. Il n'y avait aucun effort à faire pour nager contre les vagues, ni pour grimper jusqu'à un sommet avant de glisser vers le bas. Il se rendit compte que certaines personnes avaient trouvé un chemin plus facile que celui sur lequel il avait trébuché. Peut-être avait-il besoin de trouver une source d'énergie qu'il n'avait pas à fournir en premier lieu. Peut-être que dans sa vie, il devrait trouver une brise plutôt qu'un flux qui le pousse contre lui. Il devrait suivre le courant : survivre, s'épanouir et prospérer.

Il savait que les petites créatures qui habitaient les bassins rocheux se nourrissaient de ce qui était rejeté près d'eux lorsque la marée montait et descendait. Elles restaient dans un endroit statique et laissaient l'énergie de la mer leur apporter de la nourriture. Peut-être, pensa-t-il, devrait-il ouvrir une boutique ! Il gloussa pour lui-même. Non ! Cela l'attacherait à un endroit. Les crevettes et les mollusques ne voyaient pas grand-chose du monde, et le fait d'être fixés dans un petit bassin faisait d'eux à la fois des proies et des prédateurs dans la chaîne alimentaire. Il n'était pas un détaillant, c'est certain !

Pourtant, c'est un peu ce qui se passe dans sa vie aujourd'hui. Il était comme la luge et les planches de surf. Il était utilisé par quelqu'un d'autre pour lui procurer du plaisir et du profit. Son patron était le cavalier, le marin, qui l'utilisait. Mais lui, en tant qu'utilisé, était le véhicule dont on pouvait se passer. Il pouvait être cassé et brisé par quelqu'un d'autre, puis remplacé si facilement.

Sa femme semblait être la même que son patron. Elle profitait des avantages de son salaire, mais ne montrait guère de gratitude pour ce qu'il avait dû faire pour le gagner. Elle l'avait menacé de divorcer parce qu'il était devenu tellement stressé qu'il ne pouvait plus être joyeux et gai tout le temps. C'était comme si on attendait de lui qu'il soit le chasseur primitif le jour, le bouffon de la cour le soir et l'amant parfait la nuit. En conséquence, il se sentait aussi remplaçable dans son mariage que dans son travail.

"En résumé", marmonnait-il pour lui-même, "je tire la luge jusqu'au sommet de la colline, et mon patron se réjouit de la descente. Je nage avec la planche de surf jusqu'aux gros rouleaux et ma femme revient en surfant. J'en ai assez de tout cela. J'ai besoin d'un signe, d'un symbole ou d'une direction".

Comme un enfant qui boude, il s'affale sur sa serviette. Il se redressa un peu et regarda autour de lui, cherchant désespérément son signe avant-coureur. Il ne vit rien de différent. Rien ne lui sauta aux yeux. Aucun mot, aucune image ne se présenta. Déçu, il se leva, ramassa sa planche de surf et retourna au petit hôtel où il logeait.

Plus tard, dans la soirée, sa femme lui a téléphoné pour lui dire que son patron avait appelé. Il y avait un problème au travail et il devait contacter le bureau dès que possible. Elle a fait un brin de causette et a raccroché. Il savait qu'elle était irritée parce qu'il avait pris sa semaine de vacances sans elle. Elle ne se rendait pas compte à quel point il avait besoin de s'éloigner des pressions qui l'empêchaient de vivre.

Il se rendit dans un bar situé dans le port en forme de fer à cheval de la ville. Il mangea de la pizza, but de la bière et commença à jouer au vieux flipper qui se trouvait dans un coin. Au moins, il se débarrasserait de ses soucis pendant un moment en s'absorbant dans quelque chose d'insignifiant.

Il avait aimé jouer à ces machines lorsqu'il était plus jeune et, comme tout le monde, il actionnait les palmes avec beaucoup d'entrain, comme s'il était aux commandes d'un avion de chasse en plein combat.

Il lança la première bille d'acier sur le terrain de jeu et la regarda entrer en collision avec les dômes qui lui donnaient de la vitesse et de l'élan, et rebondir sur eux. Il entendit le cliquetis du compteur de points s'harmoniser avec les bruits tic-tic-tic des palmes.

Il envoya la balle plus haut dans le champ de jeu et la regarda rouler doucement vers un obstacle qui l'envoya vers la nageoire droite. Et de nouveau vers le haut. Le jeu dura quelques minutes, jusqu'à ce qu'il rate la balle qui descendait dans le ravin inaccessible qui l'emportait.

Il lança une autre boule en jeu et, en partie distrait par une jolie femme qui entrait seule, il sembla regarder la boule s'élever sur la table et s'évanouir dans le gouffre de l'échec au bas de la table.

La femme a été rejointe par son mari après avoir garé leur voiture et l'homme est rentré à pied à son hôtel. En buvant une autre bière, il repense à la journée et à la soirée.

La table de flipper retenait ses pensées. Il se sentait plutôt comme la bille dont le destin était déterminé par le hasard et la direction des forces extérieures. On le poussait et on l'agitait sans qu'il ait son mot à dire sur ce qui se passait.

La boule, c'était lui. Il était à l'intérieur de la balle, passif et impuissant. Il était mû par des événements et des forces extérieures. Il voulait être le joueur. La personne qui, bien que devant réagir à des événements capricieux, avait l'influence nécessaire pour changer le cours de ces événements. Il pouvait garder le ballon en jeu plus longtemps ; il pouvait marquer plus de buts d'un simple geste du doigt. Il avait besoin de contrôler sa direction au sein du hasard de son destin.

Peut-être était-ce là l'apport dont il avait besoin. Il savait qu'il était stressé, que le contrôle lui échappait. Il était le contrôlé plutôt que le contrôleur. Il ne voulait pas manipuler sa femme ou son patron. Il ne voulait pas qu'ils deviennent les globes de son flipper. Ce qu'il voulait et ce dont il avait besoin, c'était qu'ils cessent de se jouer de lui.

Résolu à changer de vie, il se réveille le lendemain matin et emmène sa planche de surf au magasin d'équipement. Il l'échange contre une planche à voile et s'inscrit à des cours. Bien qu'il s'agisse d'un symbole transparent, c'était le signe dont il avait besoin : l'obtention de son badge de contrôle.

Il allait suivre le courant de son propre destin plutôt que d'être pris dans les marées et les courants des autres comme un morceau de flotteur.

Plus tard dans la journée, il a téléphoné à son patron. Il lui dit fermement qu'il s'occuperait de tout problème à son retour au travail. Il a dit à son patron qu'étant donné qu'il était son supérieur, il devrait être tout à fait capable de gérer n'importe quelle crise sans avoir à interrompre ses vacances.

Quant à sa femme... il a commencé à planifier son avenir pour qu'ils soient heureux ensemble ou qu'il trouve le bonheur pour lui-même. Il n'est plus un pion dans un jeu, il commence à vivre au lieu d'exister pour survivre.

Bien qu'un marin ne puisse pas changer la direction du vent, il est capable de changer le cours de son embarcation.

Avec une lueur d'espoir dans son inquiétude, il a commencé à se rendre à sa première leçon de planche à voile.

# NAGER AVEC LES DAUPHINS

La nostalgie a du bon, mais elle ne ramène jamais le passé à aujourd'hui.

Nager avec les dauphins quand l'eau est bleue,
je plonge d'ici à là,
J'éclabousse en mélangeant les deux.
Je joue dans la cour de récréation,
Je ris, je chante, je saute, je sautille.
Dans les salles de danse des années 60,
Je ris, je chante, je brille, je passe la serpillière,
Jouant dans mes fantasmes,
Rire, chanter, bécoter, sauter.
Je trouve un dauphin spécial quand l'eau est bleue,
Je plonge d'ici à là,
J'éclabousse en mélangeant les deux.
Je libère toutes ces mélodies,
Rire, chanter, sauter à cloche-pied.
Perdre les sentiments d'amour,
Je m'étouffe, je pleure, j'ai besoin de m'essuyer les yeux.
Le temps se déforme dans mon esprit,
Je souffre, je fronce les sourcils, les espoirs s'envolent.
Parfois je trouve une sirène, quand l'eau est bleue,
Je plonge d'ici à là,
J'éclabousse en mélangeant les deux.
Les yeux d'une sirène qui percent,
Je ris, je chante, je saute, je sautille.
Puis je nage plus près du récif,
Fatigué, coulant, submergé et trempé.
Flottant jusqu'à ici et maintenant,
étouffant, douloureux, avec des crampes, s'arrêtant.
Nager avec les dauphins quand l'eau est bleue,
Je plonge loin d'ici et d'alors,
Flottant, comme je mélange les deux.

# PARLER AUX PETITS GARS

Tout notre système est loyal. Il fera tout ce que nous lui demandons, que ce soit bénéfique ou non. Les petits bonshommes loyaux dans nos têtes sont nos meilleurs amis mais peuvent être nos pires ennemis.

Je me souviens d'un dessin animé de mon enfance où, dans la tête d'un homme, il y avait des petits hommes qui étaient les opérateurs du corps. Un petit homme muni d'un télescope regardait par l'œil, une grosse caisse était le tympan, des manivelles et des poulies faisaient bouger les choses.

Quelle merveilleuse représentation des centres de pensée de l'esprit ! Imaginez que ces petits bonshommes vous sont totalement fidèles et qu'ils feront tout ce que vous leur demandez sans poser de questions.

Ainsi, si vous vous dites que vous n'aimez pas quelque chose, ne vous étonnez pas que ces petits personnages vous fassent vivre une expérience qui confirmera votre consigne.

"Je panique quand je prends l'avion". La personne réfléchit.

"Qu'a dit le patron ?" Les petits demandent. "Il faut paniquer quand on vole. C'est bien ça ?"

"D'accord. Alors nous le ferons. Nous sommes près d'un avion. Les glandes sudoripares, s'il vous plaît, produisent de la sueur. L'adrénaline coule, le cœur se met à battre plus vite. La digestion s'arrête. Les émotions passent à la panique. Les muscles se resserrent et s'agrippent. La respiration devient rapide et superficielle". Et ainsi de suite. On peut imaginer que les sirènes d'alarme se déclenchent comme dans un film sur un sous-marin attaqué.
La personne obtient exactement ce qu'elle voulait. Les petits bonshommes sont si fidèles à leur maître qu'ils ne se posent pas la question de savoir si leur réaction est bénéfique. Comme des soldats bien entraînés, ils exécutent leurs ordres sans évaluation, uniquement par

fidélité.

Et ils ont un problème de communication. Ils n'entendent jamais le mot "pas".

"Je ne paniquerai PAS quand je volerai". est entendu comme "je vais paniquer quand je vais voler".
Nous devons apprendre un nouveau langage pour parler à ces petits bonshommes dans notre tête, comme par exemple : "Quand je vole, j'apprécie l'expérience. Je suis calme, confiant et j'ai le contrôle."

"Qu'a dit le patron ?" demandent les petits. "Nous devons prendre plaisir à voler. C'est bien ça ?"

"Respiration ralentie et utilisation du diaphragme. Les glandes sudoripares cessent de produire. Le cœur ralentit et se détend. La digestion démarre et se prépare à une collation en vol. Les émotions se transforment en "plaisir". Les muscles se relâchent et se détendent. Et ainsi de suite.

La vieille expression selon laquelle on obtient ce que l'on souhaite se vérifie souvent parce que nous supposons que quelque chose de mauvais va se produire et que les centres de pensée dans notre tête veillent à ce que le résultat soit celui que l'on souhaitait.

La pensée positive est une question de bonne communication avec notre esprit. La psychologie du sport consacre une grande partie de ses efforts à la visualisation du succès. L'athlète fait la course dans son esprit et voit le résultat qu'il souhaite, encore et encore. Lorsqu'il court, saute ou lance, les petits bonshommes de son esprit font de leur mieux pour obtenir ce résultat dans la réalité.

À l'inverse, si un athlète voit un échec, le résultat est évident. Son corps, guidé par son esprit, atteint l'objectif de l'échec sans se poser de questions.

Dans notre vie, nos objectifs peuvent être autres que sportifs. Dans nos relations, visualisons la paix et l'harmonie, sans colère. Dans nos carrières, voyez le succès. Dans notre corps, voyez la santé. Lorsque les petits gars sont à nos côtés et qu'ils s'efforcent d'obtenir ce que nous voulons, le ciel est la limite.

REMARQUE. Pour plus d'informations sur le langage que nous devons utiliser et les mots que nous devons éviter, voir "Le langage secret de l'hypnothérapie" par John Smale.

# APPRIVOISER LA RIVIÈRE SAUVAGE

Cette histoire est une métaphore à peine déguisée sur le syndrome de l'intestin irritable. La relaxation et la visualisation sont des outils majeurs pour y faire face. La comparaison est faite entre une rivière violente qui coule vers une fin explosive et un flux plus paisible qui est contrôlé et moins perturbant physiquement.

Une petite remarque. Si vous souffrez du syndrome de l'intestin irritable, adressez-vous d'abord à votre médecin pour vous assurer qu'il n'a pas d'origine physique.

La rivière a franchi la cascade en trombe et s'est jetée dans le profond bassin situé à sa base. Les rochers de ce bassin se sont heurtés les uns aux autres, provoquant abrasion et érosion. Les rochers se heurtaient les uns aux autres comme s'il s'agissait de balles que l'on secouait dans un sac.

L'eau s'échappait ensuite par une petite gorge et continuait à descendre. Plus tard, des bûcherons ont jeté des troncs d'arbres dans la rivière où ils se sont entrechoqués et ont battu les berges au fur et à mesure qu'ils prenaient des virages.

Ils s'entrechoquaient, s'écrasaient et se frayaient un chemin sur des kilomètres et des kilomètres. C'était comme si de gros morceaux de nourriture étaient coincés dans le coude d'un évier de cuisine. Les eaux étaient très boueuses.

De temps en temps, les troncs s'arrêtaient en heurtant les rochers de la rivière. Parfois, ils étaient comme des taureaux sauvages qui fonçaient, totalement hors de contrôle. Il s'agissait d'une ruée destructrice qui mettait tout en œuvre pour arriver à destination.

La situation était insupportable pour les terres, les berges et la faune qui vivait à proximité.

Lorsque les grumes ont finalement atteint l'embouchure du fleuve, elles se sont pressées contre les portes de l'écluse jusqu'à ce que, sans crier gare, elles se jettent dans la mer en une masse incontrôlée.

Il fallait donc trouver un moyen de ralentir le tout.
Des méthodes ont parfois été utilisées pour réduire la vitesse de l'eau. Des barrages provisoires ont été construits, mais ils se sont érodés au bout d'un certain temps et les choses sont redevenues ce qu'elles étaient auparavant. Très peu de choses semblent aider à soulager l'agonie et la douleur causées par l'eau. Ce soulagement temporaire était souvent la seule chose qui offrait de l'aide.

Puis, comme par magie, la cascade et la rivière ont changé. C'est comme si la relaxation et la libération de toutes ces choses stressantes entraient en jeu.

La chute d'eau commençait doucement et descendait le long de la colline jusqu'à un bassin magnifiquement sculpté qui avalait l'eau jusqu'à ce qu'elle soit prête à poursuivre son chemin.

Au fur et à mesure que la rivière s'écoulait, des morceaux de terre meuble ont été dissous et le mélange lisse a pu se déplacer doucement dans les virages sans rien heurter ni cogner.
Elle se déplaçait facilement et passait son chemin sans autre bruit que celui d'un gargouillis occasionnel. Les berges de la rivière absorbèrent cette situation différente et assimilèrent le changement.
On ne jeta plus de troncs d'arbre dans la rivière. Il n'y avait plus de chocs contre les berges, plus d'embouteillages de troncs d'arbres sur son passage.

Avant cette métamorphose, les berges de la rivière semblaient comprimer l'eau et les morceaux de bois comme pour s'en débarrasser. Ces spasmes étaient inconfortables et faisaient frémir la terre de dégoût.

Maintenant, les morceaux de terre qu'elle avait transportés se déposaient doucement sur les rives de cette rivière. La campagne environnante pouvait maintenant digérer la nourriture que lui apportait le ruisseau.

L'eau était maintenant placide et calme. Son mouvement apaisant était comme un massage bienveillant sur son passage. Plus de précipitation, plus de poussées incontrôlées. Ce n'était plus qu'un mouvement naturel doux et apaisant vers le point final du processus.

L'un des changements majeurs a été la modification des portes de l'écluse. Auparavant, elles s'ouvraient sur l'océan plutôt que sur le fleuve, de sorte que, lorsque la pression augmentait, elles libéraient inopinément la masse d'eau et de débris de leur propre chef.

Désormais, elles étaient orientées vers l'amont, de sorte qu'elles ne pouvaient s'ouvrir que sur décision de l'éclusier. Il n'y aurait plus d'inondations inattendues, plus de raz-de-marée.

Par conséquent, lorsque le fleuve atteignit le point où il se jetait dans l'océan, il se sentit plus propre.

Au lieu d'être violemment expulsé dans la mer comme auparavant, il s'écoulait maintenant de manière contrôlée.

Ce qui avait été un torrent angoissant à travers les passages étroits de la vallée était maintenant un voyage facile, contrôlé et calme jusqu'à sa fin. En passant, il est surprenant de constater à quel point l'estomac et les tubes qui y pénètrent et en sortent ressemblent à une chute d'eau et à la forme du bassin érodé.

# LE MONDE DES OISEAUX

Parfois, l'envie de progresser toujours plus loin est source de dangers.

Le monde semblait être un endroit difficile. Le monde semblait être un endroit exigu. Le monde était certainement un endroit sombre.
Mais le monde était un endroit chaud et sûr. Malgré tout ce que nous pouvons penser, c'était le seul monde que l'oiseau connaissait. Jour après jour, il n'y avait rien d'autre à faire que de se défendre et de grandir. Il n'y avait pas besoin de chercher de la nourriture parce qu'elle était là. Il n'y avait pas besoin de faire quoi que ce soit car tout se passait automatiquement.
Mais ce monde était aussi un endroit ennuyeux. Il n'y avait pas grand-chose à faire, rien à voir. Cependant, il y faisait chaud et on y était en sécurité.
L'oiseau voulait qu'il se passe quelque chose. Il voulait de l'aventure. Il voulait que son monde soit plus grand. Il a senti que le moment était venu de commencer à explorer.
Il a tapoté le bord de son monde avec son bec. Puis il a tapé à nouveau. Soudain, il y eut un bruit sec, un craquement. L'oiseau avait brisé le monde. Il est choqué. Puis un morceau se détacha, il y eut d'autres bruits d'éclats et une lumière éclatante brisa l'obscurité.
La destruction du monde a donné à l'oiseau plus d'espace. Il pouvait bouger ses pattes et ses ailes trapues. Au fur et à mesure qu'il avançait, d'autres parties de la frontière se détachaient. L'oisillon était perplexe. Il se sentait coupable d'avoir brisé son orbe. Il s'inquiétait de la vie après la mort. Pour la première fois, il se sentait vulnérable.
Le poussin s'efforça de ramasser les morceaux de coquille pour reconstruire l'œuf, mais ils étaient rejetés par un énorme monstre au grand bec et aux yeux fixes.
Soudain, il s'est libéré du monde qu'il connaissait. Il était passé à autre chose.
Ce monde semblait être un endroit doux. Ce monde semblait être un lieu ouvert. Ce monde était certainement un endroit léger.
Mais ce monde était un endroit chaud et sûr. Malgré tout ce que nous pouvons penser, c'était le seul monde que l'oiseau connaissait,

maintenant. Jour après jour, , il n'avait rien d'autre à faire que de se détendre, de grandir et de jouer et se battre avec ses frères et sœurs. Il n'y avait pas besoin de chercher de la nourriture parce qu'elle était là. Il n'y avait pas besoin de faire quoi que ce soit, car tout se passait automatiquement. De temps en temps, une énorme pointe enfonçait la nourriture dans son bec béant.

Mais ce monde était aussi un endroit ennuyeux. Il n'y avait pas grand-chose à faire, si ce n'est exercer ses ailes. Il n'y avait rien à voir à part les feuilles qui entouraient le nid. Cependant, il y faisait chaud et il y était en sécurité.

L'oiseau voulait qu'il se passe quelque chose. Il voulait de l'aventure. Il voulait que son monde s'agrandisse. Il sentait que le moment était venu de commencer à explorer. Il se demandait s'il y avait quelque chose à l'extérieur de sa nouvelle coquille.

Un jour, il est monté sur le bord du nid et a battu des ailes. Le lendemain, il fit de même, mais il tomba. En entendant le craquement des brindilles, il pensa qu'il avait brisé ce nouveau monde. Alors qu'il tombait, ses ailes ralentirent soudain sa descente. Puis, en les battant, il commença à s'élever.

Soudain, il s'est libéré du monde qu'il connaissait. Il était passé à autre chose.

La destruction du deuxième monde a donné à l'oiseau plus d'espace. Il pouvait bouger ses pattes et ses ailes. Le jeune oiseau était perplexe. Il se sentait coupable d'avoir brisé ce nouveau monde. Il s'inquiétait de la vie après la mort. Pour la deuxième fois de sa vie, il se sentait vulnérable. Il plana jusqu'au sol et regarda autour de lui.

Un serpent s'est jeté sur l'oiseau et l'a avalé.

Ce troisième monde semblait être un endroit difficile. Ce monde semblait être un endroit exigu. Ce monde était certainement un endroit sombre. Mais ce monde semblait être un endroit chaud et sûr. Mais ce monde était aussi un endroit ennuyeux. Il n'y avait pas grand-chose à faire, rien à voir. L'oiseau voulait qu'il se passe quelque chose. Il voulait de l'aventure. Il voulait que son monde soit plus grand. Il sentait que le moment était venu de commencer à explorer, mais il ne pouvait pas bouger. L'oiseau aurait voulu rester dans l'œuf. L'oiseau aurait voulu rester dans le nid.

En mourant, il se demanda à quoi ressemblerait le prochain monde après avoir détruit celui-ci.

# LA FOSSE NOIRE

La dépression va souvent de pair avec le fait d'être coincé dans les mauvaises circonstances qui surviennent lorsque l'espoir s'évanouit. L'important est de se tourner vers l'avenir. Imaginez-vous dans une meilleure situation, imaginez de nouvelles personnes dans votre vie. Le vieil adage dit : "Fais attention à ce que tu souhaites". Lorsque vous vivez dans la morosité, la lumière ne s'allume jamais parce que vous vous attendez à l'obscurité. Faites quelque chose de positif. Allumez la lumière et baignez dans l'éclat de l'optimisme. Souhaitez un avenir heureux. Ces mauvais sentiments passent. La dépression est un état d'esprit. Nous pouvons changer cet état en souhaitant un avenir meilleur. C'est notre rêve qui doit devenir réalité.

Dans le désespoir le plus sombre de la dépression, l'homme avait le même sentiment que s'il était tombé de la falaise qui faisait face à un ravin étroit.

Il s'enfonçait de plus en plus dans les ténèbres du gouffre. Il imaginait des rochers noirs et déchiquetés au fond qui déchiquetteraient son corps en plusieurs morceaux. Cela ne le dérangeait pas, car cela mettrait fin à sa misère, mais quelque part dans son cœur, il souhaitait une meilleure issue.

Il avait d'abord fermé les yeux, mais il voulait savoir quand son désespoir serait sauvé par l'écrasement de son corps sur les gros rochers qui l'attendaient. Il tombait plus lentement qu'il ne le pensait. Même ce destin était plein de lenteur et d'attente.

Il ouvrit les yeux pour voir le destin qui l'attendait.
Ce qu'il vit, c'était le plus grand et le plus beau trampoline qui ait jamais existé. Il était lumineux et décoré d'images de fleurs, d'oiseaux et de papillons. Il a frappé le trampoline les pieds en premier et la vitesse à laquelle il tombait a ralenti.
Puis il s'est arrêté.

Il était stupéfait d'être encore en vie.

Puis il a commencé à accélérer vers le haut et vers l'avant. Au début, il eut l'impression d'être lent, puis le rythme auquel il était délivré augmenta jusqu'à ce qu'il atterrisse doucement de l'autre côté du canyon. Il regarda autour de lui, étonné par ce qui venait de se passer.

Il lui fallut un certain temps pour se rendre compte de sa situation. Devant lui, il pouvait voir des fleurs et des papillons qui reflétaient les motifs du trampoline.

Il voyait des champs d'herbe verte. Il voyait des sentiers qui le conduisaient dans cet endroit merveilleux, léger et aéré. Il voyait les amis qu'il se ferait à l'avenir.

Il regarda en arrière, du côté de la vallée d'où il était venu. Il vit la morosité, les déchets, la stérilité, la solitude qu'il avait connue. Il ressemblait à un désert sombre et traître, plein de cactus malveillants et de serpents venimeux. Ils se balançaient comme s'ils l'incitaient à revenir pour lui faire encore plus de mal.

Chacune de ses mauvaises expériences semblait représentée par une partie de ce paysage menaçant. Des rochers acérés, des marais marécageux et des débris comme s'ils provenaient du système d'évacuation des déchets de l'enfer.

Il se tourna vers le bon côté des choses. C'était comme s'il avait voyagé d'un extrême à l'autre. Ici, le paysage était plein de belles choses, chaque partie de cet endroit offrait des expériences heureuses et joyeuses à venir. Il y avait des gens pleins de joie et d'optimisme. L'odeur qui régnait dans l'air était passée de la pourriture à un doux parfum.
Il s'approcha d'une personne qui avait l'air amicale, comme toutes les autres, et lui demanda si sa mort l'avait conduit au paradis.

Non, tu n'es pas mort, mais tu es vivant. Vous êtes dans le lieu où nous devrions tous vivre. C'est le monde tel qu'il est sans la misère de la dépression. Sans les ténèbres du pessimisme et le manque d'espoir et d'ambition. C'est le monde réel. Ce qui vous est arrivé, c'est que vous êtes tombé sur un trampoline allégorique qui vous a propulsé vers un avenir plus radieux. Il vous a fait prendre conscience que la vie a plus à offrir que le désespoir.

Il existe cependant un chemin plus facile. Un pont enjambe le canyon. Il est fait d'espoir et du désir de regarder vos réussites futures plutôt que de vivre dans la morosité de vos échecs supposés. Il traverse le gouffre profond et sombre sans risque. On l'appelle le pont de la pensée positive. Il vous fait passer d'un état d'esprit sombre à une perspective lumineuse où le bonheur est la norme plutôt qu'un rêve illusoire".

L'homme a levé la tête et a commencé à planifier sa vie. Il a réfléchi à ce qu'il voulait faire pour être heureux.

Il a tourné le dos au côté sombre de l'existence et a commencé à marcher vers le côté lumineux de sa vie. Bientôt, il a été rejoint par des personnes qui partageaient ses espoirs et ses rêves d'un avenir meilleur, ses nouveaux amis.

Il passa de l'apitoiement à l'estime de soi.

REMARQUE. Bien sûr, il n y a qu'un trampoline métaphorique au pied d'une falaise. Ne prenez jamais le risque de sauter, utilisez plutôt le pont pour traverser les ténèbres.

# LE TUNNEL NOIR

Sans regarder vers l'avant, les gens trébuchent, tombent et ne trouvent jamais la sortie. Chaque fois qu'une personne se trouve dans un tunnel sombre, elle peut trouver de la lumière et de l'encouragement si elle la cherche.

La personne avance dans le tunnel. Il faisait sombre, il faisait froid, mais c'était le seul moyen d'avancer. Pourtant, le bout du tunnel était solide. Il n'y aurait rien d'autre que le mur qui fermait tout espoir de liberté. Telle était la vie de cette personne, piégée dans un passage du temps sans issue. L'obscurité s'accroît au fur et à mesure que la personne avance, voire trébuche.

Des cris d'angoisse et de douleur résonnaient sur les murs, parfois comme pour se moquer, parfois comme si la douleur était amplifiée dans une immense salle de concert. Mais cela, au moins, donnait de l'espace. Le tunnel faisait du bruit à l'intérieur et empêchait le monde extérieur d'entendre le chaos. C'était une prison. C'était un tapis roulant de souffrance. Impossible de passer par le sol ou le toit. La solidité de cette chose qu'était la vie, ou un misérable symbole de celle-ci, la masse, la longueur, tout concourait à en faire un endroit déprimant et misérable.

"Excusez-moi. Oui, excusez-moi." La voix, peut-être une hallucination audible, a appelé dans l'obscurité. "Ouvrez les yeux et regardez à droite.

La personne avait fermé les deux yeux pour se protéger de l'obscurité de l'endroit, même si cela ne servait strictement à rien.

Les yeux ouverts, la personne a regardé vers la droite et a vu des champs, des amis, du soleil et l'avenir.

"Ce que certaines personnes ne peuvent pas voir, c'est que le tunnel n'est pas un tunnel. C'est un chemin vers un endroit où le mur s'ouvre pour montrer un avenir brillant et agréable. C'est là qu'ils rencontrent d'autres personnes, le plus souvent par hasard ; c'est là que le bruit des rires étouffe la misère. Cependant, il est nécessaire d'ouvrir les yeux pour voir ce qu'il y a. Sans regarder devant soi, on trébuche, on tombe et on ne trouve jamais la sortie. Lorsqu'une personne se trouve dans un tunnel sombre, il y a de la lumière et de la joie si elle la cherche".

# LE FEU DE BONNERIE

Les souvenirs peuvent être attachés à des objets, mais ils ne sont jamais contenus par eux au point d'être détruits si l'objet est perdu. Ce sont plutôt les souvenirs qui sont conservés par notre esprit.

La chaise avait joué un rôle important dans la vie de la famille pendant longtemps. Il était devenu un peu vieux et miteux. La décision a été prise de la jeter et de la remplacer par quelque chose de plus récent.

Pour se débarrasser de la vieille chaise, la famille a fait un feu de joie dans le jardin.

Les flammes grandissaient au fur et à mesure que le papier, puis les brindilles, commençaient à brûler. La chaise a dû être démontée avant de pouvoir être brûlée. D'abord, le coussin sur lequel tant de gens s'étaient assis.

Mary a la larme à l'œil : "C'est le coussin sur lequel ma mère s'est assise.

C'est le coussin sur lequel ma mère s'est assise avant de mourir. Et c'est là que je me suis assise et que j'ai nourri Kate quand elle était bébé".

Kate a poursuivi sur ce thème.

C'est là aussi que je m'asseyais sur les genoux de papa. Je nourrissais ma poupée jusqu'à ce que Malcolm lui coupe les cheveux. Elle termine sur un ton sarcastique à l'égard de son frère.

Malcolm apporte sa contribution.
C'est ici que je rêvais que j'étais pilote et que je faisais le tour du monde avec la chaise".

Andrew ajoute sa pierre à l'édifice.

C'est ici que j'ai embrassé ta mère pour la première fois et que je l'ai demandée en mariage.

Kate et Malcolm gémissent leur embarras.

Pourquoi jetons-nous la chaise à la poubelle ? Pourquoi brûler nos souvenirs ? Mary demandait presque un sursis.

Simplement parce qu'il est vieux et très inconfortable". Andrew répondit fermement en jetant le coussin sur le feu. Il s'enflamma et disparut sous leurs yeux.

Andrew arracha alors l'un des pieds et le jeta sur le feu. Le bois sec crépita sous l'effet de la chaleur. Il en fut de même pour les trois autres pieds.

Mary est un peu désemparée. Nous brûlons nos souvenirs pour pouvoir les remplacer par une nouvelle chaise ? C'est injuste.

Les enfants frémirent un peu lorsqu'une forte détonation signala que le bois brûlait bien.

Andrew doit s'exprimer. La chaise était ancienne. Nous voulons un nouveau fauteuil inclinable et nous n'avons pas la place de le faire si nous ne nous débarrassons pas de ce vieux fauteuil branlant.

Il a ramassé les restes du fauteuil, a dit à tout le monde de rentrer et les a jetés sur le feu.

Les flammes se sont élevées vers le ciel, comme si la chaise priait le ciel de ses doigts étincelants. On aurait dit les derniers instants de Jeanne d'Arc.

Le lendemain matin, il ne restait plus que les cendres de la chaise et le bois utilisé pour faire le feu.

Le samedi suivant, le traumatisme de cette journée avait été oublié après la livraison et l'installation de la nouvelle chaise.

Kate était assise dessus lorsque son petit ami lui a rendu visite. Il lui demande : "Wow ! Je peux m'asseoir là ?

Seulement si tu m'embrasses d'abord". Elle sourit
Kate : "Je dois te demander quelque chose. Je dois te demander quelque chose". Il avait l'air sérieux. Il s'est agenouillé et l'a regardée dans les yeux. Veux-tu m'épouser ?

Kate fait semblant de réfléchir à la question et répond : "Bien sûr que je veux".

Elle et son fiancé coururent à la cuisine pour l'annoncer à Mary.

Malcolm se demande ce qui le pousse à s'asseoir pour la première fois dans le fauteuil, à l'incliner et à piloter son avion de chasse vers la bataille. Même à vingt-trois ans, il avait envie de s'évader de la réalité de la vie de temps en temps.

Andrew se demandait à quoi servait toute cette agitation lorsqu'il arriva du jardin.

Papa, Tom m'a demandé de l'épouser et j'ai dit oui. Elle entoura son père de ses bras et lui embrassa la joue. Puis elle serra Tom dans ses bras.
Il m'a demandé en mariage alors que j'étais assise dans le fauteuil. Elle marqua une pause. Le nouveau fauteuil.

Andrew sourit. Alors, c'est là que vous allez allaiter vos bébés ?
Kate feint l'embarras en imaginant cet événement.

Et c'est là que je m'assiérai avant de mourir ? Mary éclate de rire.

Malcolm, à ce moment-là, s'est laissé emporter par l'ambiance et s'en est mêlé. Et un jour, je devrai le brûler, je suppose !

Tout le monde rit.
La chaise semblait avoir apporté son lot de chance. La vieille chaise avait cédé son rôle à un joueur plus jeune.

Elle avait disparu en tant que meuble, mais elle avait transmis ses propres souvenirs.

# LE TYRAN TYRANNISÉ

Parfois, on récolte ce que l'on sème

Margaret était une brute. Elle intimidait d'autres filles à l'école, dont Brigetta et Ann. Elle adorait son travail. Elle allait à l'école et passait sa créativité à inventer des noms pour ses camarades qui reflétaient sa vision de ce qu'ils étaient.

Quiconque avait de l'acné, des cheveux roux, des lunettes ou un défaut d'élocution était à la merci des railleries de Margaret.

Elle se sentait bien, elle contrôlait sa vie. Lorsqu'elle rentre chez elle, sa mère insiste pour qu'elle fasse le ménage et la cuisine. Il y a trop de choses à la télévision pendant la journée que l'on ne verrait pas autrement. Sa mère adore les programmes qui mettent en lumière la triste vie des autres. Elle criait et hurlait son opinion aux animateurs de ces "émissions". Elle y voyait sa propre vie décrite. Son mari était un coureur de jupons alcoolique qui n'a jamais donné d'autre émotion que la colère à sa famille.

Lorsqu'il arrivait à la maison, il se disputait, il frappait et il affirmait son rôle de mâle alpha dans cette meute d'humains. Margaret était toujours à proximité de son poing lorsqu'il l'utilisait, bien qu'il ne laissât jamais les résultats à la vue de tous. Un coup de poing habile dans les reins, un coup de poing dans l'estomac suffiraient. Margaret voulait répliquer, mais elle était trop jeune et son père trop grand. Sa mère ne l'aurait jamais frappé parce qu'elle portait suffisamment de traces de ses meurtrissures pour craindre d'essayer de l'aider.

Margaret n'avait pas d'exutoire pour ses peurs et ses blessures en dehors des autres filles de l'école.

Les mots qu'elle utilisait reflétaient ceux employés à la maison. Si quelqu'un a des taches, c'est qu'il est sale et qu'il faut le nettoyer. S'il est en surpoids, c'est qu'il est trop paresseux pour faire de l'exercice.

Les porteurs de lunettes perdaient trop de temps la tête dans les livres, et ainsi de suite.

Margaret avait besoin d'un homme fort dans sa vie pour la protéger de la colère de son père. Elle a eu de nombreux petits amis, comme si elle était en quête d'un partenaire convenable.

Elle a quitté l'école dès qu'elle a pu et a utilisé le peu d'argent qu'elle avait économisé sur son salaire, après que son père ait pris une énorme part, pour acheter des vêtements, du maquillage et des parfums afin d'attirer l'homme de ses rêves.

Elle en a trouvé un. Il s'appelait Tony. Il aimait la vie et c'était un homme agréable à fréquenter. À certains égards, il lui rappelait son père. Elle pensait combattre le feu par le feu. Elle avait besoin d'un homme capable de s'occuper d'elle et de lui. Cependant, Tony ressemblait trop à son père et à ses accès de colère. Il l'a brutalisée à l'extrême. Il l'a traitée de tous les noms, a abusé de son corps et a fait de sa vie un véritable calvaire, une fois de plus.

L'ironie est évidente.

# LE BURDEN

Une histoire qui montre que lorsque nous sommes surchargés, stressés ou maltraités, nous devons nous détacher de la situation pour trouver notre vraie place dans la vie, idéalement sans violence.

En vieillissant, l'étalon pommelé se sentait plus fort, mais en vieillissant, le cheval se sentait de plus en plus accablé. Et à mesure qu'il s'endurcissait, les charges dans ses sacoches devenaient plus lourdes afin de pouvoir transporter plus de pierres et de rochers jusqu'au sommet de la colline.

Une fois arrivé au sommet, on l'obligeait à s'accroupir pour que les sacoches glissent de son dos jusqu'au sol. Cela faisait très mal à ses muscles et à ses jambes. Ses jambes étaient toujours meurtries et douloureuses.

La construction de ce château prenait une éternité et le cheval savait qu'il serait achevé après sa propre vie qui devenait de plus en plus courte.

L'herbe était plus verte sur les autres collines qu'il pouvait voir de son point d'observation élevé, mais cet endroit était stérile à cause de la poussière qui tombait toujours en pluie.

Ici, la nourriture était sèche et grossière, à part les quelques brins d'herbe qui poussaient au bord de la piste sinueuse qu'il devait gravir, jour après jour, pour atteindre le sommet. Mais il n'a jamais pu goûter à cette nourriture plus fraîche avant d'être poussé à faire d'autres pas. Même s'il faisait semblant de boiter, ses courtes pauses n'étaient que de brefs instants avant qu'il ne soit à nouveau frappé.

Ses sabots étaient endoloris par le grincement constant des graviers tranchants du chemin, et de petites traînées de sang marquaient souvent les endroits où il avait boité sous l'énorme poids qu'il devait porter.

En redescendant la colline, le cheval dut supporter le poids massif de l'homme qui l'avait fouetté pour grimper la colline peu de temps auparavant.

Le cheval avait été monnayé pour régler une dette de jeu avec son éleveur. Cet homme avait fait courir des chevaux pendant de nombreuses années, mais il avait perdu beaucoup d'argent dans ses tentatives impuissantes de devenir riche. Paradoxalement, s'il n'avait pas perdu autant d'argent, il aurait été un homme riche. Son désir de gagner la cagnotte "si importante qu'elle lui permettrait d'acheter son bonheur" était précisément ce qui l'avait conduit à la misère.

C'est le même sentiment que le cheval endure à présent sous les coups de fouet de son maître : la douleur d'être poussé à grimper plus vite avec un fardeau de plus en plus lourd, sans retour de satisfaction ou d'accomplissement.

Un jour, les sacoches furent tellement surchargées que le cheval trébucha en grimpant. À l'approche du sommet, le cheval fut effrayé par l'un des tailleurs de pierre qui fulminait contre la lenteur de la livraison des pierres. Il voulait la prime qu'on lui avait promise s'il construisait plus vite.

Accusant le cheval, parce qu'il n'y avait pas d'autre cible, il s'est précipité sur lui en brandissant son marteau. Le cheval se cabra en l'air et donna un coup de pied avec ses sabots avant. La tête du maçon est coupée en deux.

Conscient des conséquences, le cheval se cabra et frappa plus fort. Les sacoches glissèrent, leur contenu écrasant le cruel manutentionnaire. Sous le tas de pierres, on ne voyait plus qu'une main tenant un fouet.

Libéré de ses contraintes, mais effrayé, le cheval s'élança. Il descendit la piste en courant, sauta la clôture et se dirigea vers les collines verdoyantes. Poussé par la peur, il continua à courir pendant un jour et une nuit avant de s'effondrer d'épuisement.

Lorsqu'il se réveilla, il s'aperçut que d'autres chevaux le regardaient. Il se leva et regarda en retour.

Qui es-tu ? demanda l'un des chevaux.

Je suis un cheval de bât qui s'est échappé après avoir tué deux hommes. Il répondit.
Mais tu es un cheval de course. Vous êtes fait pour la vitesse plutôt que pour porter des charges. Es-tu la créature que nous avons vue sur la colline où se trouve le nouveau château ?

C'est moi. C'était mon travail et je l'ai fait aussi bien que j'ai pu malgré l'homme au fouet.

Les autres chevaux hochèrent la tête d'un air compatissant.

Qui êtes-vous tous ? demanda-t-il.

Nous sommes des esprits libres. Nous courons. Nous mangeons l'herbe fraîche et luxuriante. Nous aimons être des chevaux plutôt que les outils et les instruments des autres. Voulez-vous vous joindre à nous ?

Oui, je veux bien, mais qui porte le fouet ici ? Que dois-je faire ?

Vous n'avez qu'une chose à faire. Comprenez que votre vie consiste à reconnaître ce que vous êtes. Tu es un cheval de course qui doit courir sa propre course. Vous avez été une bête de somme. Une belle créature qui a été maltraitée et traitée cruellement. Aujourd'hui, ta vraie vie commence. Les charges que tu portais t'ont été enlevées. Le passé a été relégué au passé. L'avenir est devant vous. Tu as laissé ton fardeau dans cet endroit cruel où tu étais piégé. Aujourd'hui, tu es enfin libre.

# L'ILLUSIONNISTE DE LA CONFIANCE

La confiance n'est pas un produit qui s'achète. Parfois, lorsqu'une personne est détournée de sa peur de l'échec, elle va de l'avant et réalise ce qu'elle veut. Cela fait disparaître la raison pour laquelle la confiance était supposée avoir été perdue en premier lieu.

L'homme est monté sur la scène et a crié des mots dans le petit microphone fixé au revers de son costume d'affaires classique et coûteux.

"Je peux vous rendre confiant, plus confiant que vous ne l'avez jamais été.

La foule applaudit.

"Aujourd'hui, vous apprendrez à impressionner les femmes, à vous faire aimer des hommes. Vous obtiendrez promotion sur promotion. Vous gagnerez plus d'argent que vous ne pouvez en rêver."

La foule applaudit.

En fait, elle applaudit à chaque déclaration présentant le secret de la vie, le secret du succès et l'élixir de vie.

"La première chose à faire est de vous regarder dans le miroir et de voir l'échec que vous avez été. Dites à ce reflet : "Tu es le reflet de ce que j'ai été. Le vrai moi est dans le bon sens plutôt que d'être une image dans le miroir".

Certaines personnes ont été stupéfaites par ces sages paroles.

D'autres se sont perdus dans l'intensité de la déclaration qu'ils n'ont pas comprise. D'autres encore ont regardé avec horreur le préambule du plus grand gaspillage d'argent qu'ils aient fait.

Le cours coûtait cher. La location d'un théâtre n'est jamais bon marché. Les bons costumes ne sont jamais bon marché. Tout devait être payé par la vente des billets.

"Le miroir reflète la personne qui réussit, mais le reflet montre l'échec. Je veux que vous soyez les ratés que vous êtes, en regardant dans le miroir le visage de la personne qui a réussi que vous êtes vraiment".

Plus de halètements et de regards choqués. L'homme racontait n'importe quoi, mais cela devait vouloir dire quelque chose puisque tant de gens étaient là.

"Le reflet que vous voyez n'est fait que de lumière. L'arrière du miroir est sombre. Détournez-vous du côté sombre de l'échec qui est en vous pour voir la lumière qui brille dans la réussite..."

L'un des membres de l'auditoire a poussé un cri. "C'est de la foutaise. Nous avons payé pour apprendre quelque chose et tout ce que j'ai appris, c'est que vous êtes complètement fou. Je voudrais qu'on me rende mon argent. Je veux..."

C'est au tour de cette personne d'être interrompue.

"Montez sur l'estrade et nous allons parler."

La femme marche à moitié vers l'avant du théâtre, monte les marches et se retrouve face à face avec le présentateur.

"Tournez-vous face au public et répétez cela, Joan.

Joan supposa qu'il avait lu l'étiquette de son nom et qu'il essayait de se lier d'amitié avec elle pour réduire le venin de son attaque.
"Cet homme est un escroc. Il a pris notre argent et ne nous a rien appris. Je veux récupérer mon argent et je veux le récupérer tout de suite".

La foule applaudit.

"Joan, s'il vous plaît, allez sur le côté de la scène et voyez mon assistante. Elle vous remboursera si vous le souhaitez."

Joan s'en va sous les applaudissements.

Quand l'assistante l'a rencontrée, Joan avait l'air forte et déterminée. Elle voulait qu'on lui rende son argent. Au lieu de cela, Mélanie lui rendit son formulaire de candidature.

"Veuillez lire ceci".

Joan craignait que l'escroc n'ait ajouté des petits caractères excluant tout droit à un remboursement. Au lieu de cela, ce qu'elle a vu, c'est la note concernant son objectif pour la journée.

"Je veux être capable de parler en public. Je n'en ai jamais été capable et je veux avoir la confiance nécessaire pour m'adresser à un petit groupe". Les mots sont surlignés en bleu.

Mélanie, après avoir attendu que Joan absorbe les mots, a dit. "Joan. Tu viens de parler devant 150 personnes. Tu n'as jamais été nerveuse, tu as exposé ton point de vue et tu es partie avec satisfaction et dignité. La foule a même applaudi. Es-tu d'accord pour dire que tu as atteint ton objectif ? Il n'est pas du genre à jouer la carte de la confiance. Il a vu ce que vous et d'autres vouliez et il utilise la ruse pour vous donner toute la confiance nécessaire. Voulez-vous toujours être remboursée ?"

Joan fait signe que non et retourne sur scène. Elle s'est arrêtée et a fait face au public qui attendait.

"Cet homme est un génie. Suivez le mouvement."

Elle serra la main de l'orateur, lui donna un rapide baiser sur la joue et retourna s'asseoir en se demandant qui serait la prochaine victime chanceuse. Elle avait remarqué que Mélanie avait une grosse pile de formulaires en attente.

# LA FEMME D'AFFAIRES

Lorsque les gens consacrent trop de temps à leur carrière et à l'argent, ils peuvent perdre les choses les plus précieuses de leur vie. Lorsque le couperet tombe enfin, ces personnes peuvent se retrouver dans une maison remplie d'étrangers.

L'homme avait une maîtresse d'une beauté saisissante, mais elle était très exigeante. Elle voulait son temps, son énergie et sa dévotion.

Il avait aussi une femme. Elle exigeait également de lui du temps, de l'amour et de la dévotion. Il avait du mal à partager le peu de temps qu'il avait entre eux.

Chaque fois qu'il voyait sa maîtresse, il se sentait coupable. Il avait l'impression de tromper sa femme. Pourtant, lorsqu'il était avec sa femme, il avait l'impression de tromper sa maîtresse.

Il connaissait des hommes plus âgés qui s'étaient trouvés dans la même situation. Certains avaient abandonné leur maîtresse. D'autres avaient quitté leur femme pour passer de plus en plus de temps avec leur maîtresse. Mais ces hommes avaient perdu beaucoup d'argent ou de paix dans l'affaire.

Cet homme savait que sa maîtresse le rendait heureux. Elle s'occupait de lui. Lorsqu'il était avec elle, il se sentait vivant.

Lorsqu'il était avec sa femme, il se sentait stressé et sous pression. Elle attendait de lui toute son attention. Il avait si peu de temps à consacrer à lui-même. Parfois, il voulait simplement s'asseoir pour réfléchir. Sa femme le traitait alors de paresseux et de non-engagé. Tout ce qu'il voulait, c'était la rendre heureuse. Pour cela, il devait travailler de plus en plus dur. Il voulait avoir le temps de réfléchir à de nouvelles façons de la satisfaire, de maintenir la relation.

Un jour, sa maîtresse lui a demandé de quitter sa femme et d'aller vivre à la campagne, loin de la pression. L'homme était nerveux. Ce serait un tel changement dans sa vie et il dépendait encore de sa femme pour beaucoup de choses.

Le lendemain, le destin s'en mêle. Sa femme l'a convoqué à une réunion. Elle lui a dit en termes très clairs qu'il n'était plus à la hauteur et qu'il devait partir pour toujours. Sa femme lui a même donné un peu d'argent pour lui permettre de tenir le coup pendant un certain temps.

Il a protesté en disant qu'il n'avait que 50 ans, qu'il avait donné à sa femme une belle progéniture et qu'il l'avait nourrie pendant qu'elle grandissait. À présent, ils allaient être confiés à quelqu'un d'autre pour qu'il s'en occupe.

Ce plaidoyer est tombé dans l'oreille d'un sourd. On lui a demandé ses clés et on lui a dit de partir immédiatement.

Lorsqu'il est rentré chez lui, sa maîtresse s'est montrée compréhensive. Elle aimait passionnément cet homme, même s'il avait passé tant de temps loin d'elle.

Regardez. Les enfants ont grandi et ont quitté la maison. Nous avons enfin le temps nécessaire pour reconstruire notre vie ensemble. Tout au long de notre mariage, j'ai toujours eu l'impression d'être ta maîtresse plutôt que ta femme. Tu semblais être marié à ton entreprise plutôt qu'à moi. J'ai toujours été jalouse du temps que tu passais à travailler et des exigences qui t'étaient imposées. Puis-je cesser de me sentir comme ta maîtresse et redevenir l'épouse que je suis et que j'ai toujours été ?

Il a fallu du temps à l'homme pour retrouver sa vraie femme et apprendre à connaître ses deux enfants. Il a oublié les produits qu'il avait lancés pendant qu'il travaillait, sa progéniture comme on l'appelait.

Il découvre enfin que la vie n'est pas faite que de stress. Il s'est installé à la campagne avec sa vraie femme et a profité du reste de ses jours. Elle n'était plus la maîtresse qu'il ne pouvait voir que lorsque l'entreprise à laquelle il était marié le lui permettait.

Sa femme d'affaires a continué à vivre à sa maniere. Elle s'est remariée à maintes reprises. Elle suçait le talent et le sang de ces jeunes prétendants enthousiastes et volontaires, puis les jetait comme un croisement entre une Gorgone et une veuve noire.

# LE BOUFFON DE LA COUR

La folie de donner de faux conseils pour gagner de l'argent et dissimuler la jalousie

Le bouffon était assez mauvais, pour être honnête. Parmi ses plaisanteries, il y avait des répliques comme "J'ai une vessie fragile", alors qu'il agitait sa vessie de porc et aspergeait la foule d'eau.

"Qu'on lui enlève la tête", s'écriait le roi tandis que la foule éclatait de rire et que le bouffon courait, lentement, pour feindre la peur. C'est le roi qui avait la phrase d'accroche, et non le bouffon.

"Vous avez entendu parler de la ceinture de chasteté que portait la servante ? Elle a un double de la clé. Elle déteste les jours mais aime les chevaliers"

"Qu'on lui foute la paix". La foule rugit.

Le rôle du bouffon était de faire rire la Cour. Ses blagues n'étaient jamais drôles, mais le public adorait le badinage entre lui et le roi.

"Pourquoi le poulet a-t-il traversé la route ?"

Le roi s'écriait : "Donne-moi une autre hache".

Les courtisans se joignent à lui. "Qu'on lui coupe la tête".

L'astrologue était jaloux. Il n'obtenait jamais de rires, il n'avait jamais de réponse amusante de la part du roi. Il est jaloux de la relation que le bouffon entretient avec le roi.

Mais il a un plan. Lors de la prochaine réunion de la Table ovale, il ferait une prévision qui ferait disparaître les rires et plongerait le royaume dans la morosité. Cela signifierait que l'on s'intéresserait davantage à lui et que l'on solliciterait ses conseils avisés.

"Lors de la dernière pleine lune, les étoiles m'ont montré que la famine et la maladie allaient s'abattre sur le royaume. Beaucoup souffriront, beaucoup mourront. Ce que j'ai vu m'a incité à interdire tout rire. Le bruit de la gaieté dérange les planètes et elles envoient une punition à l'humanité. Nous devons veiller à ce qu'aucune blague ne soit racontée, à ce qu'aucune personne ne tombe dans les douves et à ce qu'aucun chevalier ne tombe de son cheval.

Les conseillers et les partisans du trône restèrent silencieux. Certains se retenaient de rire à l'idée que des chevaliers tombent de cheval. Le bouffon avait utilisé la réplique "le chevalier tombe" à propos de Sir Cumference, un homme plutôt corpulent et un mauvais cavalier.

"Quand cela commence-t-il ? demanda le roi.

"Cela se produira lorsque le soleil sera obscurci par la lune, la semaine prochaine. Je ferai en sorte que la lune s'éloigne du soleil après avoir reçu mille pièces d'or pour apaiser les planètes et elles nous soulageront de la punition".

Le diseur de bonne aventure était mauvais dans la plupart des domaines, mais Ma Lynne, une sorcière qui gagnait sa vie en vendant des charmes et des malédictions, lui avait parlé des éclipses solaires.

Elle avait entamé une relation avec l'astrologue après qu'il eut assuré qu'elle ne serait jamais brûlée sur le bûcher en prédisant que si elle l'était, le ciel serait couvert de cendres pour toujours.

La semaine suivante, à l'heure dite, le soleil commença à disparaître derrière la lune. Il faisait de plus en plus sombre, jusqu'à ce que le soleil disparaisse.

"Magicien, fais ta magie, ramène le soleil". Le roi avait un ton de panique dans la voix. Vous recevrez vos pièces d'or.

À ce moment-là, l'astrologue recula, en partie sous le choc et en partie pour l'effet dramatique. Lui et sa baguette tombèrent à la renverse dans les douves. Il fut réduit au silence par le coup de tête que lui asséna un tronc d'arbre qui flottait là.

Il fallut plus de temps pour le réanimer que pour que l'éclipse se termine. Le tour de passe-passe de a été exposé en même temps que le soleil.

"Il n'a pas eu l'occasion de jeter son sort. C'est un imposteur". dit le roi.

Tout le monde était heureux que la peste et la famine ne se produisent pas.

Le bouffon s'avance et dit : "Avez-vous vu l'astrologue tomber dans les douves ? Il ne l'a pas vu venir." La foule rit.

"Qu'il perde sa tête", dit le roi.

Personne ne rit.

Le roi montrait l'astrologue du doigt. L'expression de son visage montrait qu'il était sérieux cette fois-ci.

# LA VÉRITÉ DE L'IVROGNE

Il s'agit d'un poème sur le faux monde dans lequel les ivrognes peuvent vivre, voyant une mauvaise réalité comme un rêve qui disparaît lorsque la sobriété arrive, finalement.

Dans notre monde de cris de jalousie,
Dans notre monde de larmes,
Dans ce monde où les mensonges sobres
valent mieux que la vérité de l'ivresse.

De temps en temps, nous prenons le risque,
De temps en temps, nous nous embrassons et nous dansons,
Jusqu'à ce que l'aube brise la transe
Qui nous retient dans l'ivresse de la vérité.

Les mensonges sobres que les autres racontent
Que l'honnêteté est vraiment l'enfer
Et tout ce que je fais aujourd'hui, c'est vendre
Mon cœur taché de sang, l'ivresse de la vérité.

Et maintenant que l'ivresse est passée
Nous faisons enfin face à la sobre vérité.
S'il vous plaît, laissez les autres rester bouche bée
Et s'enseigner la vérité de l'ivresse.

# LES ÉLÉMENTS DE MONKTON WYLD

Monkton Wyld Court est un centre de vie durable situé près de la côte jurassique du Dorset. Outre des ateliers et des semaines familiales, on y enseigne des compétences pour un mode de vie durable : apiculture, permaculture, éco-construction, technologies vertes, utilisation durable des terres et artisanat environnemental.

Nous nous sommes rapprochés dans l'air du matin,
Doux chants dans la ronde.
Unité pour soi et pour tous.
Un son sublime et inspirant.

Sur le visage doux et humide de la Terre,
Nous nous sommes assis et avons chanté notre rôle,
J'ai regardé tes yeux de paix
Qui montraient la profondeur de ton cœur.

Et l'eau a coulé de ces yeux profonds,
Les larmes tristes du mal et du tort
Se sont transformées en joie et en bonheur,
Qui brillait dans ta chanson.

Le feu qui brillait au plus profond de toi
A donné de la chaleur à ton sourire chaleureux.
Donnant tant de beauté aimante
Qui perdure au-delà de ce moment.

# LE GROS MANNEQUIN

Lorsqu'il s'agit de forme, c'est à l'individu de décider ce qui lui convient. Un excès de graisse est dangereux lorsque la personne est obèse. Trop peu et la personne court également des risques élevés pour sa santé. Il est bon d'être à l'aise. Les deux autres extrêmes ne mènent jamais au confort.

Lorsque la vendeuse eut fini d'habiller le mannequin qui venait d'être livré, elle prit du recul et admira ses efforts. Elle était magnifique dans une robe à grosses fleurs et le mannequin l'était tout autant !

Lorsque la responsable du magasin est arrivée, elle était de mauvaise humeur. Elle était sortie avec des filles la veille et essayait tant bien que mal de dissimuler sa gueule de bois. Mais son état d'esprit est révélateur.

"Cette robe fait grossir le mannequin. Changez-la pour quelque chose d'autre. Nous devons attirer les clients minces, pas les autres. Les belles filles doivent avoir l'air minces pour ne pas acheter cette robe. Et vous devriez porter autre chose. Vous êtes un peu grosse et cette robe vous fait paraître grossière. Vous avez une réduction pour le personnel, alors achetez quelque chose qui cache ce que vous êtes".

Sur ce, elle est partie en trombe dans son bureau pour boire un café.

La vendeuse a commencé à déshabiller le mannequin, les larmes aux yeux.

Au bout d'un moment, une actrice célèbre est entrée dans le magasin, accompagnée d'un grand homme séduisant.

"Pourquoi déshabillez-vous ce mannequin ? demande l'homme.

"Parce qu'on m'a dit que la robe la faisait paraître grosse. Et on m'a dit que la robe que je porte me fait paraître grosse aussi. Apparemment, nous avons besoin de vendre à des jeunes gens minces comme votre petite amie". Le ton de tristesse montrait son agacement face à la question ainsi que face à sa réponse.

L'homme s'étouffe et tousse. "Jeune fille, cette dame n'est pas ma petite amie. C'est une actrice célèbre, Audrey Smiggens, et elle va promouvoir sa gamme de robes dans nos magasins. C'est elle qui les a conçues et vous venez de l'insulter. Où est la directrice ?"

"Dans son bureau. Dois-je aller la chercher ?"

"Non. Je vais la chercher." L'homme part en trombe.

L'actrice regarde l'assistante et sourit.

"J'ai créé cette gamme de vêtements parce que les gens sont obsédés par la minceur et croient qu'il est bon d'être mince. Comme vous le savez peut-être, j'ai travaillé à Hollywood et dans le monde entier. J'ai vu des gens maigres juste avant qu'ils ne meurent de faim. J'ai vu des gens riches et gras juste avant qu'ils ne fassent une crise cardiaque. Certains d'entre eux étaient des hommes qui ont fait fortune en convainquant les gens que la graisse est mauvaise et que la maigreur est bonne. Ils ont toujours évité le juste milieu. On ne peut gagner de l'argent qu'en changeant les choses. La mode doit persuader les clients qu'ils portent la mauvaise coupe ou la mauvaise couleur. La longueur de la robe n'est peut-être pas la bonne, etc. J'ai conçu des vêtements qui permettent aux gens de se sentir à l'aise. Je veux faire payer des prix élevés à ceux qui les achètent afin qu'une partie du coût serve à nourrir les gens qui sont maigres à cause de la faim plutôt que parce qu'ils se sont blessés volontairement dans des pays où la nourriture est abondante. Le monde a besoin d'équilibre et c'est là que je veux avoir la petite influence de ma notoriété pour aider. Désolé, je me suis un peu étendu, mais..."

La jeune fille a pris la parole. Elle n'avait rien à perdre. "Je suis désolée de ce que j'ai dit. Je pense que c'est beau et que le mannequin est beau aussi. Je pense que la pression exercée pour vendre aux filles maigres et pour vendre aux filles qui sont forcées de croire qu'elles doivent être maigres est diabolique. Ce mannequin est comme moi. Elle a quelques petits bouts un peu plus gros que les miens, mais c'est pour ça que je l'aime bien". La jeune fille retient ses larmes car elle sait maintenant qu'elle va être licenciée.

L'homme est revenu les rejoindre. La directrice l'a suivi. Il se présenta à l'assistante sur comme étant Martin Cheesey, le propriétaire de cette grande chaîne de magasins de mode. L'assistante sait que son heure est venue.

"Julia. J'ai de mauvaises nouvelles pour vous. Pour ce que vous avez fait, je pense que vous avez été très..."

Audrey l'interrompt. "Je pense que vous devriez promouvoir cette fille. Elle comprend ce que, excusez-moi Julia, les gens ordinaires devraient avoir. Elle sait ce que c'est que d'être normal plutôt que d'être corseté dans des vêtements trop petits pour être à l'aise. Je veux qu'elle fasse partie de mon équipe pour mes robes. Elle représente la réalité de nos clientes".

Audrey s'est levée et a marché vers la porte. Elle s'est arrêtée, s'est retournée et a dit à Martin : ' Si vous devez renvoyer quelqu'un, renvoyez la directrice. Elle n'a aucune empathie, aucun sens et aucune carrière dans nos magasins."

Le responsable du magasin a vomi de stupeur. "Cela aurait dû vous faire perdre quelques livres". Audrey s'en va, le sourire aux lèvres, en faisant signe à Julia de la rejoindre.

# LE CHAT SAUVAGE

Comment les choses peuvent devenir sauvages comme les chats sauvages. Le potentiel pour les humains de devenir sauvages est en nous tous dans de mauvaises circonstances.

Le chaton a été aimé dès l'instant où il a été acheté à l'animalerie. Il a été bien nourri et a grandi rapidement.

Après la nouveauté de sa petite taille, il a voulu être aimé encore plus qu'il ne l'était et a commencé à gratter les meubles parce que, lorsqu'il le faisait, ses propriétaires le caressaient pour lui offrir une alternative au châtiment. Bien entendu, les dégâts se sont multipliés et l'attention s'est accrue. Bientôt, les rideaux furent déchirés et en lambeaux. Puis la literie, puis le poisson rouge.

Le chat était déchaîné. Il sifflait même et courbait le dos à l'approche de ses maîtres. Le chien était déchiré au niveau du nez.

"Le chat est devenu sauvage, mais je l'aime toujours. La femme dit : "Il faut faire quelque chose.

"Il faut faire quelque chose. Son mari lui répond.

Le chat a été capturé au filet et emmené par l'organisation caritative locale pour le bien-être des animaux. Ils l'ont relâché dans la nature où, incapable de chasser comme un chat, il s'est d'abord contenté de tuer et de blesser d'autres créatures.

Il a fini par se mêler aux chats sauvages indigènes, qui ont d'abord apprécié sa compagnie. Cependant, la vie sauvage était trop dure pour ce chat et il a dépéri au point d'être trop faible pour se défendre contre les chats sauvages naturels qui s'en prenaient à lui. Le chat a été sauvé par une femme qui se promenait dans les bois. Elle l'a ramené chez elle et lui a donné de l'amour, mais on a aidé le chat à s'adapter à sa vie en l'encourageant lorsqu'il était bon et en le corrigeant lorsqu'il était mauvais. Il a abandonné ses habitudes sauvages et a dormi en sécurité et en paix pendant la plus grande partie de ses derniers jours.

Après que le chat eut été emmené, la femme annonça à son mari qu'elle était enceinte. La joie fut grande dans la maison et l'homme s'employa à réparer tous les dégâts à temps pour la naissance de leur enfant sur le site. Le petit garçon fut aimé dès sa naissance.

Le garçon fut aimé dès sa naissance. Il fut bien nourri et grandit rapidement.

Après la nouveauté de sa petite taille et l'arrivée de sa sœur, il voulut être aimé encore plus qu'il ne l'était et commença à casser ses jouets parce que, lorsqu'il le faisait, ses parents le câlinaient pour lui offrir une alternative au châtiment. Bien entendu, cela a eu pour effet d'aggraver les dégâts et d'attirer davantage l'attention.

À l'adolescence, le jeune homme a commencé à fréquenter d'autres garçons qui aimaient expérimenter la boisson et la drogue. Ils brisaient des vitres pour cambrioler des maisons et des voitures.

Lorsque les effets se dissipaient, il prenait des drogues plus fortes et plus dures. Il a volé ses parents pour financer son mode de vie.

L'overdose qui l'a placé sous assistance respiratoire à l'hôpital a failli le tuer, mais il a survécu. Tout ce qu'il voulait à ce moment-là, c'était l'amour de sa mère, de son père et de sa sœur. Ils lui ont apporté l'aide dont il avait besoin pour arrêter la drogue. Ils l'ont félicité lorsqu'il se débrouillait bien et l'ont corrigé lorsqu'il était mauvais.
Mais le mal était fait. Lorsque leur fils est devenu paranoïaque et agressif, ses parents ont dû demander de l'aide.

"Notre fils est devenu fou, mais je l'aime toujours". La femme a déclaré : "Nous devons faire quelque chose.

"Nous devons faire quelque chose. Son mari lui répond.

Le jeune homme a été emmené par les autorités locales. Après quelques soins, elles l'ont relâché dans la nature où, incapable de travailler, il s'est amusé à faire du mal à d'autres personnes.

Il a fini par se mêler aux gangs locaux, qui ont d'abord apprécié sa compagnie. Cependant, la vie sauvage était trop dure pour lui et il dépérissait au point d'être trop faible pour se défendre contre les chefs de gangs qui s'en prenaient à lui.

Malheureusement, personne n'a pu le sauver et il a pris sa dernière overdose le même jour que le chat.

# L'ÉTANG AUX POISSONS

Quelle que soit la façon dont nous percevons notre spiritualité, nous nous trompons probablement !

L'étang à poissons était assez grand. Il était suffisamment grand pour permettre une grande diversité de plantes et de vie aquatique.
Les poissons voyaient leur monde tel qu'il était. Le ciel était la surface de l'eau. Le fond de l'étang était la limite de leur planète. Au-delà du ciel, il y avait d'autres planètes d'où apparaissaient des extraterrestres. Certains étaient amicaux, en particulier les extraterrestres verts qui pondaient leurs œufs en énormes paquets. Ces œufs étaient offerts en cadeau aux poissons. D'autres se transformaient en créatures noires et frétillantes qui nageaient comme des poissons, mais qui étaient différentes. Ils étaient également bons à manger.
Cependant, certains des extraterrestres étaient hostiles. Les immenses êtres gris se tenaient dans le ciel et transperçaient les poissons de temps en temps. C'était horrible et cela a semé la panique.
Les bébés poissons étaient parfois attaqués par des monstres noirs en armure.
Mais il semblait y avoir un Dieu. De temps en temps, les poissons semblaient voir son visage sourire depuis le ciel. Il laissait tomber dans le ciel de la nourriture qu'ils venaient manger en nageant. Les poissons religieux appelaient cela "Matière du ciel".
Les poissons se demandaient comment était la vie en dehors de leur monde. Ils ont essayé de parler aux grenouilles, mais ils n'ont pas réussi à établir un langage pour communiquer. Les grenouilles s'accouplaient ou se cachaient. Elles ne semblaient pas vraiment à leur place.
Et les grands scarabées plongeurs étaient trop répugnants pour qu'on ait envie de les connaître.
De temps en temps, des tritons arrivaient pour engloutir toutes sortes de nourriture, des œufs de poisson aux morceaux de boue, du moins c'est ce qu'il semblait. Ils n'étaient pas non plus d'une grande compagnie.
Ils passaient beaucoup de temps à débattre intellectuellement du sens de la vie et de l'existence réelle de Dieu. Même s'il apparaissait régulièrement sur , il ne semblait pas faire grand-chose pour donner une qualité de vie aux poissons, à part laisser tomber les morceaux de

nourriture qui complétaient leur régime.

Parfois, lorsque l'un des poissons tombait malade, il était repris par le Filet de Dieu. Il pouvait alors revenir, mais ce n'était généralement pas le cas.

On passait beaucoup de temps à discuter de ce qu'il advenait des poissons pris par Dieu.

Étaient-ils placés dans un immense étang exempt d'étrangers, où la nourriture serait abondante et l'eau fraîche et bien oxygénée ?

Ou bien étaient-ils torturés et gardés dans un petit sac en plastique comme ceux que l'on voyait parfois lors de l'arrivée de nouveaux poissons ? Il n'y a aucun moyen de le savoir.

On supposait cependant que les poissons qui avaient été bons avaient plus de chances d'être placés dans le monde heureux, et que ceux qui avaient été mauvais... eh bien.

Mais Dieu semblait trop éloigné. Il ne semblait répondre aux prières que parfois. Par exemple, lorsque l'étang devenait chaud en été et qu'il fallait plus d'oxygène, les poissons allaient vers le ciel, regardaient vers le haut, là où Dieu semblait parfois apparaître, et ils priaient pour avoir de l'air.

Cela ne fonctionnait pas toujours. Certains jours, le "truc qui gargouille", comme on l'appelait, ne fonctionnait pas et les poissons se sentaient étouffés. Parfois, il aspirait de jeunes alevins pour se nourrir.

En hiver, le ciel gelait et les poissons étaient totalement isolés du reste de l'univers. On ne voyait plus du tout la figure de Dieu, mais pas non plus les monstres-lances. Le ciel solide offrait à la fois protection et détachement.

Les plantes de l'étang étaient d'étranges formes de vie. Elles étaient utiles parce qu'elles utilisaient les excréments des poissons comme nourriture, mais c'est pour cela que les poissons les trouvaient bizarres. Elles étaient également utiles pour rendre l'eau plus respirable. Mais ils étaient tranquilles, ils n'avaient aucun souci à se faire. Ils étaient utiles pour offrir des cachettes aux extraterrestres. Dans l'ensemble, les plantes étaient des choses agréables, mais étranges, pour les raisons mentionnées plus haut. Mais même elles n'étaient pas à l'abri des forces extérieures. Sur , les extraterrestres les ont parfois mangées. Parfois, la main de Dieu les retirait du monde.

Lorsqu'ils revenaient, ils avaient généralement subi une opération chirurgicale brutale.

Les poissons voulaient une vie plus facile. Ils voulaient plus d'espace pour nager. Ils voulaient moins de danger. Ils voulaient plus de nourriture. Même s'ils auraient dû être heureux, ils pensaient que la vie avait plus à leur offrir. Ils pensaient que leur Dieu devrait être plus bienveillant.

Pendant l'été, l'homme que les poissons considéraient comme un Dieu s'assit dans une chaise de jardin à côté de son étang. Il regardait les poissons nager lentement. L'homme buvait une bière avec son ami. Ils discutaient de la vie et de la mort, comme le font les hommes lorsque l'alcool les incite à philosopher.

"Il est difficile d'accepter l'existence de Dieu. dit l'homme. "Chaque fois que je prie pour quelque chose dont j'ai besoin, mes prières ne semblent jamais être exaucées. Si Dieu existait, il me fournirait certainement tout ce dont j'ai besoin pour vivre heureux. Ma voiture a besoin d'être améliorée. Je veux construire une piscine avant de partir en vacances. Pourquoi ne me laisse-t-il pas avoir l'argent dont j'ai besoin ?

Il ouvre une autre bouteille et soupire.

"Regardez la vie facile qu'ont les poissons de mon étang. Tous leurs besoins sont satisfaits et ils ne me remercient jamais pour ce que je fais. Ils ne se rendent pas compte à quel point leur vie est facile".

L'autre homme a répondu.

"Parfois, je pense que notre compréhension de notre Créateur est semblable à ce que ces poissons pensent de vous. Ils peuvent théoriser et spéculer autant qu'ils veulent, mais ils ne comprendront jamais ce qui se passe réellement dans le monde en dehors de l'étang qu'ils pensent être leur monde. Comme il doit être triste d'être aussi limité dans ses pensées".

Il marque une pause. "Prenons une autre bière."

# L'HISTOIRE DU PÊCHEUR

Il est nécessaire de laisser tomber ce qui est cassé avant de devenir nous-mêmes endommagés.

Il était une fois un pêcheur qui était très fier de son beau canoë. Il l'avait construit et l'avait amélioré pendant de nombreuses années. C'était un homme fier et très satisfait de son mode de vie. Il n'en connaissait pas d'autre et ne souhaitait rien d'autre.

Un jour, alors qu'il cherchait du poisson, son canoë heurta un gros rocher dans les rapides. Le bateau fut endommagé et cela lui causa beaucoup d'inquiétude, mais il put continuer. Il était sûr qu'une fois réparé, il n'y aurait plus de problèmes. Il continua à pagayer, confiant qu'il terminerait son voyage.

Cependant, un peu plus loin en aval, le pêcheur a été pris dans une tempête soudaine et de mauvaise humeur. Le canoë a été tellement endommagé qu'il a été projeté dans l'eau.

Le bateau a heurté d'autres rochers et a été réduit en miettes. Il aimait son embarcation et se sentait si triste. Il faisait froid dans l'eau et le courant était fort. Il faisait sombre et il y avait de la brume. Il ne pouvait pas voir où il était ni où il devait aller. Il s'agitait dans la rivière, cherchant désespérément un signe d'espoir. Il avait très peur.

C'est alors qu'il aperçut une partie de son canoë bien-aimé. Il s'y est accroché très fort. Ses mains devinrent blanches, puis bleues à cause du froid. Il remarqua alors que le silence s'était installé autour de lui, tandis qu'il dérivait, impuissant, sans savoir quel serait son sort.

En regardant cette dernière partie de son précieux vaisseau, il commença à s'en vouloir pour ce désastre. Si seulement il avait fait plus attention à sa trajectoire, si seulement il s'était arrêté pour réparer les premières avaries. Si seulement ! Tant de douleur et de tristesse l'envahissent. Tant de reproches à son égard. Il était accablé de chagrin. Il avait tant aimé son bateau.

Soudain, dans l'obscurité, il entendit une voix qui l'appelait. Il a crié pour lui faire savoir où il se trouvait. La voix lui a dit que les secours étaient proches, elle a essayé de le rassurer, de lui faire savoir qu'il s'en sortirait. C'est alors que l'autre canoë s'est arrêté et qu'une main s'est tendue pour l'aider. Mais le pêcheur a peur. Il avait peur de lâcher ce dernier morceau de sa vie, mais il savait que s'il ne le lâchait pas, il dériverait encore et encore jusqu'à ce qu'il soit écrasé par la grande chute d'eau plus loin en aval.

# L'HISTOIRE DE LA MOUCHE

Il s'agit de ne pas comprendre ce qui est vraiment bon pour nous.

Il devait y avoir un moyen de s'en sortir ! La mouche voyait bien où elle voulait voler, mais un obstacle invisible se dressait sur son chemin. Elle avait entendu parler de se cogner la tête contre des murs de briques, mais ce n'était ni de la brique, ni du bois, ni rien de ce qu'elle connaissait.
Il s'est donc installé sur ce champ de force et a essayé de comprendre ce qui s'était passé. Derrière lui, il y avait l'espace sombre d'une pièce. L'endroit où il avait atterri n'était cependant pas sûr. Un peu plus tôt, alors qu'il s'était posé pour absorber quelques cristaux blancs, un coup de vent l'avait alerté et l'avait obligé à s'écarter d'un journal qui roulait à vive allure. Il s'est envolé vers l'espace plus sûr qu'il voyait au loin.
Bang ! Sa tête heurta cette étrange barrière qu'il ne pouvait pas voir, mais qu'il sentait certainement. Un peu secoué, il bourdonne autour de lui à la recherche d'un passage. Elle savait qu'il devait y en avoir un car elle pouvait voir d'autres mouches à l'air libre au-delà du voile.
La mouche a bourdonné vers la gauche, mais elle a trouvé une barrière en bois. Elle bourdonne à droite, en haut, en bas. La même barrière en bois se trouvait là aussi. Elle a essayé et essayé de passer à travers, sans succès.
L'image d'une mouche est alors apparue de l'autre côté de l'obstacle. La mouche était perplexe. Ils se tenaient là, pieds contre pieds, trompe contre trompe, yeux contre yeux. Ni l'une ni l'autre ne savait ce qui se passait, mais toutes deux pensaient qu'elles se regardaient et tournaient la tête en s'interrogeant sur cet étrange phénomène.
Lorsqu'elles se sont rendu compte qu'elles étaient deux mouches différentes séparées par cet écran déroutant, elles se sont demandé l'une à l'autre, avec cette étrange façon de parler qu'elles ont de remuer les pieds, comment elles avaient fait pour passer de l'autre côté. La nouvelle mouche voyait le sucre au loin et voulait sa part. La mouche à l'intérieur voulait sortir. Elle avait besoin de s'éloigner des journaux enroulés.
Elles luttent donc toutes les deux. L'une voulant entrer, l'autre voulant sortir.
C'est alors que retentit un puissant "thwack" (coup de poing).
La nouvelle mouche a été effrayée par le bruit et les vibrations. La

première mouche a été écrasée sur la fenêtre. La nouvelle mouche avait reculé d'une certaine distance, mais elle revint voir ce qui était arrivé à sa nouvelle amie. Elle avait l'air plus grosse. La totalité de la mouche a touché la barrière. Elle était immobile. Elle ne pouvait pas parler.

La nouvelle mouche s'éloigna de la vitre, choquée. Lorsqu'elle revint, elle traversa le champ de force. En fait, elle avait trouvé l'ouverture de la fenêtre.

Satisfaite d'elle-même, elle s'envola vers le sucrier et oublia sa malheureuse nouvelle connaissance. Alors qu'il se nourrissait de cette douceur, il fut surpris de réaliser que pour franchir l'obstacle, il devait s'en éloigner et revenir sous un nouvel angle.

C'est peut-être là une révélation. Lorsqu'on est confronté à un problème, il faut s'éloigner, réfléchir et revenir avec une approche différente. De cette façon, même les barrières et les obstacles invisibles peuvent être surmontés.

Il savait que l'un des grands dangers pour les mouches est la toile d'araignée à peine visible. Parce qu'elle a l'air fragile, les mouches sont tentées de la traverser plutôt que de la contourner. Cette mouche avait perdu beaucoup de ses amis de cette manière. Ils étaient incapables de voir le danger dans les choses qui semblaient sûres. Les choses qui étaient manifestement dangereuses, comme les murs, pouvaient être évitées ou l'on pouvait atterrir dessus.

Les dangers les plus mortels concernaient les choses qui semblaient sûres, comme l'obstacle nouvellement trouvé, mais non vu, et les toiles d'araignée qui ne montraient pas leur capacité à piéger.

Elle savait qu'il y a des risques dans les chemins faciles et agréables. Comme la mouche était préoccupée par l'aspiration de la douceur du sucre, elle n'a pas remarqué le journal roulé qui commençait sa descente.

# L'ÉCHELLE DE LA GRENOUILLE

S'il est bon d'aider les autres, se sacrifier totalement est contre-productif.

Depuis la nuit des temps, les grenouilles voulaient trouver le plafond du monde.
Le plus grand, le plus grand des grands-pères, c'est-à-dire la toute première grenouille, s'est mis à la tâche, croyant pouvoir atteindre le plafond très facilement, en s'étirant vers le haut.
Il réussit à avoir une bonne vue, mais il était trop petit pour réaliser ce qu'il voulait.
Peut-être, pensa-t-il, mon fils pourrait-il atteindre le ciel. Il a donc aidé son fils à monter sur ses épaules pour aller plus haut qu'il ne l'avait fait lui-même.
Le fils n'a pas pu atteindre l'objectif, mais il a vu plus que son père. Il n'était pas reconnaissant car il pensait que c'était sa fonction dans la vie de progresser au-delà de la faible base sur laquelle il se trouvait.
Mais il n'a jamais atteint le ciel.
Peut-être, pensa-t-il, mon fils pourrait-il atteindre le ciel. Il a donc aidé son fils à monter sur ses épaules afin d'aller plus haut qu'il n'avait pu le faire lui-même.
Le fils n'a pas pu atteindre l'objectif, mais il a vu plus que son père. Il n'était pas reconnaissant car il pensait que c'était sa fonction dans la vie de progresser au-delà de la faible base sur laquelle il se trouvait.
Mais il n'a jamais atteint le ciel.
L'histoire pourrait bien sûr se poursuivre à l'infini, mais nous n'avons pas assez de temps.
Chaque génération qui se tenait au sommet pendant un certain temps pensait que toutes les autres grenouilles en dessous d'elle l'avaient fait pour la grenouille au sommet, jusqu'à ce que cette grenouille doive permettre à une autre de grimper sur ses propres épaules.
Un jour, un oiseau sage vint rendre visite à la grenouille dont c'était le tour d'être au sommet. Il rit de la futilité d'une telle tâche. Toutes les grenouilles de l'échelle avaient raté tant de choses dans leur quête de l'inaccessible. L'oiseau dit à la grenouille que le ciel est si haut qu'il ne pourra jamais être atteint. Ce qu'elles avaient trouvé, c'était de

l'ingratitude. Elles n'ont jamais remercié les grenouilles qui se trouvaient en dessous d'elles pour leurs efforts. Elles n'avaient jamais remercié les autres grenouilles de l'échelle pour leur contribution.

L'oiseau dit à la grenouille que lorsqu'une chose place les autres au-dessus d'elle dans le but de les aider, celle qui est au sommet suppose qu'il s'agit de sa place naturelle dans la vie et se sent capable de regarder de haut les autres qui ont fait tant de sacrifices.

Ce que toutes les autres grenouilles auraient dû faire, c'est de faire passer leurs propres intérêts en premier. Lorsqu'elles ont compris qu'elles n'atteindraient jamais le ciel, elles auraient dû descendre pour profiter de leur vie plutôt que de donner leur vie à ceux qui les suivraient, à la poursuite de l'insaisissable.

"Après tout", dit l'oiseau, "si c'était si bien ici, pourquoi nous, les oiseaux, passerions-nous autant de temps assis sur les arbres et les lacs, comme le font les grenouilles ? Dépensez votre temps plus sagement. Laissez la course aux rats aux rats. Ils le méritent."

Sur cette réplique, l'oiseau s'envola. La grenouille au sommet commença à descendre, lentement. Elle eut la politesse de remercier tous les corps de grenouilles sur son chemin, y compris le tas d'ossements en miettes au fond, qui avait été autrefois le plus grand, le plus grand des grands-pères.

# LE GÉNIE DANS LA BOUTEILLE

Si vous buvez de l'alcool, soyez conscient des deux génies et ne prenez jamais le risque de rencontrer le mauvais. Il s'agit de connaître les limites de la consommation d'alcool. Si vous avez laissé sortir le mauvais génie, vous avez peut-être besoin de l'aide de quelqu'un qui peut remettre le bouchon dans la bouteille et la jeter. Quand on voit le comportement des gens dans les centres de vacances ou les bars de fin de semaine qui boivent au point de perdre le contrôle, de perdre le respect de soi et de permettre des choses qui choqueraient les membres d'une orgie romaine, on comprend que la malédiction des magiciens est en plein essor.

Il y a bien longtemps, dans un pays étrange, un génie a été mis en bouteille parce qu'il créait de la malveillance et causait de la douleur aux humains. Il s'est mis en colère et a juré de se venger de l'humanité.

Il était très subtil et aimait se cacher avant de sauter lorsque la bouteille était ouverte et de causer le chaos et le ravage.

Il était séduisant dans sa façon de travailler. Il souriait à travers la vitre et faisait en sorte que les femmes le désirent. Il souriait de manière charmante aux hommes et les faisait désirer. C'était un génie qui pouvait se transformer à volonté.

Lorsqu'on lui donnait la liberté, il promettait le succès et l'hilarité à celui qui faisait un vœu. Il faisait revivre des souvenirs et permettait à la personne de se remémorer des moments de son passé.

Ces souhaits semblaient bons à formuler, mais le génie était maudit : il était libre pendant un certain temps, mais il était à nouveau pris au piège. Le magicien qui l'avait enfermé dans sa prison était très doué pour créer des sorts.
Une partie de cette amertume d'être pris au piège a été intégrée dans le comportement du génie. Il aspirait à la libération et faisait toutes sortes de promesses aux hommes et aux femmes, mais son véritable but était de se remplacer dans la bouteille par l'âme des humains.

Après avoir souri, après avoir fait rire, après avoir failli sortir de son piège... il bondissait.

Il faisait faire à l'humain des choses qu'aucun humain ne devrait faire. Il l'obligeait à crier, à donner des coups de poing et à hurler. Il lui donne une telle confiance en lui qu'il conduit des voitures de manière imprudente en pensant qu'il est aussi bon que n'importe qui d'autre.

Il les poussait à tuer, à essayer de violer.

Ils devenaient aussi mauvais que le génie. Leurs âmes, leur amour-propre étaient ouverts aux prises de la petite essence corrompue de la méchanceté.

Cependant, le magicien vit ce qui avait été créé et décida de placer un autre génie dans la bouteille. Celui-ci était capable de combattre le mal, mais jamais de le détruire. Il donnait la possibilité de s'arrêter. Il donnait le contrôle.

Dans chaque bouteille d'alcool disponible, ces deux génies vivent. Une ligne de démarcation est cachée dans le liquide. En haut, le bon génie est là pour donner un sentiment de détente, mais en dessous de cette ligne, le mauvais génie prend le dessus.

Toutes les personnes qui boivent de l'alcool peuvent faire le vœu que le bon génie leur dise quand arrêter de boire pour éviter d'atteindre le niveau où il ne peut pas contrôler le mauvais.

Le bon génie peut réaliser ce souhait. Toutefois, les personnes qui se réjouissent de libérer le mauvais génie découvriront qu'après avoir profité de la compagnie du bon génie, elles devront faire face au mauvais et méchant génie qui prend le dessus sans crier gare. Comme nous l'avons déjà dit, il s'agit d'une créature subtile.

Ce génie fait souffrir les gens. Il aime détruire les relations, les carrières, la vie de famille et se réjouit de tuer des gens en conduisant en état d'ivresse, en se battant ou en tombant malade.

# L'HISTOIRE DU FAUCON

La découverte de la libération est parfois effrayante. La liberté acquise devrait être accueillie avec joie plutôt que redoutée.

Un jour, la porte de la cage étant restée ouverte, le faucon s'est assis et a regardé le monde extérieur. Il connaissait ces grands espaces et le ciel très haut, car chaque jour, son propriétaire l'enlevait de son perchoir et le faisait voler.
Mais le faucon n'avait aucune idée de la liberté. Il n'avait même pas de nom, car il était un outil plutôt qu'un individu.
Après avoir été enlevé à ses parents alors qu'il n'était qu'un petit poussin, il avait été élevé par son gardien. Il avait été dressé à voler et à chasser des proies qu'il ramenait toujours pour montrer qu'il comptait sur son maître.
Son devoir était d'attraper deux ou trois lapins qu'il livrait ensuite à son maître en échange d'un petit morceau de viande. Une fois son travail terminé, il retournait dans sa petite cabane.
Bien sûr, l'oiseau n'avait aucune notion de bonheur ou de malheur, car il n'avait pas l'expérience qui lui permettait d'évaluer son état de bien-être émotionnel. Il avait son travail à faire et se sentait même fier de temps en temps à l'idée qu'il fournissait de la nourriture et de l'alimentation à la famille de son maître. Et après tout, le soir, il recevait les entrailles de sa proie pour son souper.
Le faucon se souvenait d'une fois où il avait vu une volée de pigeons depuis son point d'observation dans le ciel. Pensant qu'ils ajouteraient de la variété à sa routine habituelle, il plongea sur l'oiseau qui semblait le plus isolé des autres.
L'attrapant dans ses serres, le faucon le rendit à son maître. Cependant, au lieu d'être félicité, le faucon a été critiqué. Que ferait la famille de cet homme avec un pigeon ? Il était trop petit pour être distribué et il était difficile de le cuisiner avec des lapins. L'homme jeta le pigeon mou sur le sol et transporta le faucon dans un autre endroit pour qu'il puisse s'acquitter de sa tâche, à savoir fournir la proie qui lui convient.
Ce soir-là, beaucoup de choses attristèrent le faucon. Il était contrarié par le fait qu'on ne lui avait pas offert le pigeon à manger ( ). Il était triste que le pigeon ne lui ait pas été offert. Il était triste que la vie du pigeon ait été

gâchée. Mais surtout, il était très perplexe au souvenir de la vue d'une volée d'oiseaux. Ce faucon avait toujours été seul. Pourquoi les pigeons devaient-ils voler avec tant d'autres semblables ? Qui étaient leurs maîtres et que devaient-ils attraper pour nourrir ces gens ?

Et même le jour où la porte de la cage a été laissée ouverte, le faucon n'a pas eu le sentiment d'être libéré. Il s'est senti rejeté lorsque son maître s'est pavané devant la cage, portant fièrement un énorme aigle.

Le faucon savait qu'un autre oiseau était dressé, car il avait entendu ses miaulements et les sifflements du maître, des sons qui lui étaient familiers.

Le maître s'arrêta et prononça des mots que le faucon ne put comprendre entièrement, mais il eut l'impression que le maître avait dressé quelque chose de plus grand et de meilleur que lui.

L'homme avait ouvert la porte de la cage, poussé l'aigle vers le faucon et dit : "Dans l'heure qui vient, tu auras la compagnie de cet aigle. Ensuite, l'aigle te tuera et te mangera. Tu n'es plus nécessaire et je n'ai plus l'intention de te nourrir." L'aigle battit des ailes pour tenter de s'envoler et l'homme fut distrait. Il s'éloigna, mais en s'efforçant de contrôler le plus gros des oiseaux, il oublia de fermer la porte correctement.

Le faucon ne comprit pas ce qui venait d'être dit, mais il se sentit très mal à l'aise. L'aigle semblait évoquer un sentiment de menace. Mais il avait maintenant un choix à faire. Il pouvait s'envoler et se débrouiller seul ou rester dans l'espoir que l'homme change d'avis.

Au bout d'un moment, le faucon décida de faire plaisir à son maître en profitant de la porte ouverte pour s'envoler et attraper de la nourriture. Il s'éleva dans le ciel et vola jusqu'à la colline où il savait que son gibier se nourrissait.

Il lui fallut du temps pour attraper un lapin convenable. Le faucon voulait que son cadeau soit impressionnant et chassa le plus gros qu'il pouvait rapporter.

De retour chez son maître, le faucon se dirigea vers sa cage. Il voulait laisser le lapin à la porte et s'envoler pour en attraper d'autres. Mais la porte de la cage était fermée. L'aigle était à l'intérieur, en train de se prélasser. Lorsque le faucon est arrivé, l'aigle a fait des bruits menaçants et a battu des ailes pour effrayer le faucon.

L'oiseau était découragé et ne savait pas quoi faire. Il ne savait pas comment préparer sa proie de manière à ce que les entrailles soient exposées. Il ne savait pas que la chair était la partie la plus nutritive. Il picora pendant un certain temps, mais finit par laisser la carcasse.

Puis, affamé, il s'est envolé vers une forêt sur une colline et a cherché un arbre dont les branches rappelaient sa cage. Il était fatigué et contrarié et avait besoin de dormir, mais la nuit s'avéra longue et froide. L'oiseau ne se sentait pas du tout en sécurité.

Le lendemain matin, le faucon prit son envol et retourna dans sa cage dans l'espoir que la porte serait ouverte et l'aigle parti. La cage était vide, mais la porte était fermée.

Paniqué, l'épervier commença à voler vers les collines de lapins pour retrouver son maître, quand soudain, le vent se mit à souffler et l'aigle s'élança sur lui à toute vitesse, manquant de peu l'épervier avec ses énormes griffes.

L'épervier poussa un cri de terreur dont l'intensité correspondait à celle du cri de victoire de l'aigle, tandis qu'ils roulaient tous deux dans un spectacle d'acrobatie, l'aigle essayant de capturer l'épervier.

Puis d'autres cris se joignirent au bruit, tandis que quatre autres faucons apparaissaient. L'oiseau effrayé savait que sa mort était proche. Il voulait abandonner, mourir rapidement, alors il se tourna pour exposer son ventre.

Ce faisant, il pouvait voir les autres oiseaux s'acharner sur l'aigle, dont la joie s'était transformée en détresse. Les oiseaux nouvellement arrivés indiquèrent au premier faucon de se joindre à eux, et tous poursuivirent l'aigle sur des kilomètres et des kilomètres, s'élançant sur lui de temps à autre pour le tenir en alerte. Le faucon se sentait heureux, mais il ne savait pas pourquoi. Il ne savait même pas ce qu'était ce sentiment de joie qu'il éprouvait.

Après une bonne course-poursuite, les faucons, comme un seul homme, se détournèrent et s'envolèrent dans une forêt où ils se posèrent en rang sur une grosse branche.

L'aigle, lui, était totalement perdu et s'envola, comme son cœur le lui ordonnait, vers une montagne très éloignée de la maison de son maître, pour y savourer son nouveau sentiment de libération. Et, à partir de ce moment-là, son animosité naturelle à l'égard des faucons s'est transformée en un regard bienveillant.

Au cours de cette première journée, les faucons discutèrent du plaisir qu'ils avaient partagé jusqu'à ce que le premier faucon réalise qu'il comprenait maintenant ce qu'était la liberté. Il avait été piégé et utilisé pendant si longtemps, uniquement pour le bénéfice des autres. Sa première expérience de la liberté avait été effrayante et potentiellement mortelle. Cependant, le monde à l'extérieur de la cage était bien plus satisfaisant que l'apparente sécurité qui avait été son univers auparavant. Les jours ont passé et le faucon a trouvé le bonheur et l'épanouissement en apprenant les techniques nécessaires à sa survie et à celle de sa nouvelle famille.

Le perdant, bien sûr, était l'exploiteur d'oiseaux qui avait perdu ses deux esclaves en un jour, en pensant qu'il était si intelligent alors qu'en fait, il était si peu aimable.

# LE ROI ET LA PAYSANNE

Très souvent, les victimes d'abus sont amenées à croire qu'elles sont en quelque sorte responsables de ce qui s'est passé. C'est une erreur. Les abuseurs sont habiles à planifier leurs actes et à utiliser l'innocence de la jeunesse pour convaincre la victime de sa culpabilité. Ils travaillent comme des tacticiens militaires pour obtenir ce qu'ils veulent et ne se soucient jamais des dommages qu'ils causent à leurs victimes. Si vous êtes une victime, ou si vous connaissez des victimes, vous devez savoir que les abus attaquent l'esprit autant que le corps. Les innocents sont toujours innocents et les coupables sont toujours coupables.

Le roi était un vieux fou triste. Il pensait qu'il pouvait obtenir tout ce qu'il voulait parce qu'il était roi.

La reine faisait tout ce qu'elle pouvait pour le rendre heureux. Elle l'embrassait, elle le câlinait. Elle faisait tout ce que le roi voulait.

Un jour, le roi se promenait dans son royaume sur son grand cheval blanc. Ce devait être le plus grand cheval du pays, car il se sentait très important. Dans un petit village, il aperçut une jeune fille qui s'occupait des vaches. Le roi arrêta son cheval et descendit. Il s'approcha de la jeune fille et lui demanda si elle savait qui il était. Bien sûr, elle le connaissait. Il y avait des photos et des statues partout. Son ego était aussi grand que son empire.

Le roi était très attiré par cette jeune femme et ses désirs dépassaient ceux qu'il éprouvait pour sa femme et les autres jeunes filles qu'il avait rencontrées. Après tout, celle-ci était fraîche et innocente, elle était très jolie et, après tout, il était le roi.

Il avait besoin d'un plan. Il a dit à la jeune fille qu'elle était une personne très spéciale et qu'elle pouvait l'aider à gouverner le pays. Il lui a dit qu'elle devrait garder son rôle secret car il y avait beaucoup d'espions autour d'elle. Il lui a donné rendez-vous le lendemain dans leur lieu secret.

Jour après jour, pendant quelques semaines, le roi arriva au coin du champ où il l'avait vue pour la première fois. Il lui apportait des cadeaux composés de bijoux précieux qui étaient en réalité des billes de verre. Il lui donnait des friandises provenant de la cuisine du palais.

Puis il lui dit que, parce qu'il avait tellement confiance en elle, il la nommerait princesse honoraire.

Pour ce faire, et parce que c'était un secret, il l'oindrait dans un endroit privé. Elle rit et dit qu'ils étaient déjà dans un endroit privé. Il passa sa main le long de sa jambe et la toucha sur une partie de son corps que personne n'avait jamais touchée auparavant. Elle en fut à la fois choquée et un peu ravie. Après tout, le roi lui avait dit qu'elle était spéciale.

Elle savait que ce qui s'était passé était mal, mais elle était troublée par la sincérité du roi. Il ne lui aurait pas raconté de mensonges et n'aurait pas fait quelque chose de déplacé.

Le lendemain, cela s'est reproduit et elle a résisté. Le roi lui a dit que c'était elle qui avait voulu être princesse et qu'elle avait encouragé le roi à la toucher sur cette partie de son corps. Le roi lui a dit que si elle informait quelqu'un de ce qui s'était passé, il lui ferait couper la tête et, plus effrayant encore pour elle, il couperait la tête de tous ceux à qui elle en parlerait, y compris ses parents. Cela incluait ses parents.

La jeune fille devait protéger ses parents et elle a laissé le roi poursuivre les attouchements. Elle s'est même exécutée lorsqu'il lui a dit de le toucher. Elle a dit qu'il savait ce qui s'était passé et lui a dit d'arrêter. Elle lui a demandé s'il avait déjà dit à quelqu'un que sa tête serait également coupée. Il a ri.

Le roi était tout puissant. Personne ne s'interrogeait sur ses disparitions quotidiennes. La jeune fille s'est inquiétée de ce qui se passait, mais elle était convaincue que c'était de sa faute.

Après tout, c'est ce que le roi lui avait dit.
Un jour, le roi est allé encore plus loin avec la jeune fille. Il lui dit que ce

qui s'était passé faisait partie de son initiation au monde de la royauté. Ses larmes et sa douleur ont été comparées aux veillées nocturnes et solitaires des chevaliers avant qu'ils ne soient armés d'une épée.

Il n'est pas nécessaire de donner plus de détails, mais le résultat est qu'après que cela se soit produit plusieurs fois, le roi a été impressionné par une autre jeune fille qu'il avait vue alors qu'il se rendait à cheval chez la victime de notre histoire, qui n'a jamais revu le roi.

Cette jeune fille de dix ans est devenue une femme avec la conviction qu'elle était méchante et maléfique. Elle a permis à certains hommes du village de se servir d'elle parce qu'ils lui disaient des choses gentilles pour arriver à leurs fins, mais ils s'enfuyaient toujours par la suite, comme l'avait fait le roi.

Il l'avait convaincue qu'elle n'avait aucune valeur et qu'elle n'était utile à rien d'autre qu'à satisfaire les désirs des hommes.

Elle quitta son village et marcha pendant des jours jusqu'à ce qu'elle franchisse la frontière d'un autre royaume. Là, elle décida de commencer une nouvelle vie.

Un jour, dans ce nouvel endroit, un beau jeune homme la vit. Il descendit de son cheval et commença à lui faire la cour. Il était galant et charmant. Il s'intéressait à elle en tant que personne plutôt qu'en tant que corps pouvant être utilisé pour son plaisir.

Un jour, il lui a dit qu'il ne pourrait pas la voir pendant un certain temps parce qu'il devait conduire des soldats dans une guerre avec un autre pays. Elle pensait que, comme tous les autres, il voulait se débarrasser d'elle.

Il se rendait dans le pays d'où elle était originaire pour déposer le méchant roi qui avait dépouillé le peuple en prélevant des impôts élevés pour financer son mode de vie ouvertement débauché. La reine l'avait quitté et vivait désormais en exil.

Les parents de la jeune fille vivent toujours dans le village où elle est née. Il fallait qu'elle les prévienne de la guerre. Elle reprit la route qu'elle avait suivie quelques années auparavant. Elle suivit la trace des batailles jusqu'à ce qu'elle arrive chez elle.

Les nouvelles annonçaient que le roi avait été battu et qu'il allait être exécuté. Son gros corps était agenouillé devant un billot, la hache en l'air. La jeune fille s'est approchée et a dit à tout le monde que c'était l'homme qui avait abusé d'elle.

D'autres filles ont fait de même.

La tête perdue n'était ni celle de la jeune fille, ni celle de ses parents, ni celle des autres filles.

Une immense acclamation s'éleva lorsque la hache tomba.

La jeune fille sentit qu'on lui tapait sur l'épaule. Son jeune homme se tenait à côté d'elle, vêtu de la plus belle des armures. Il lui dit qu'il était un vrai prince et lui demanda de l'épouser. Elle lui répondit que ce n'était pas possible parce qu'elle était mauvaise et qu'elle avait séduit le roi.

Le Prince rit et lui dit qu'il n'avait jamais rencontré de jeune fille si rusée qu'elle pouvait faire une telle chose, mais qu'il avait rencontré beaucoup d'hommes qui utilisaient la ruse et la fourberie pour abuser des innocents. Le vrai méchant avait perdu la tête ce jour-là et la vraie héroïne aussi, mais c'était pour un prince.

# LE TAPIS VOLANT

La peur de l'avion est très souvent le résultat d'associations négatives avec des troubles émotionnels plutôt qu'avec un vol.

Jill était pétrifiée. Son mari, Jim, vient d'annoncer qu'il a acheté des billets pour des vacances en Crète, l'île grecque de la Méditerranée.

Elle n'avait pas pris l'avion depuis sa jeunesse, lorsqu'elle était partie en vacances à Ibiza avec son petit ami de l'époque. Ils avaient passé dix jours à fréquenter différentes boîtes de nuit. C'était un rêve avant, mais un cauchemar lorsque son petit ami, qu'elle croyait aimer, s'est mis à danser avec les autres filles qu'il rencontrait dans les clubs. Jill devait regarder son homme se pavaner dans une pâle imitation de John Travolta.

Pete n'est plus le même. Leur relation était instable. Ils commencent à se disputer. Les vacances avec l'homme qu'elle aimait devenaient une épreuve effrayante.

Le dernier soir, Jill a décidé qu'ils iraient au restaurant plutôt qu'en boîte de nuit. Pete n'était pas content parce qu'il voulait danser. Il a bu du vin, puis du brandy et, lorsqu'ils sont rentrés à l'hôtel, il était ivre.

Il a encore bu du brandy au bar avant d'aller se coucher.

Tu te réjouis du jour de l'an ?" Il a bredouillé. Car je ne le suis pas. J'ai besoin de plus de sexe.

Jill lui répond : " C'est pour ça que tu danses avec toutes les femmes que tu rencontres. C'est pour ça que tu danses avec toutes les femmes que tu rencontres, tu veux agrandir ta collection de filles avec qui tu as couché".

Il a explosé. Il l'a frappée au visage et l'a entraînée de son côté du lit. Ce n'était pas de l'amour, ce n'était pas du sexe, c'était plutôt un viol. Jill voulait rentrer chez elle.
Pendant le vol de retour, ils se sont à peine parlé. Jill s'agrippait aux bras de son siège et chaque bruit qu'elle entendait était comme le son de son

monde qui s'écroulait avec fracas. Lorsque le chariot de boissons a été détaché dans l'office, elle a cru qu'il s'agissait d'une aile qui se détachait, car son angoisse était à son comble. Elle craignait que Pete ne boive trop pendant cette escapade de trois heures et demie pour échapper à son comportement.

Peu après leur retour en Angleterre, l'affaire devient houleuse. Elle a suivi son cours pendant quelques jours, puis s'est effondrée.

Quelques années plus tard, Jill a rencontré Jim, un homme gentil et attentionné qu'elle a commencé à aimer dès leur première conversation. C'était un homme qui buvait peu, mais qui accordait toute son attention à cette femme qu'il aimait tant.

Lorsqu'ils se sont mariés, la lune de miel était prévue en Angleterre. Jill ne voulait pas prendre l'avion et a prétexté le coût de la lune de miel pour acheter leur première maison.

Aussi, lorsque quelques années plus tard, Jim a annoncé son cadeau, Jill s'est sentie paniquée et malade à l'intérieur.

Elle a cherché de l'aide. Pour cela, elle a raconté à quelqu'un ses vacances avec Pete. Elle ne pouvait pas trop lui en vouloir, même si ce qu'il avait fait était impardonnable.

Ils avaient été amoureux et ils étaient tous les deux jeunes. Elle ne pouvait pas non plus blâmer Ibiza, qui avait toujours existé et où les boîtes de nuit faisaient partie de la culture des jeunes. Elle devait sublimer sa peur de Pete et des vacances à l'étranger par quelque chose et quoi de mieux que l'avion ? Après tout, c'est lui qui l'avait conduite à son triste destin.

Elle a pleuré et pleuré en racontant les moments où, dans les clubs, elle a perdu l'attention de l'homme qu'elle aimait. Elle pleurait encore plus au souvenir d'avoir été frappée et violée. Elle craignait que l'avion diabolique que Jim avait réservé ne la conduise à une fin similaire. Et la Crète est aussi une île de la Méditerranée et elle aimait son homme.

Les similitudes étaient nombreuses. Son esprit les a étendues jusqu'au point où Pete et elle s'étaient disputés et séparés, et l'a projeté sur sa relation avec son mari

Lorsque le thérapeute l'a fait remarquer, elle s'est demandé comment cette révélation pourrait l'aider. Elle était toujours pétrifiée à l'idée de prendre l'avion !

De nouvelles associations ont été faites pour repousser les associations négatives qui avaient été plantées par sa mauvaise expérience.

Elle a imaginé un grand sourire à l'avant de l'avion. On lui a appris à respirer de manière ouverte, en utilisant son diaphragme plutôt que sa poitrine. On lui a montré comment ouvrir les genoux pour réduire les tensions. On lui a dit d'ouvrir les bras comme si elle s'avachissait dans le siège de l'avion.

On lui a ensuite demandé si elle aimait les voitures rapides et d'imaginer Jim au volant d'une voiture de sport, en sentant l'accélération au moment où elle était ramenée dans son siège pour se rendre dans un restaurant parfait.

Lorsqu'elle était enfant, elle aimait que son père conduise la voiture familiale sur le front d'un pont en dos d'âne, cette sensation dans l'estomac qui la poussait à le supplier de recommencer. C'est cette sensation qu'elle ressentait au décollage.

On lui a demandé de surveiller les bosses dans sa voiture sur le chemin du retour et de comparer ces sensations qu'elle considérait comme acquises avec les mêmes sensations qui l'avaient effrayée dans l'avion. Les turbulences ne peuvent pas être comparées. Elles sont beaucoup plus douces. Quel mot ridicule !

Et les bruits de l'avion sont ce qu'ils sont censés être. Les volets qui rentrent après le décollage et qui sortent pour l'atterrissage font un doux bruit de ronronnement. Il en va de même pour les roues.

Lorsque les chariots de boissons et de nourriture sont détachés, c'est merveilleux. Cela fait partie du luxe de voler. Les gens sourient en vous offrant une boisson ou en vous tendant un repas préparé. Cela n'arrive jamais dans la vie de tous les jours. Et il est possible de regarder un film ou d'écouter de la musique sans être interrompu par un téléphone.

Encore dubitative, Jill a accepté le fait qu'elle et son mari s'envoleraient pour la Crète.

Le jour venu, ils se rendent à l'aéroport, garent la voiture et entrent dans l'aérogare (encore un mauvais choix de mots !) pour s'enregistrer. Jill a pratiqué sa respiration et s'est sentie assez détendue.

Ils se rendent à la porte d'embarquement et, à sa grande surprise, Jill voit le sourire imaginé sur le nez de l'avion. Elle fut encore plus surprise lorsqu'elle lui rendit son sourire.
Ils sont montés dans l'avion et ont pris place. Jim lui tient la main et la réconforte. L'avion se traîne sur les voies de circulation jusqu'à la piste d'atterrissage. Jill s'assit calmement, les genoux écartés et les bras le long du corps, comme on le lui avait demandé. Elle respire dans son ventre et attend l'accélération. Elle imaginait que c'était Jim qui la conduisait dans une Ferrari rouge vif. Puis ils ont trouvé le pont en dos d'âne et son estomac a palpité de plaisir lorsque l'avion a décollé.

Elle avait l'image mentale d'un magnifique cygne nageant, puis pagayant fortement avec ses pieds jusqu'au moment où les ailes se sont déployées vers le bas et où l'oiseau gracieux et élégant a pris son envol. Il s'éleva doucement et en douceur, puis se stabilisa dans un vol régulier.

Jill s'agite un peu quand l'une des hôtesses de l'air lui propose une boisson. Elle a commandé un jus d'orange. Jim prit un café.

Le pilote a annoncé qu'il pourrait y avoir des turbulences et Jill s'est assise tranquillement pour attendre ce monstrueux typhon. Lorsque l'avion s'est mis à cogner, elle s'est tournée vers Jim et lui a dit : "Il faut réparer l'allée à la maison, elle est plus cahoteuse que ça".

Après avoir mangé et regardé un film, ils sont presque arrivés. L'avion a atterri et ils ont débarqué.

Les vacances ont été merveilleuses. Ils se sont promenés dans les collines, ont pris des bains de soleil sur les plages et ont mangé de merveilleux repas grecs. Jim était heureux d'être avec Jill et lui accordait beaucoup d'attention. Il vérifiait qu'elle portait de la crème solaire et la traitait comme la dame qu'elle est.

Un jour, Jill a acheté une carte postale pour l'envoyer au thérapeute comme promis. Elle était pleine de bonnes nouvelles et contenait même la phrase suivante : "le seul problème avec le voyage de retour, c'est qu'il arrive trop tôt".

Le voyage de retour s'est déroulé sans encombre. Elle discute avec Jim du prochain endroit qu'ils vont visiter.

Elle avait l'habitude de s'inquiéter à l'idée de voler, mais aujourd'hui, elle est rodée à l'exercice.

REMARQUE. Pour plus d'informations sur les phobies de l'avion et les techniques de respiration, voir "Le langage secret de l'hypnothérapie" de John Smale.

# LA VIANDE DANS LA TARTE

Les apparences peuvent être trompeuses. La véritable nature d'une chose est ce qui se trouve en son cœur plutôt que ce qui brille et plaît en surface.

La tarte avait l'air merveilleuse. C'était une belle tarte avec une couche d'œuf qui la rendait brune et brillante.

Elle était décorée de formes faites à partir de la pâte de réserve. Des feuilles et des fleurs ornaient la croûte.

Il fallait l'acheter. Il fallait la manger.

Quand on le servait, c'était dans une assiette en porcelaine. Des feuilles de salade assorties aux décorations de la tourte étaient soigneusement disposées autour pour rehausser le plat.

Cette tourte à la viande allait constituer le meilleur repas de tous les temps. Un plat fait maison n'aurait pas été aussi magnifique.

La famille s'est réunie et a admiré ce qui lui était offert. Les sourires et les lèvres léchées ajoutent à la joie de vivre lorsque le père saisit son couteau à découper.

Il fait des gestes pour indiquer la taille de la portion que chaque membre de la famille recevra.

Les bouches s'emplissent d'eau, mais tout le monde doit attendre que des prières soient prononcées pour bénir la famille et la remercier de ce magnifique festin.

Le père a alors approché le couteau de l'extrémité de la tarte et a commencé à la découper.
Au fur et à mesure que le couteau avançait et reculait, la première tranche a vacillé et est tombée dans le plat.

Ce faisant, un gigantesque rat noir est sorti en courant et a traversé la table. Il s'est servi des genoux de sa mère comme d'un tremplin avant de s'enfuir de la salle à manger.
La famille a sursauté. Certains membres ont crié. Tous sont choqués.

"Cela avait l'air d'une belle tourte à la viande. Mais la viande était encore vivante, vermineuse et épouvantable". Le père dit alors que le couteau tombe sur le sol, manquant de peu son pied.

C'est son jeune fils qui a le dernier mot. "Je suppose que nous avons tous admiré l'apparence de la pâtisserie, mais détesté son contenu.

La famille n'a plus jamais mangé de tourte à la viande.

# LE SUPPORT EST LE MESSAGE

Parfois, trop d'informations peuvent être dangereuses. À d'autres moments, il est bon de savoir où se situe la vérité. Des personnes peuvent vivre de la tromperie et de la désinformation sans se soucier de la victime à qui l'on fait avaler des sornettes à grand renfort d'argent et de chagrin.

La vieille dame entra, hésitante, dans la pièce froide et sombre. Le médium lui fit signe de s'asseoir. Le silence était important. La dame tripote son alliance et attend, la tête baissée.

Elle portait une robe élégante, mais pas très à la mode, assortie à son sac à main qu'elle tenait sur ses genoux. Elle avait l'air fatigué et las.

"Je reçois un message d'un homme qui est décédé commença la médium. "Il était assez âgé quand il est parti.

La vieille dame acquiesce.

"C'était votre mari et il est décédé assez récemment, je crois. Il est toujours avec vous, il veille sur vous et vous lui manquez beaucoup".

La vieille dame commente. "Oui, vous avez raison. Mon mari est mort il y a quatre mois après une courte maladie. Il n'a pas trop souffert et après cinquante ans de mariage, je voulais savoir s'il allait bien."

"Bien sûr qu'il va bien. Il me dit que tout va bien. Il a parlé d'enfants, est-ce que cela vous dit quelque chose ?" "Oui, nous avons eu deux enfants.

"Oui, nous avons eu deux enfants et ils nous ont donné cinq petits-enfants. L'un d'entre eux..."
"Je crois que votre mari a dit que l'un d'entre eux était avec lui, maintenant."

"Non. Ils sont tous encore ici, sur Terre.

"Je pense qu'il fait référence à l'un d'entre eux qui aurait pu être perdu à la suite d'une fausse couche."

"Oh, je ne sais pas, mais ma fille Jeannie a eu des problèmes il y a quelques années. Ce doit être ça."

Il y eut une longue pause pendant laquelle la médium hocha lentement la tête.

La vieille dame posa sa question. "Pouvez-vous demander à Harry où il a laissé son testament ? Je sais qu'il en a fait un, mais nous ne le trouvons pas."

"Il est très faible, mais je crois qu'il a dit de regarder dans le coffre."

"Nous n'avons jamais eu de coffre-fort mais nous avions un endroit spécial où nous gardions tous les objets de valeur comme les bijoux".

"C'est peut-être l'endroit. C'est dans la maison ?"

"Oui, il se trouve dans la chambre au-dessus de la cuisine. Sous le plancher, à côté de la coiffeuse."

"Il l'a mentionné. Il a dit de s'assurer que la maison était en sécurité."

"Oui, elle l'est. Je ferme toujours la maison à clé quand je sors pour des raisons de sécurité."

"C'est bien. Certains quartiers sont plus dangereux que d'autres."

"L'endroit où nous vivons, je veux dire l'endroit où je vis, est bien. J'ai de bons voisins et ils sont toujours là, sauf le dimanche matin quand nous allons tous à l'église."

"Et c'est où ?"

"Saint-Pierre."

"Non. Quel quartier de la ville ?" Le médium rit et la vieille dame répond par un petit rire. "Très souvent, savoir où quelqu'un habite peut m'aider à demander aux esprits plus d'informations sur certaines choses."

"Oh, je vois. J'habite au numéro 32 de York Street. Pas très loin de l'église. A environ 800 mètres."
"Votre mari vous envoie sa bénédiction et vous dit de prendre soin de vous et de les enfants."

La vieille dame lut dans les mouvements du médium qu'il était temps de partir. Elle lui tendit une petite liasse de papier-monnaie et, malgré l'apparente réticence du médium, celui-ci la prit timidement.

"Dieu vous bénisse. Vous en savez tellement." dit la vieille dame.

"Plus que la plupart des gens ne le pensent. lui répondit-elle.
Le dimanche matin suivant, à dix heures, la vieille dame quitta sa maison pour rejoindre ses voisins et se rendre à l'office de dix heures trente. À dix heures vingt, un homme s'est introduit dans la maison par la porte arrière. Il a couru à l'étage, a découvert dans quelle chambre étaient cachés les objets de valeur et a soulevé la moquette pour découvrir le sol. Il y avait une petite porte découpée dans les planches qu'il a ouverte. Il a mis sa main dans l'espace.
Lorsque la police est entrée dans la pièce, il a retiré sa main si rapidement qu'il a failli se casser le poignet...

Alors qu'ils le traînent jusqu'à la porte d'entrée, la vieille dame le regarde et dit : "Le médium n'a pas pu prévoir cela. Au fait, mon mari sera bientôt de retour de sa partie de golf. Toutes les vieilles dames ne sont pas aussi crédules que le pense ta mère."

Peu de temps après, une jeune femme entra, hésitante, dans la pièce obscure. Le médium lui fit signe de s'asseoir. Le silence est important.

Le médium commença à lire à froid cette nouvelle visiteuse, à la recherche d'indices sur son problème et sa situation financière.

La jeune femme ouvre son sac à main avant d'arrêter le médium.

"Je vois que votre avenir est dans une prison". La policière rit en passant les menottes au faux.

# LA MÉTAPHORE DE LA VIE ET DE LA MORT

Nous avons des idées sur l'éternité et le paradis, mais personne ne sait vraiment à quoi cela ressemble. Je suppose que soit nous serons en extase lorsque notre heure viendra, soit nous ne saurons rien après, si nous n'avons pas de chance.

Confusion et perplexité. Trop de couleurs mélangées sur une palette. J'ai chancelé et j'ai souffert. J'étais mort. J'ai vu mon corps sous moi. Des tubes et des bandages. Des fleurs dans un vase qui se fanaient comme si elles reconnaissaient ma mort. Les infirmières et les médecins se résignant à une nouvelle perte. Je les entendais marmonner en filant vers une autre urgence.

Plutôt que de flotter dans un puits de lumière jusqu'à un palais céleste, j'ai eu l'impression d'être transformé en un morceau d'espace plus petit que la taille d'une bulle dans une bouteille d'eau tonique.

Aucun ancêtre ne m'attendait pour m'accueillir comme si ma mort était une fête d'anniversaire surprise. Dieu merci ! Non pas que j'aie quoi que ce soit contre mes ancêtres, mais je voulais que la vie après la mort soit différente des clichés dont nous sommes abreuvés.

Mourir n'a pas été ce que j'imaginais. J'étais toujours en vie, mais j'avais perdu le contact avec mon corps, mon véhicule depuis tant d'années. Maintenant, je vivais dans un endroit différent, avec des morceaux supplémentaires. Le temps a perdu sa menace et est devenu une autre facette du diamant.

J'avais supposé que mon âge serait fixe, mon souhait aurait été d'avoir 32 ans. Au lieu de cela, je n'avais pas d'âge. J'étais à la fois un nouveau-né et un vieillard. J'ai pu revoir des moments de ma vie à l'âge que j'avais lorsqu'ils se sont produits.

Je pouvais voir mes parents tels qu'ils étaient lorsque j'étais un enfant de cinq ans sur le point d'entrer à l'école pour la première fois, ou en tant que grand-père le jour de mon soixantième anniversaire.

C'était étrange. Je vivais, je voyais et j'entendais tout.
J'utilisais mes souvenirs pour me déplacer dans le temps. J'ai embrassé à nouveau mon premier grand amour. C'était la première fois que je sentais la langue de quelqu'un d'autre dans ma bouche. C'était réel et non un souvenir ou un rêve éveillé.

J'ai revécu mon premier baiser que je n'avais pas apprécié par curiosité. Je l'avais oublié en tant qu'homme, mais je pouvais maintenant sentir l'odeur du chewing-gum à la fraise sur la fille. Cela me revenait comme si j'avais trouvé quelque chose au fond d'un classeur. Quelque chose qui était tombé au fond plutôt que d'avoir été détruit.

Ce n'est pas le bon endroit pour évoquer la perte de ma virginité, mais je l'ai perdue tant de fois, au fur et à mesure, dans mon nouveau monde, ou univers. Je pouvais rejouer et rejouer autant de fois que je le voulais dans ma petite bulle de cette nouvelle existence.

Enfin, je dis "bulle", mais c'était différent. Je me suis souvenu de la fois où j'avais visité un zoo et où j'avais regardé, comme si j'étais Dieu, les fourmis coupeuses de feuilles courir le long de tuyaux en plastique transparent. Elles n'avaient aucune conscience de moi et des autres personnes qui les observaient. Elles étaient dans leur propre monde. J'étais maintenant comme l'une de ces fourmis, capable de se déplacer et d'observer les autres en même temps, mais sans avoir la notion du temps. J'étais à la fois un homme et une divinité.
Pouvoir expérimenter des choses sans membres était étrange. C'était différent de la paralysie où l'on pouvait penser sans pouvoir bouger. Les parties tristes de ma vie pouvaient être sautées piste par piste, comme si l'on passait un DVD avec plusieurs parties. C'était étrange. Mes émotions fonctionnaient toujours et je pouvais revivre ma vie encore et encore. Les tragédies me poussaient à les revivre, mais la frustration s'installait car je ne pouvais pas changer les circonstances.

Pourtant, j'aimais m'asseoir sur les genoux de mon grand-père, encore et encore. J'aimais manger la tarte aux pommes de ma grand-mère paternelle et les pommes de terre nouvelles frites de ma grand-mère maternelle. À chaque fois, c'était une nouvelle expérience que je revivais.

C'était un paradis différent de celui dont nous parlent ceux qui n'y sont jamais allés. Je pouvais regarder des films encore et encore. Je pouvais aller dans des endroits et assister à des événements que je n'avais jamais connus. J'ai assisté pour la première fois à des concerts d'Elvis, de Pavarotti, de Maria Callas et des Beatles, et j'ai assisté à des rediffusions. C'était vraiment merveilleux.

Comme j'étais le contenant de toutes mes expériences, j'ai également revu mes rêves. Ceux dont je me souvenais et ceux que j'avais oubliés. Les cauchemars peuvent être considérés comme des histoires horribles pleines de choses effrayantes, mais le fait de savoir que je suis en sécurité m'a aidé à les vivre comme je le faisais lorsque je visitais des parcs d'attractions. Un danger que l'on sait totalement inoffensif n'a rien de menaçant. Le sentiment de satisfaction que procure l'expérience d'un péril est satisfaisant.

Certains rêves répétés que j'avais faits de mon vivant étaient là, en pleine lumière et en couleurs. Mes rêves vivants semblaient aller aux mêmes endroits. L'un d'eux se trouvait toujours en France, sur le flanc d'une montagne où je retrouvais mes amis pour boire du vin et rire. Cet endroit existait dans ce nouveau royaume, mais certains de mes amis manquaient à l'appel. Je pouvais leur rendre visite sur Terre, mais ils n'étaient pas encore partis pour ce voyage, et le futur était aussi réfractaire à la pénétration qu'il l'avait été dans le passé. J'ai deviné que lorsque leurs petits hologrammes arriveraient ici, nous compléterions la scène, et j'ai eu raison.

Pris par ma nostalgie et ma complaisance, je n'ai pas pu m'épanouir dans ce lieu.

Au bout d'un certain temps, excusez l'expression car il n'y avait pas de notion de temps dans cette existence, j'ai pu voir les essences d'autres personnes et d'autres choses. Si j'appelle ces petites bulles des âmes, c'est plus facile d'en parler. Il y en avait partout, des âmes de personnes, d'animaux, de plantes et de minéraux. Comment pouvaient-elles toutes s'intégrer ?

Elles étaient aussi nombreuses que les gouttes de pluie dans la mousson, aussi abondantes que les gouttelettes d'eau dans un épais brouillard, et pourtant il y avait de la place. L'infinité de molécules d'eau dans les océans devait être plus grande que toutes les vies après la mort que j'ai rencontrées, et pourtant elles s'emboîtaient toutes, et cela dans les limites de la planète, et nous étions dans l'infinité plus grande de l'Univers !

Ils, nous, flottaient autour d'eux comme de splendides papillons.

De beaux contenants pour les souvenirs de l'expérience, comme s'il s'agissait de couleurs aux nuances les plus sombres et les plus claires.

C'était une bagatelle. Je rebondissais sur les gens, les autres animaux, les plantes et les minéraux. Toutes ces choses qui avaient vécu une vie sur Terre.

Je pouvais également puiser dans leurs expériences. Je me suis rendu compte qu'ils pouvaient s'inspirer des miennes. Il y avait un concept de bien et de mal, de bon et de mauvais. Les autres pouvaient voir la fois où j'avais volé la petite voiture de mon cousin. Pire encore, ils pouvaient voir... je ne vais pas tout avouer ici. C'était peut-être le sens du jugement que nous avions deviné sur Terre. La punition était d'être si transparent pour les autres âmes.

J'ai pu expérimenter ce que c'était que de faire la guerre et d'y être tué. Je savais ce que c'était que de faire la paix et de sauver des vies. C'était la véritable éternité de l'infini. Je pouvais être un poisson, un oiseau ou un lion. Je pouvais être un serpent, un singe ou un chaton. Je pourrais être un chêne ou une montagne.

L'avenir, enfin l'avenir dans notre définition terrestre, a été difficile au début. Incapable de le visiter comme avec une machine à remonter le temps, j'ai cherché les bulles de mémoire du futur et du passé et j'ai partagé leurs vies. C'était comme visiter la plus grande bibliothèque que l'on puisse imaginer, et plus encore.

L'essence de la fin du monde était là, racontée par les dernières personnes à vivre en tant qu'humains. Elle ne les avait pas affectés, ils flottaient encore parce qu'ils se trouvaient ailleurs que sur la planète.

Nous pourrions flotter n'importe où dans cet infini. Nous pourrions visiter le Grand Canyon ; nous pourrions sonder les profondeurs de l'océan Pacifique. Nous pourrions visiter les planètes, nous pourrions être dans des galaxies trop différentes pour être facilement décrites avec les mots de la Terre.

Il est même difficile d'utiliser des mots pour expliquer comment c'était.

Nous sommes aussi collectifs que les expériences des autres que j'ai vues et ces choses sont devenues une partie de mon expérience et ont été vues par d'autres. Cela signifiait que j'étais de plus en plus proche d'avoir subi tout ce qui s'était produit et se produirait à l'avenir ( ). Je me développais pour devenir un amalgame de toutes les expériences et, à mesure que cela se produisait, je m'éloignais de plus en plus de mon individualité, de mon ego.

C'était l'inconscient collectif de toutes les formes de vie sur Terre. Nous avons ensuite dérivé à travers le temps et l'espace pour la suite de ce voyage dans l'infini de l'univers.

La Terre était plus petite qu'une simple cellule dans le corps d'un éléphant. Il y avait tant de choses à partager avec les âmes de l'infini.

Note : Il existe une version beaucoup plus longue de cette histoire écrite sous forme de roman, **Existing in the After-Life. The Nature of Heaven and Hell (La nature du paradis et de l'enfer)** de John Smale

# LA CONFÉRENCE DU CHAMAN MODERNE

Il s'agit d'un long récit des pensées d'un chaman moderne, un vieil homme qui a créé des entreprises qui profitent aux autres plutôt qu'à lui-même. Indien de naissance, il avait grandi en Occident.

Je l'ai rencontré pendant un orage alors que j'étais en vacances avec ma famille. Voici sa vision de la vie moderne et de sa correspondance avec la vie de nos ancêtres. Avec sa permission, j'ai enregistré ce qu'il m'a dit et il a accepté que ses paroles soient incluses dans ce livre.

Certaines de ses paroles ont inspiré quelques histoires et métaphores de ce livre. Ses autres paroles vous sont données pour que vous les consommiez comme nous mangeons du poisson. Évitez les arêtes tranchantes et savourez la viande sucrée à votre guise.

"La religion est une entreprise. C'est une société. On constate que plus les employés montent dans l'échelle de l'entreprise, moins ils semblent spirituels.

Le savoir, c'est le pouvoir, et plus les gens ont de connaissances que les autres n'ont pas, plus ils peuvent exercer de pouvoir. Les connaissances secrètes font partie du rituel. Le rituel est ce qui empêche les gens ordinaires d'être spirituels. Leurs religions imposent des règles auxquelles il faut obéir pour apprécier la vie après la mort. J'ai toujours été intrigué par l'image hollywoodienne moderne de la sorcellerie. Tout comme les prières et les réponses, les sorts doivent être appris et prononcés de manière spéciale et ésotérique.

Il est étrange que les entités surnaturelles ne semblent entendre que le latin, alors que les démons hantent, haïssent et maudissent dans la langue de tous les jours de leurs victimes".

Les éclairs ont de nouveau jailli pendant que le vieil homme parlait. J'ai tremblé lorsque le tonnerre a éclaté au-dessus de moi. C'était comme s'il y avait quelque chose de furieux qui écoutait.

"Vous voyez. Si la scène est bien préparée, le pouvoir est renforcé. Si j'avais été un homme religieux à la recherche des âmes d'autres hommes, j'aurais étudié la météo et prononcé mes proclamations sur fond d'une journée comme aujourd'hui. Le vent et la pluie, la grêle et les bruits forts. J'aurais prédit des éclipses et les aurais vendues comme des signes du ciel. Pourtant, les voyants d'autrefois connaissaient les schémas météorologiques. Le pouvoir était, et est, la connaissance. Et le pouvoir est l'élément vital de l'entreprise."

Mon attention était fixée sur les paroles du vieil homme. Je voulais en savoir plus. "Quand vous dites que les saints hommes cherchent les âmes des autres, que voulez-vous dire ? demandai-je. Il répondit lentement à ma question.

"Les sociétés, qu'il s'agisse de l'Église, des entreprises ou des gouvernements, ne cherchent qu'à vendre la marque. L'individu n'a pas sa place dans une entreprise. L'individu est la personne qui a une âme. L'âme n'est pas la chose que les démons veulent voler, mais c'est une croyance en la vie, le bonheur et le monde dans lequel nous vivons. Si nous nous soucions trop de ces choses, nous pourrions protester contre l'abattage des forêts tropicales pour fabriquer des meubles en kit. Nous pourrions acheter des voitures plus petites qui consomment moins d'essence. Nous pourrions nous contenter de la terre que nous possédons au lieu d'utiliser la force pour envahir d'autres pays. Nous pourrions tout simplement devenir l'être humain que nous ressentons au plus profond de nous-mêmes mais que nous semblons contraints de nier. Nous travaillons pour l'argent plutôt que pour la nourriture. L'argent est le symbole du pouvoir. Je veux que vous retrouviez votre âme. Votre âme fait partie du Dieu de la spiritualité. L'image de Dieu utilisée par la religion est ce qui prive les hommes de leur âme. Elles sont hypothéquées pour la promesse d'une récompense après que nos corps et nos esprits se soient épuisés à produire des richesses pour les entreprises".

Le vieil homme continue après avoir bu un verre d'eau.

"Dieu a-t-il créé l'homme à son image ou l'homme a-t-il créé Dieu comme un homme qui vit dans le ciel pour s'assurer que nous regardions vers le haut dans nos moments spirituels pour éviter de regarder la vraie création, notre planète ? Était-ce pour nous empêcher de voir Dieu en nous-mêmes et en tout être vivant ? Dieu n'est pas un homme. Dieu est l'essence et l'énergie de toutes les choses au-dessus, au-dessous et autour de nous. Nous sommes reliés, comme chaque point de la toile d'araignée l'a été à un moment donné, au corps du bâtisseur. Et tout est encore relié au tout.

"Les chamans et les anciennes sorcières le savaient. C'est pourquoi ils ont été éradiqués ou soumis. Leur vérité entre en conflit avec l'imagerie d'un super-pouvoir créé par l'homme. Cette création de Dieu à l'image de l'homme nous empêche de regarder la magnifique planète sur laquelle nous vivons. Pendant que les hommes cherchent Dieu dans le ciel, leurs yeux sont détournés du vol et du viol de l'organe et de l'esprit de notre création, notre mère la Terre.

"Nous sommes des individus dans nos racines primitives. Nous sommes aussi des animaux de meute qui suivent des chefs pour assurer la sécurité et l'ordre. Lorsque nous sommes devenus de grandes sociétés, nous avons dû être contrôlés par les pouvoirs de la force en utilisant des soldats. Les chefs sont devenus des monstres au lieu de mâles alpha. Ils avaient la force de tuer les autres. Ils pouvaient inventer des cérémonies d'accouplement pour violer. On dit que ce qui est grand est beau. Le grand est laid.

Le petit est meilleur. Avec la petite taille, les dirigeants peuvent être remis en question. Ils doivent rendre des comptes. Les entreprises sont hors d'atteinte. Vous n'avez pas votre mot à dire sur les taux d'imposition qui vous sont appliqués. Vous n'avez aucune influence sur les prix pratiqués par les sociétés pharmaceutiques pour leurs médicaments.

"Par-dessus tout, vous n'avez pas le droit de refuser. Le président n'est pas choisi par le peuple américain, mais par ses collègues politiciens et hommes d'affaires. Les électeurs ne votent que pour un seul homme. Il en va de même pour le Premier ministre britannique. Il n'y a pas de choix, seulement une apparence de démocratie. Et si l'un d'eux fait des choses qui dérangent la population, comme déclencher des guerres, comment diable se débarrasser d'eux ? On ne peut pas".

J'écoutais maintenant et j'assimilais les informations à un rythme soutenu. J'ai fait un signe de tête pour que le vieil homme continue.

Au fait, le mot "Parlement" vient de la racine qui signifie "parler". Où est la partie de la mère de la démocratie qui fait référence à l'écoute ? Et le mot "corporation" vient de la racine latine qui désigne un corps fait de chair. Les âmes sont émotionnelles. Lorsque les âmes sont revendiquées, il est plus facile d'amener les gens à sacrifier leur chair dans les guerres. La promesse est que lorsque le corps est perdu, l'âme est sauvée et continue à vivre. Cette promesse d'immortalité est au cœur du chantage affectif.

"Je dirige une entreprise bienveillante. Une entreprise qui donne bien plus qu'elle ne prend. Mon objectif est de soulager la souffrance en protégeant les innocents aux dépens des coupables.

Je me souviens que dans un village en Inde, les gens chassaient les singes au cas où ils essaieraient de voler de la nourriture. Un jour, j'ai vu un singe avec un bras cassé errer sur la route. J'ai demandé pourquoi il n'avait pas été tué ou chassé. On m'a répondu que puisqu'il était incapable de s'occuper de lui-même, c'était aux villageois qu'il incombait de s'en occuper. C'est ainsi que j'ai découvert une toute nouvelle philosophie de la vie".

L'orage s'éloignait, ne laissant dans son sillage que de la pluie plutôt que du tonnerre et des éclairs...

Le vieil homme, un chaman qui, ironiquement, dirigeait une entreprise, a poursuivi. "Le culte de la célébrité reflète le besoin de se sentir bien dans sa peau en s'associant à d'autres qui ont fait mieux. Nous aimons construire des acteurs, des pop-stars et des présentateurs de télévision uniquement pour nous glorifier de leur chute. Nous en faisons des dieux et les regardons tomber comme des anges sur les rochers qui les écrasent.

"Enfant, j'étais intimidé par la puissance et l'éternité apparente de la mer.

Les vagues étaient puissantes et pouvaient causer tant de dégâts lorsqu'elles étaient en colère. Elles devaient parcourir tout l'océan à la recherche d'une falaise ou d'une plage où mourir. Elles avaient tant d'énergie refoulée qui pouvait être dépensée comme une caresse sur un nageur ou comme une destruction totale dans un raz-de-marée.

"Les aborigènes d'Australie, les Indiens d'Amérique du Nord et du Sud. Les tribus d'Afrique, les Sibériens et les Esquimaux. Ces différentes cultures sont toutes liées par la même approche de la guérison, une approche qui est au cœur de la psychothérapie. Il s'agit des principes adoptés par Carl Gustav Jung. Au centre de leurs croyances se trouve l'idée que le monde est un être vivant. Le concept est que la planète est animée d'énergie et d'esprits. Leur relation avec la Terre mère est une relation symbiotique où chaque partie aide l'autre.

"Notre approche du vingt-et-unième siècle, celle des personnes dites civilisées, est purement parasitaire. Les hommes extraient la vie de la Terre, ils abattent les forêts tropicales, polluent les océans et drainent le pétrole pour le brûler sans rien donner en retour, si ce n'est des aspects négatifs. Le réchauffement climatique est dû à la paresse et à la cupidité. Les voitures, les usines, etc.

"Nous vivons un cauchemar. Nous sommes en équilibre entre les nouveaux maîtres et les anciens esclaves. Les gens travaillent toutes les heures pour fabriquer à bas prix des produits de luxe pour les marchés occidentaux. Les gens sont utilisés comme des machines dans des usines qui n'ont aucune règle de sécurité. Elles utilisent des produits chimiques toxiques qui ôtent toute vie aux travailleurs qui n'obtiennent rien en retour. Les animaux sont tués jusqu'à l'extinction pour leur peau. Les forêts sont rasées pour fabriquer des meubles. Les barons de la drogue vendent des morts humiliantes pour de l'argent. Des gens sont assassinés pour le profit, et j'inclus les compagnies de tabac dans ce groupe de voyous.

"La plupart des gens semblent utiliser le chemin spirituel pour leur propre bénéfice. Je me suis interrogé sur les moines qui s'assoient et prient pendant des heures pour atteindre leur propre paix avec Dieu. Les prédicateurs modernes sont des pseudo-guérisseurs. Ils vendent des concepts de rituels à des gens qui veulent trouver la paix. Ils enseignent que nous devons regarder vers l'extérieur pour trouver Dieu et vers l'intérieur pour trouver nos fautes. Ils doivent renverser cette idée. Dieu, l'univers est en nous et les problèmes sont à l'extérieur, dans le monde. En nous occupant du monde et de ses souffrances, nous acceptons par défaut nos conflits intérieurs. Au lieu de cela, les prêtres nous font craindre le châtiment.

"Les pseudo-chamans prennent notre argent pour des sorts. Les vrais chamans étaient, et sont toujours, des guérisseurs de personnes, d'animaux, de plantes et de la planète. Ils ont donné leur âme pour sauver les autres. Ils ont pris le risque de voyager dans le monde des mauvais esprits qui, aujourd'hui, serait la psychose des psychotiques, pour aider à soulager la souffrance. Ils ne l'ont jamais fait pour le gain matériel. Il n'en a jamais été ainsi aujourd'hui. La civilisation s'approprie la vie du monde pour un gain à court terme. Nous devons faire l'expérience du monde plutôt que d'en posséder les biens. Plutôt que d'avoir, nous devons être. Nous nous rendons malheureux en nous efforçant d'avoir plus que ce dont nous avons besoin. En raison de notre avidité personnelle, nous tuons notre planète ; nous étranglons notre mère, la Terre.
Le vieil homme s'est arrêté un long moment, puis il a recommencé. "Ce que j'aime le plus dans mon corps, c'est sa perfection.

"Les systèmes fonctionnent à merveille sans que je doive penser à quoi que ce soit. Mon cœur pompe, je respire, je digère, ma température est mieux contrôlée que celle des climatiseurs moyens et mes hormones sont mesurées et équilibrées sans que je doive lever le petit doigt. Et je pourrais continuer ainsi. Je pense que je suis une parfaite capsule de chair, de nerfs, d'os et de sang qui s'autorégule

"Nous serions très ennuyeux si nous étions tous des robots comme les épouses de Stepford. Et comme mon corps s'occupe de lui-même, j'ai le temps de faire les choses les plus agréables de la vie, comme manger, boire et aimer. Certaines de nos activités corporelles, comme la respiration, sont semi-automatiques. D'autres, comme le contrôle de la température, peuvent être assistées en s'enveloppant de vêtements chauds ou en se jetant dans une piscine, une rivière ou un océan. Nous nous sentons parfois comme des passagers dans ces corps qui nous maintiennent en vie. Nous apprécions le monde extérieur à travers ses odeurs, ses goûts, ses vues, ses sons et ses sensations. C'est pourquoi je suis parfait. Et vous aussi. Ton corps fonctionne de la même manière que le mien".

J'étais un peu déconcerté par le manque de modestie de cet homme. Il poursuit.

"Cependant, pour chaque yin, il y a un yang. Pour chaque moins, il y a un plus. Il y a de nombreuses années, ce que je détestais le plus dans mon corps, c'était l'excès de graisse qui faisait monter ma tension artérielle et menaçait ma bonne vie en bouchant mes artères. Ce qui me dérangeait, c'était ce sentiment de panique et de stress qui semblait régir ma vie. En tant que formes de vie, nous exigeons l'équilibre. En tant qu'êtres humains, nous espérons être soulagés de nos problèmes.

"Au début, nous étions une espèce qui voulait vivre. Nous avions besoin de survivre pour éviter les douleurs de la mort. Par-dessus tout, nous voulions profiter des plaisirs de l'accouplement et, par conséquent, de l'éducation de la génération suivante.

"Cependant, notre monde était peuplé de créatures qui ne voyaient en nous qu'un troupeau d'animaux au goût agréable et faciles à attraper. Certaines créatures nous considéraient comme une menace et développaient du venin. Nous avons dû apprendre à éviter rapidement les serpents et les araignées. Une seule erreur et nous étions morts. En cela, la nature était une grande alliée. Elle nous fournissait des outils exquis pour survivre. La vie était simple et sensuelle, même si elle était courte parce que nous manquions de médicaments dans un Eden magnifique, mais mortel.

"Dans nos mondes modernes et confortables, nous disposons toujours de ces outils qui nous ont maintenus en vie pendant des centaines de milliers d'années, de ces systèmes internes, de ces sens et de ces émotions sur lesquels nous pensons n'avoir que peu de contrôle. Ils échappent à notre contrôle conscient. Ils peuvent nous faire paniquer. Nous pouvons développer des peurs et parfois nous sentir incapables de contrôler nos intestins.

"D'une manière ou d'une autre, nous nous sentons poussés à stocker plus de graisse que nous n'en avons besoin. Et comme ces systèmes semblent débridés, nous nous sentons incapables d'exercer une quelconque influence sur eux.

"L'anxiété et la corpulence se comportent comme des délinquants. Il est vrai qu'une intervention directe ne peut pas aider, mais nous sommes capables de persuader, de contraindre et de tromper notre corps et notre esprit pour qu'ils fassent ce que nous voulons. Nous sommes capables de survivre à nos systèmes de survie.

"Lorsque les gens qualifient les autres de primitifs, que veulent-ils dire par cette insulte ? Nous sommes, apparemment, biologiquement identiques à nos ancêtres d'il y a des dizaines de milliers d'années. Plutôt que d'être primitifs, nous sommes une espèce qui a acquis un mince vernis de soi-disant civilisation. Nous nous en servons pour nous surévaluer par rapport aux autres animaux et aux sociétés humaines. L'aube de l'humanité en tant que créature moderne s'est produite lorsqu'un homme a fabriqué un outil pour tuer quelque chose. C'est ainsi que la civilisation a continué à se développer. Le langage et la communication sociale ne sont peut-être pas l'apanage des humains. Écoutez le chant des oiseaux ou le hurlement des loups. Le sifflement d'un serpent dit "laissez-moi tranquille, sinon", et cela de la part d'une créature sourde !

"Le besoin de fabriquer des armes est peut-être né de notre faiblesse fondamentale et de notre puissante volonté de survivre. Après tout, nous sommes nés dépourvus de cornes, de griffes, de crocs, d'armures écailleuses et de fourrure. Cela nous a rendus faibles et vulnérables. Même le meilleur sprinter olympique ne pourrait pas dépasser un lion. Un champion de boxe poids lourd ne pouvait pas mettre un gorille adulte sur la toile. Cependant, nos armes nous donnaient une chance. Un couteau est devenu une griffe, une lance, un bois de cerf. Nous sommes devenus capables d'arracher la fourrure de nos proies et de la porter pour nous réchauffer. L'homme est devenu capable de modifier le monde à sa guise plutôt que de devoir s'adapter à l'environnement.

"C'est ainsi que nos systèmes de survie ont commencé à devenir redondants. Nous avions des systèmes qui nous avaient permis de rester sur cette planète bien avant que nous ne développions des armes. Nous savions comment fuir le danger. Nous savions comment nous nourrir. Nous savions nous cacher. Nous étions capables d'emmagasiner de la graisse pour nous donner des réserves d'énergie lorsque les temps étaient durs. Nous avions emprunté des poils pour nous réchauffer".

"Les cheveux sont devenus longs sur la tête pour augmenter notre apparence de taille et d'importance. Aujourd'hui, paradoxalement, les hommes se rasent le visage et taillent leurs mèches, tandis que les femmes se rasent les jambes et les aisselles. Pourquoi ? Les femmes sont encouragées à se peindre le visage pour ressembler aux signes sexuels de nos ancêtres des cavernes. Les seins sont remontés pour qu'ils aient l'air plus productifs en lait et donc plus attrayants pour un partenaire potentiel désireux de se reproduire.

"Tout cela est fait au nom de la mode. Tout cela a pour but de nous faire paraître différents de nos ancêtres. Ironiquement, nous utilisons des eaux de Cologne, des déodorants et des parfums pour remplacer nos phéromones. Ainsi, nous ressemblons tous à nos ancêtres soi-disant primitifs ! La vie moderne s'est efforcée de modifier certaines facettes de notre nature. Nous sommes dans le déni de notre nature primordiale, même si la guerre fait partie de notre vie historique et actuelle. Chaque jour, nous entendons parler de viols, de meurtres, de vols et de guerres. Nous pensons que nous avons le contrôle, mais il y a quelque chose de plus profond que notre pensée consciente qui nous dirige toujours. Ce sont les tueurs primitifs qui nous traquent.

"Les chamans et leurs cultures devraient être les gardiens de la Terre. Et que se passe-t-il ? J'ai vu de mes propres yeux comment les aborigènes et les Indiens d'Amérique du Nord ont été enfermés dans des colonies. Leur crédibilité a été effacée par l'application de l'alcool, un produit pour lequel ils ont très peu de tolérance. C'est un moyen efficace mais sauvage

d'obtenir la soumission et le contrôle.
"D'autres cultures voient leurs habitats, les forêts tropicales et les savanes, réduits à la tronçonneuse pour fournir des meubles aux pays riches, ou décimés pour cultiver des plantes destinées aux consommateurs occidentaux. Même l'Inde est envahie par le besoin omniprésent de devenir un pays de haute technologie. Les anciennes croyances disparaîtront. Ce que nous pouvons supposer, c'est que les vraies croyances sont enterrées par la nouvelle trinité de l'argent, du luxe et de l'égoïsme.

"Il y a un Dieu, et ce Dieu est l'essence de la Terre. Dieu a créé le monde, puis l'homme a créé Dieu à son image afin d'usurper l'essence même de Dieu, le créateur de la beauté et de l'équilibre. L'erreur, ou la stratégie, est que nous avons donné à Dieu une forme humaine, et cette forme inclut nos défauts. Dieu est la planète, l'univers, la vie et la création. Nous avons personnifié Dieu comme un surhomme. Nous devons apprendre que Dieu est l'esprit de la vie, au-delà du blâme, au-delà du jugement.
"Les dix commandements, base de la culture judéo-chrétienne, sont les mots qui nous exhortent à vivre la ligne, mais qui brisent leur propre credo par la menace implicite de la damnation pour ceux qui n'y adhèrent pas. Le péché est ainsi défini comme notre véritable nature. La délivrance est donc notre acceptation de la nature de l'homme au sein des crimes organisés des pays civilisés, tels que la guerre et les divisions sociales.

"Une nation peut convoiter le cul de son voisin et commettre des meurtres, des viols et des vols au cours de son invasion, le plus souvent au nom de Dieu. Malheureusement, Dieu laisse faire et personne n'en paie le prix. Au lieu de prétendre que nous sommes une espèce moderne née avec une grâce sociale innée, nous devrions reconnaître que nous avons toujours en nous des personnes âgées qui vivent dans des huttes et des grottes. Nous devrions traiter nos ennemis comportementaux comme le faisaient nos ancêtres. Il n'y a pas de rituels particuliers, à moins que nous ne le voulions.

L'orage était maintenant terminé et l'homme est parti. Je ne l'ai jamais revu, mais j'ai conservé l'enregistrement et ma promesse de l'inclure ici.

# L'ARC-EN-CIEL DE L'HUMEUR

Nous pouvons voir les choses de deux manières, la positive et la négative. Les couleurs de l'arc-en-ciel proviennent de la lumière pure. Lorsque ces couleurs sont mélangées, elles forment un mélange lugubre.

Le garçon était assis avec son grand-père au bord d'une rivière. Le ciel s'assombrit alors que la pluie commence à tomber au loin.

Alors qu'un arc-en-ciel apparaissait, le garçon demanda au vieil homme de l'aider à trouver le pot d'or qui se trouverait au bout de l'arc-en-ciel. L'homme dit au garçon que le véritable trésor se trouvait dans l'histoire que l'arc-en-ciel pouvait raconter.
Il commença à expliquer.
"L'arc-en-ciel est le résultat de la division d'une lumière parfaite. Les gouttes de pluie agissent comme de petits prismes qui divisent la lumière pure en ses différentes parties. Mais si les couleurs apparaissent lorsque la lumière passe du côté lumineux, elles ne sont pas visibles du côté obscur. Les couleurs de l'arc-en-ciel, lorsqu'elles sont mélangées comme des peintures, produisent le contraire, elles créent de la morosité et de l'obscurité.
Les humeurs des gens sont comme les couleurs de l'arc-en-ciel. Parfois ces humeurs font la perfection, parfois elles font le contraire.
Prenons le rouge par exemple. Il représente l'énergie d'une action forte, qu'elle soit bonne ou mauvaise. C'est la couleur du feu qui aide à fabriquer ou à détruire.
Dans sa forme pure, le rouge représente l'action nécessaire à la protection, comme ce fut le cas dans les premiers temps de l'humanité pour repousser les prédateurs.
C'est l'énergie que l'on utilise pour lutter contre les obstacles au progrès. C'est aussi l'expression de la détermination.
Cependant, la force rouge négative est utilisée pour la colère, la rage, la vengeance et la destruction inutile d'objets, de personnes et de relations.
L'orange est la couleur du lever du soleil et de la naissance de nouveaux jours. Certains jours sont bons, d'autres mauvais. De même que la naissance de la plupart des gens est une bonne nouvelle, celle des

dictateurs et des tyrans ne l'est pas.
Le jaune est la couleur du soleil. Il représente la lumière, l'éclat et l'espoir dans sa forme parfaite. Il est synonyme d'espoir et d'attitudes positives. Dans sa forme hostile, c'est la couleur d'un désert stérile et vide qui représente une menace et un danger. C'est la couleur des plantes mourantes.
Le vert est la couleur de la vie végétale abondante dont tout dépend. Dans son sens parfait, cette couleur est synonyme de vie, de renouveau et de croissance.
Toutefois, dans son sens opposé, elle est synonyme d'envie.
C'est la couleur de la pourriture et de la décomposition.
Le bleu est la couleur du ciel et de la mer, et représente donc la hauteur et la profondeur. Il représente donc l'expansion et l'espace.
Cependant, lorsque le ciel et la mer semblent proches l'un de l'autre et que les couleurs se mélangent de telle sorte qu'il n'y a ni haut ni bas, le bleu peut signifier la limitation des dimensions comme la superficialité, la restriction et la contrainte.
L'indigo est la couleur la plus sombre de l'arc-en-ciel. Le bleu foncé est la couleur de la paix au crépuscule. Il indique le temps du contentement, de la tranquillité et de la relaxation.
Mais il s'agit d'un bleu profond qui peut décrire ce que les gens ressentent lorsqu'ils sont tristes. Lorsque quelqu'un a le blues, cela signifie qu'il ressent l'obscurité et l'isolement d'une longue nuit noire.
Le violet est la frontière entre le visible et l'invisible. Au-delà du violet, les couleurs ne peuvent pas être perçues par les gens. Le violet, c'est donc croire en quelque chose qui dépasse notre compréhension. Il nous montre la progression qui se produit dans l'inconnu. Le progrès et la croyance sont positifs lorsqu'ils sont utilisés à des fins constructives.
Le point de vue contraire est celui du cynisme, qui nous empêche d'accepter quoi que ce soit au-delà de notre propre vision limitée. Nous pouvons devenir fermés à l'acceptation de tout ce qui n'est pas fait de pierre.
Enfin, la forme de l'arc-en-ciel nous permet de comprendre ce qu'est un pont entre deux extrêmes. La connexion entre deux extrémités opposées devrait être une belle chose plutôt qu'une confrontation. Un pont sert à relier des idées et des personnes différentes, plutôt qu'à les séparer.
L'arc-en-ciel est un signe qui nous invite à rechercher la clarté dans tous

les domaines de la vie plutôt que la morosité. Peut-être que cet arc-en-ciel est la chose qui peut relier un vieil homme à un jeune garçon".

Il a regardé son petit-fils et a souri en essuyant de petites larmes de ses yeux et de ceux de son petit-fils.

# LE PARC

Une métaphore interactive qui vous détend et vous aide à prendre des décisions sur le changement dans votre vie.

Les bruns, les verts et les dorés automnaux des feuilles des arbres imprègnent la scène. Bien qu'il y ait une légère fraîcheur dans l'air, vous vous sentez à l'aise et serein, reflétant en quelque sorte l'ambiance majestueuse qui vous entoure. C'est la paix, l'immobilité et la tranquillité ; c'est le calme parfait.

Les arbres que vous voyez sont vieux, solides et semblent sages. Et l'écorce de leurs troncs ressemble à la vieille peau des figures de la sagesse, des sages, des magiciens mythologiques, de nos propres ancêtres, peut-être. C'est comme s'ils avaient grandi à partir des forces de toutes les choses qui ont jamais existé, peut-être à partir de ces choses et de ces personnes dont la nature même a été maintenue en vie par cette forme de vie différente.

Elles ont été en contact avec les profondeurs de la terre, leurs racines fouillant et explorant chaque recoin, les racines les plus fines s'élançant à la recherche d'eau et de nourriture.

Leurs branches deviennent des brindilles qui s'étirent vers le ciel, portant des feuilles qui, à leur tour, absorbent l'énergie du soleil.

Ces arbres sont liés à toutes les parties de la vie, à toutes les parties du monde : l'air, l'eau, la terre et le feu, la chaleur du soleil lui-même.

Ils se tiennent debout, sereins et doux, mais forts et capables de résister aux assauts des vents violents, aux pluies battantes, aux rencontres avec les animaux, les oiseaux et les insectes.
Dans une petite clairière, on entend un bruit de goutte à goutte, un gargouillement, une source d'eau fraîche, claire et propre. L'eau se déverse dans un tout petit bassin avant de déborder et de disparaître dans la terre.

Trois grands arbres nobles semblent pointer vers le bassin, comme pour attirer votre attention. Il semble significatif, il semble spécial. La sagesse des arbres ( ) vous invite à faire quelque chose, à ressentir quelque chose.

Il y a peut-être une magie dans ce lieu, dans cette eau. Vous vous asseyez au bord de l'eau, vous vous sentez si détendu, si satisfait. Vous dérivez dans le temps et l'espace comme si ces choses avançaient et reculaient, s'accéléraient et ralentissaient, se tordaient et tournaient.

Les bulles qui jouent à la surface lorsque l'eau éclate vous fascinent, elles semblent vous hypnotiser car elles reflètent les couleurs qui entourent cet endroit, elles reflètent et se fondent dans la lumière du soleil, et le mouvement des arbres et des herbes autour de cette oasis de sagesse.

Alors que vous regardez, une feuille du premier arbre tombe doucement dans l'eau. Au milieu de l'étang, il y a une tache, une tache claire, qui reflète distinctement votre visage, mais qui reflète votre vie telle qu'elle est en ce moment.

Ensuite, une feuille du deuxième arbre tombe dans l'eau, créant de petites ondulations. À ce moment-là, vous pouvez vous voir tel que vous étiez lorsque vous étiez très jeune, l'air surpris et optimiste sur votre visage, la joie et l'anticipation alors que vous attendiez l'avenir avec tous vos rêves et vos espoirs.

C'est comme si la légère perturbation de la surface de l'eau déplaçait le temps lui-même, dans tous les sens. Mais lorsque l'eau bouge légèrement, vous vous rendez compte que les mouvements de l'espace et du temps sont pris dans ce reflet. Et tandis que le temps tourbillonne, vous pouvez percevoir les différences entre hier et aujourd'hui, la façon dont le monde vous a traité, la façon dont vous avez traité le monde.

Peut-être ressentez-vous de la satisfaction à l'égard de certains aspects de votre vie, et vous êtes conscient de ce qu'ils sont, peut-être ressentez-vous de la déception à l'égard d'autres choses.

Une feuille du troisième arbre tombe ensuite dans l'étang et vous savez que cet étang montre l'avenir ainsi que le passé et le présent. Vous pouvez vous voir tel que vous seriez si vous continuiez à mener le même style de vie que vous menez actuellement, mais vous pouvez aussi vous voir tel que vous seriez si vous changiez. Vous pouvez voir la façon dont vous voulez être et sentir la façon dont vous voulez vous sentir. Et vous pouvez en faire l'expérience dès maintenant.

Vous explorez les possibilités, vous comparez les façons dont vous seriez si la vie était différente. Et vous pouvez voir ce qui vous rendra différent à l'avenir, ce qui vous rendra plus confiant, plus prospère et plus heureux.

Vous plongez la main dans l'étang pour ramasser ces trois feuilles et vous remarquez qu'elles se ressemblent toutes. La différence réside dans la manière dont elles ont reflété votre vie, les trois âges de votre vie, ce que vous avez eu, ce que vous avez et ce que vous pourriez avoir.

Maintenant, vous êtes assis sur un muret de briques au bord d'un ruisseau. Le ruisseau coule si lentement que vous pouvez à peine voir l'eau bouger. À la surface de l'eau, de minuscules insectes s'agitent, trop petits et trop rapides pour que vous puissiez les voir, mais vous pouvez voir les ondulations et les petites perturbations qu'ils laissent derrière eux.

De temps en temps, le ruisseau scintille sous l'effet d'une brise légère, créant un nouveau motif pendant quelques instants, jusqu'à ce que la tranquillité de la surface soit à nouveau rétablie. L'eau est claire, si claire que l'on peut voir jusqu'au fond du cours d'eau : on voit la boue brun clair, les contours des plantes aquatiques, les pierres lisses. On se sent se détendre au rythme tranquille du cours d'eau.

Il y a des arbres de chaque côté du cours d'eau et vous pouvez voir leurs ombres à la surface de l'eau. On peut voir les ombres droites et inébranlables des troncs d'arbres, mais aussi de petites taches et d'étroites bandes d'ombre provenant des feuilles et des branches des arbres. Celles-ci dansent sur l'eau avec la brise, formant des motifs d'obscurité et de lumière, qui fusionnent brièvement puis se divisent à nouveau.

En approfondissant votre regard, vous vous rendez compte que vous pouvez voir plus que des ombres ; vous pouvez voir les reflets des arbres. Au début, vous avez du mal à regarder à travers les ombres jusqu'aux images qui se trouvent en dessous, mais en continuant à regarder, la scène entière se révèle à vous.

Alors que les ombres des feuilles étaient floues, les reflets des feuilles sont nets et définis. On peut voir toutes les couleurs dans l'eau : le vert clair des feuilles de chêne contraste avec le gris-vert foncé des feuilles de pin. À travers la cime des arbres, on aperçoit le bleu clair du ciel. Au fur et à mesure que la surface de l'eau se déplace, les reflets se dissolvent et se reforment sous vos yeux.

Vous vous rapprochez de l'eau et vous pouvez maintenant voir votre propre ombre, une silhouette de votre tête, de votre cou et de vos épaules. Vous déplacez le centre de votre regard, regardant plus profondément dans l'eau, et vous pouvez maintenant voir votre visage distinctement reflété en dessous de vous. Mais il se passe quelque chose dans l'eau : elle s'agite et de petites vagues se forment vers l'extérieur. Vous continuez à regarder, fasciné par les images qui défilent. Il semble que le temps lui-même soit pris dans le mouvement de l'eau et qu'il tourbillonne autour de vous et au-dessus de vous. L'espace d'un instant, une zone de calme se forme au milieu des turbulences, et vous voyez votre visage tel qu'il était lorsque vous étiez enfant.

Les yeux qui vous regardent brillent des espoirs et des rêves que vous aviez autrefois. Au fur et à mesure que les ondulations de la surface se propagent sur l'eau, vous imaginez que les ondulations se propagent vers l'extérieur à partir de l'image que vous aviez de votre enfance. L'eau tourbillonne à nouveau et la vision disparaît, mais le souvenir de ce que vous étiez autrefois est toujours présent. Peut-être que certaines de vos aspirations ont été réalisées ; peut-être que certaines ont changé ; peut-être que certaines ont persisté tout au long de votre vie et que vous attendez toujours de les réaliser.

Vous vous demandez quel pourrait être le résultat des changements apportés à votre vie et, comme en écho à vos pensées, l'eau s'éclaircit à nouveau, laissant apparaître d'autres images.

Vous vous voyez tel que vous seriez si vous continuiez à vivre comme vous le faites actuellement, mais aussi tel que vous seriez si vous changiez. En regardant les images, vous vous détendez davantage et vous vous rendez compte que vous êtes capable de faire l'expérience, ici et maintenant, de ce que vous voulez être, de ce que vous voulez ressentir à l'avenir.

Vous prenez une pierre ronde et lisse au bord du ruisseau et la tenez dans la paume de votre main. Elle est fraîche au toucher et son poids vous rassure mystérieusement. En tenant la pierre dans votre main, vous explorez les possibilités qui s'offrent à vous de changer, de réaliser vos rêves, de devenir plus confiant, de mieux réussir et d'être plus satisfait.

L'harmonie et la tranquillité de la scène vous entraînent dans un sentiment de calme et de paix parfaits. Vous vous sentez tellement détendu que vous descendez votre main à la surface du ruisseau, ouvrez vos doigts et, très doucement, vous faites glisser la pierre dans l'eau. Elle coule jusqu'au fond et, tandis que vous la voyez descendre dans l'eau, vous sentez la confiance et la force s'infiltrer dans votre propre esprit, franchir la barrière de vos pensées conscientes et continuer à descendre jusqu'aux niveaux les plus profonds.

Vous réalisez que ce sentiment est là pour durer, et que les changements que vous souhaitez apporter commencent déjà à se produire, et continueront jusqu'à ce que vous atteigniez votre vision de ce que vous voulez être.

# LA PERLE DANS L'HUÎTRE

Pour la première fois depuis des mois, ils se sont assis et ont parlé sans aucune négativité. La coquille d'Ella ne s'est jamais rouverte complètement, mais elle a laissé Johnny tenir sa promesse d'être une personne aimante dans sa vie plutôt que la personne exigeante qu'il était.

Ella était amoureuse de Johnny. Elle lui a donné son cœur et son âme. Johnny aimait Ella de tout son corps. Et ils vécurent heureux jusqu'à la fin de leurs jours...

Jusqu'à ce que Johnny éclate un soir. Il s'inquiétait du fait qu'Ella s'attachait aux autres avec ses émotions. Elle disait aimer ses enfants, elle disait aimer ses parents. Johnny voulait avoir tout l'amour qu'Ella avait. Il pensait qu'Ella était comme une huître. Elle ne pouvait contenir qu'une seule perle et il voulait la posséder. Non pas parce qu'il était avide, mais parce qu'il préférait prendre la perle et la garder dans son cœur plutôt que de priver Ella de son amour.

Après l'éruption, les choses se sont calmées, mais Ella, à la manière d'une huître, avait un peu refermé la coquille pour protéger ce qui lui appartenait.

Les choses se sont calmées jusqu'à ce que Johnny explose à nouveau. Il a traité Ella de noms qu'il ne pensait pas, mais ces mots étaient comme un couteau à huître. Il voulait ouvrir la coquille plus grand pour avoir la perle, le symbole de l'amour qu'Ella avait pour tout ce qui lui était cher. Pourtant, comme lorsqu'on écaille une huître, il y a eu des dégâts, la coquille a été endommagée, mais l'huître se referme très hermétiquement pour garder ce qui lui appartient en sécurité, et pour empêcher les intrus d'entrer.

Johnny a ressenti cela comme un rejet plutôt que comme le besoin d'Ella de préserver son caractère sacré. La coquille s'ouvrit un peu au bout d'un certain temps, mais jamais aussi largement que lors de la première rencontre des deux amants.

Cela blessa Johnny et les disputes devinrent plus fréquentes, sa jalousie et son besoin de posséder la chose précieuse qu'avait Ella devinrent une quête urgente.

Un jour, Johnny se rendit au restaurant avec un vieil ami sage pour lui expliquer sa situation.

"Tu vois ce qui se passe, Johnny ? La perle d'Ella est la chose précieuse que tu veux avoir pour toi. Elle ne t'appartient pas, mais tu peux la partager. Ce que tu as fait, c'est changer l'endroit où vit ta belle huître. Au lieu de fournir un flux d'eau propre pour lui apporter subsistance et nourriture, vous avez brouillé les eaux, de sorte que chaque fois qu'Ella voit votre ombre, elle ferme sa coquille hermétiquement. Vous devez redevenir cette eau calme. Tu dois lui faire voir et sentir que tu ne lui veux aucun mal. Elle doit savoir que vous lui offrez la sécurité plutôt que le mal. En criant vos peurs et vos inquiétudes, en l'effrayant, vous provoquerez la fermeture définitive de ses sentiments et rien ne la persuadera de vous ouvrir à nouveau son cœur. Si vous l'aimez, et je sais que c'est le cas, peut-être s'ouvrira-t-elle à nouveau à vous. Mais vous devez toujours vous rappeler que la perle qui se trouve à l'intérieur est la sienne et non la vôtre. L'amour qu'elle porte à ceux qui lui sont proches et chers n'est jamais une infidélité, mais plutôt l'expression de son esprit qui lui permet d'embrasser ceux qu'elle aime".

Johnny s'assit et réfléchit un moment. Il regarde les convives autour de lui. Il ne voyait que les perles sur la gorge des femmes. Il regarde les serveurs ouvrir des huîtres pour les clients.

Cela lui parut être un signe. Les huîtres étaient mortes et ne seraient bientôt plus que des coquilles vides. La vie et les perles avaient été arrachées à ces créatures pour que les hommes puissent montrer l'"amour" qu'ils portaient aux femmes de leur vie.

"Je vois que lorsqu'une personne possède l'huître parfaite, elle doit la laisser grandir et lui permettre d'être heureuse. En étant difficile, je perdrai ce que je veux garder. Je ne devrais jamais vouloir la posséder, mais je dois partager et nourrir son bonheur".

Lorsque Johnny rentra à la maison, Ella le serra dans ses bras et lui demanda comment s'était passée sa réunion.

"C'est une longue histoire. Puis-je te la raconter, s'il te plaît ?"

# LE VASE PRÉCIEUX

Nous dit que nous avons le choix quant aux actions que nous entreprenons lorsque nous sommes en colère.

Le vase avait été offert à la femme par sa grand-mère. Il valait beaucoup, non seulement pour sa valeur matérielle, mais aussi pour les sentiments qu'il contenait.
La femme avait beaucoup aimé sa grand-mère, bien qu'elle ait été très stricte avec elle pendant son enfance. Les contraintes qui lui avaient été imposées pendant son enfance l'avaient amenée à retenir toute contrariété jusqu'à ce qu'elle devienne une colère intense. Elle se défoulait généralement sur son mari.
Son mari était un homme attentionné qui s'était habitué à ses accès de colère. Cependant, ses crises de colère ont mis leur mariage à rude épreuve, mais il le comprend dans une certaine mesure.
Néanmoins, il commençait à ne plus pouvoir supporter grand-chose et il proposa à sa femme d'aller chercher de l'aide.
Elle a explosé. Elle a explosé. Elle l'a traité de tous les noms horribles possibles, puis en a inventé d'autres pour l'insulter.
Elle ramassa une cruche à l'autre bout de la pièce et la lui lança. Il esquiva et la cruche passa à côté de son oreille en sifflant pour aller se fracasser contre le mur. Elle lança ensuite une assiette, puis une tasse. Elle regarda le vase mais le laissa à sa place, optant pour un bol que sa mère leur avait offert. Son sort destructeur prit fin et elle sortit en trombe de la maison pour s'éloigner de son homme.
Elle s'enfonça dans la forêt et s'assit au bord d'un petit ruisseau, laissant ses larmes couler.
Bien sûr qu'elle aimait son mari. Il était ce qu'il y avait de plus précieux dans sa vie. Elle se demandait pourquoi elle l'avait tant blessé. Elle se demandait pourquoi elle le traitait comme elle le faisait. Elle n'avait aucune idée de la raison pour laquelle elle n'avait pas le contrôle nécessaire pour arrêter ses accès de colère.
Alors qu'elle réfléchissait, il lui sembla entendre le murmure du ruisseau comme une voix qui lui parlait.
"Vous avez le contrôle, ma chère. La voix ressemblait étrangement à celle de sa grand-mère. "Quand tu lançais des objets comme la cruche, la tasse,

l'assiette et que tu faisais des crises de colère, tu as décidé de ne pas lancer le vase que je t'avais donné. Quelque chose t'a fait réfléchir et évaluer les dégâts que tu pourrais causer.
C'est cela ton contrôle. Tu l'as. N'est-il pas étrange que vous accordiez plus d'importance au vase qu'à votre relation avec votre mari ? Pensez-vous qu'il vous a épousée uniquement pour pouvoir absorber toute l'angoisse de l'enfance que vous avez apportée avec vous ?
Si vous cassez le vase, vous pouvez verser une larme et en acheter un nouveau. Si vous brisez votre mari, vous aurez perdu bien plus. Vous aurez perdu quelque chose que vous ne pourrez pas remplacer, car si vous trouviez un nouvel homme, vous le traiteriez de la même manière. Utilisez le contrôle que vous avez utilisé avec le vase pour protéger, aimer et prendre soin de la chose dans votre vie qui a bien plus de valeur qu'un morceau d'argile".
La femme entendit des pas derrière elle. C'était son mari qui était venu s'assurer qu'elle allait bien.
Il lui dit : "Je suis désolé de t'avoir bouleversée. Je suis désolé de t'avoir fait perdre ton sang-froid."
La femme se mit à sangloter. Elle a tendu la main pour serrer cet homme précieux dans ses bras et lui a dit : "J'ai perdu mon sang-froid. "J'ai perdu mon sang-froid. Je l'ai perdu pour toujours. S'il te plaît, pardonne-moi d'avoir été comme avant."
Ils rentrèrent chez eux, main dans la main, comme de jeunes amoureux à nouveau.

# LE PROBLÈME DES OBJETS DE FAMILLE

Lorsque des personnes apportent leurs propres problèmes dans la vie d'autres personnes, le destinataire doit savoir comment cesser d'être affecté négativement. Ce n'est pas parce qu'un parent a eu de mauvaises expériences qu'il faut les reproduire. Nous devons vivre notre vie en tant qu'acteur principal, et non en tant que soutien.

Janet, quand je mourrai, je veux te laisser quelque chose qui me rappellera toi". La dame d'âge mûr sourit en faisant sa promesse à sa fille.

En quittant la pièce, la jeune femme a répondu. Tu m'as déjà assez donné, je n'ai pas besoin de plus. Je n'ai pas besoin de plus.

La fille pleura doucement en s'affaissant sur son lit. Elle avait toujours été une personne triste. Elle ne voyait que le mauvais côté de la vie. Son destin a été scellé dès sa plus tendre enfance. Son père et sa mère se disputaient, parfois violemment. Quoi qu'elle dise ou fasse, elle ne parvenait pas à mettre un terme à ces désaccords constants.

Dans ses propres relations, elle a cherché un homme qui lui offrirait sécurité et respect, mais elle n'a trouvé que des gens qui se servaient d'elle et la renvoyaient ensuite.

Elle a acquis la conviction qu'elle ne valait rien et qu'elle devrait passer sa vie à s'occuper de sa mère, Frieda. Même lorsqu'elle rencontrait un homme qui semblait pouvoir être doux et gentil, sa mère l'examinait pour s'assurer qu'il ne se transformerait pas en son ex-mari, le père de Janet. Elle finit par faire en sorte que la relation ne dépasse jamais le stade des premières amours.

Janet ne pouvait pas garder un emploi. Elle n'a pas eu d'autre carrière que celle de servante de sa mère. Elle a essayé de travailler dans une usine où elle emballait de grandes boîtes avec de plus petites, mais l'ennui était trop proche de la monotonie de sa vie familiale.
Janet a hérité de sa mère la tristesse et le désespoir. Elle n'attendait plus rien d'elle de son vivant et certainement plus rien à sa mort, qui

interviendrait probablement dans un grand nombre d'années.

Écoute. Tu devrais être reconnaissante. Je t'ai donné la vie. Je t'ai donné des opportunités et je t'ai apporté mon soutien". La mère de Janet avait une merveilleuse capacité de chantage.

Janet ne pouvait que penser sa réponse, elle n'était jamais autorisée à l'exprimer. Ensuite, tu m'as enlevé la vie pour ton propre confort. Regarde-toi. Grosse, paresseuse et égoïste".

En réalité, elle a répondu : "Oui, je sais. Et je t'en suis reconnaissante, maman. J'aimerais pouvoir faire plus pour toi".

Parfois, les objets de famille se brisent, ou sont brisés délibérément.

Le jour de la Saint-Jean, Janet a organisé un pique-nique au sommet d'une colline près de la maison. Elle a préparé un panier avec des sandwiches, des fruits et des boissons fraîches. Elle les a mis dans sa voiture avec une couverture et une chaise portable pour que sa mère puisse s'asseoir.

Elle a ensuite aidé sa mère à s'habiller et l'a emmenée dans la voiture. Elle s'assit sur le siège passager et observa Janet avec les yeux d'un faucon pendant qu'elle roulait vers Ham Hill.

Regarde cette voiture. Surveillez cette bicyclette. Surveillez cet enfant".

Tous les quelques mètres, Frieda lui dit ce qu'il faut faire, même si elle n'a jamais conduit de sa vie.

Tu sais que ce panier de pique-nique est un héritage. Ma mère me l'a donné dans son testament. C'était une vieille vache rancunière. Elle me détestait. Elle a gâché ma vie. Elle ne m'a jamais mise en garde contre les hommes et si elle l'avait fait, je n'aurais jamais épousé ton père. C'est pourquoi j'insiste pour que tu sois plus prudente que je ne l'ai été. Les hommes ne recherchent qu'une chose. Je les déteste.

Ce n'est qu'après avoir posé la couverture sur le sol, mis les sandwiches dans les assiettes, versé les boissons et installé la chaise de sa mère que Janet se rendit à la voiture pour aider sa mère à sortir. Elle l'a conduite jusqu'à sa chaise. Avant de s'asseoir, elle avait encore beaucoup de choses à dire.

Ta grand-mère était la pire mère que l'on puisse avoir".

De dépit, Frieda tenta de donner un coup de pied dans le panier de pique-nique en passant devant lui. Elle le manqua, tomba en arrière et se cassa la jambe.

A l'agonie, Frieda a crié et juré pendant que Janet utilisait son téléphone portable pour appeler une ambulance.

Lorsque l'ambulance est arrivée, Frieda criait toujours après Janet, bien que sa fille l'ait enveloppée dans la couverture et l'ait réconfortée autant que possible.

Tu l'as fait exprès. Je t'ai vue me faire trébucher. Comment peux-tu rendre tout l'amour que je t'ai donné avec un acte aussi insensible ?

Peter, le premier secouriste à sauter de l'ambulance, est un bel homme. Le comportement de Frieda change immédiatement. Frieda est examinée, réconfortée et placée sur un brancard.

Peter suggère à Janet de se rendre à l'hôpital à une vitesse raisonnable afin d'être auprès de sa mère. L'ambulance est partie en trombe.

Lorsque Janet arrive sur le parking de l'hôpital, Frieda est en train d'être opérée. C'était une urgence. Alors qu'elle se dirige vers l'entrée principale, Peter marche vers elle. C'était la fin de son service.

Il a reconnu Janet et s'est arrêté pour lui dire que sa mère était en train d'être opérée et qu'il ne fallait pas se presser. Il lui a proposé de lui offrir un café dans la cafétéria de l'hôpital et ils ont marché ensemble.

Votre mère a l'air d'être une dure à cuire. Elle s'en sortira, j'en suis sûr".

Peter rassure Janet.

Janet ne peut s'empêcher de dire : "C'est dommage. J'avais l'impression que grand-mère agissait depuis l'au-delà. Ma mère a dit des choses désagréables sur et quand elle a voulu donner un coup de pied dans le panier de pique-nique, elle est tombée". Puis elle s'est mise à rire. Puis elle s'est mise à rire : "Oh, je suis désolée. Je ne devrais pas rire, n'est-ce pas ?
Peter rit à son tour. Je suppose que vous ne vous entendez pas très bien.

Janet lui a raconté son histoire et comment sa vie avait été contenue et dressée comme un bonsaï.

Il s'est avéré que tous deux étaient célibataires et sans attaches, il était donc naturel qu'ils commencent à sortir ensemble quand cela convenait aux visites à l'hôpital et aux gardes d'ambulance.

Au fur et à mesure que la jambe de Frieda guérissait, leur relation s'épanouissait. Lorsque Frieda est sortie de l'hôpital, le dilemme s'est posé pour Janet, qui s'est occupée d'elle et a renforcé ses liens avec Peter. Janet est devenue plus forte. Elle ne se laissait plus intimider par cette vieille dame. Il était logique que Peter emménage avec Janet.

Une aide à domicile a été organisée tandis que Janet suivait une formation de technicienne d'assistance sur les ambulances afin de pouvoir mener une carrière qui lui permettrait de rester proche de Peter.

Lorsqu'ils se sont mariés, la mère de Janet lui a demandé ce qu'elle souhaitait comme cadeau. Que diriez-vous d'un objet de famille ?

Janet, désormais plus sûre d'elle après avoir réalisé tant de choses grâce à ses propres ressources, a répondu : "Les objets de famille que nous avons eus doivent tous être brûlés et jetés. Notre héritage doit être fait d'amour et non d'amertume, notre avenir est plus important que notre passé".

Le père de Janet l'a offerte lors du mariage. Elle avait repris contact avec lui après avoir rencontré Peter.

Elle comprenait peut-être maintenant pourquoi il avait été comme il l'avait été. Il y avait aussi beaucoup de choses à rejeter chez lui. Elle savait que son mariage ne ressemblerait jamais à celui de ses parents. Il serait basé sur deux personnes aimantes partageant le bonheur l'une avec l'autre.

# LE PROFITEUR

La cupidité transforme souvent une personne en quelque chose de très indésirable. Lorsque les hommes recherchent le profit aux dépens des autres, ils peuvent découvrir que la tragédie des autres peut les frapper en retour.

Le restaurant était plein d'opulence. Le chêne et le cuir se combinent pour donner l'impression d'un vieux palais. Les chaises se fondaient autour de leurs occupants lorsqu'ils attrapaient les couverts en argent massif. Les arômes emplissaient l'air et laissaient présager la richesse des plats proposés.

Le personnel est composé de serveurs qualifiés et compétents, élégamment vêtus comme s'ils sortaient d'un tableau du Paris des années 1920, et non d'une main-d'œuvre bon marché qui ressemble à des étudiants améliorant leurs revenus dans d'autres endroits, moins grandioses.

Le directeur du restaurant portait une écharpe noire traditionnelle qui lui arrivait aux aisselles et descendait jusqu'à ses chaussures brillantes. Il avait une petite moustache taillée et un sourire poli.

Les chefs étaient des experts formés à leur métier, capables de sentir une truffe dans un champ aussi bien qu'un cochon, et non des cuisiniers de fast-food capables de reproduire les recettes des livres de cuisine des célébrités. Les chefs avaient autant d'étoiles entre eux qu'un ciel nocturne en été.

L'homme riche est entré, vêtu d'un costume parfaitement taillé et très coûteux. Il s'est assis avec son agent de change pour entamer un grand déjeuner. Il aime les festins somptueux. Il voulait imiter Henri VIII. Nourriture, boisson, femmes et pouvoir, telle aurait dû être sa devise. Dans cet endroit, même le fait de jeter des os par-dessus l'épaule aurait été toléré ouvertement, mais mal vu dans la cuisine.

La corpulence de l'homme était bien cachée par sa veste qui s'ouvrit lorsqu'il commença à parler.

Écoutez, je ne suis pas du genre à gagner de l'argent sur les simples tragédies de la vie. Je chasse les catastrophes naturelles comme les tremblements de terre et les inondations, , les choses que les gens appellent des actes de Dieu. Si Dieu les provoque, il faut bien que quelqu'un nettoie, et c'est ce que je fais. Je nettoie Et c'est comme ça que je me fais beaucoup d'argent, mais pas beaucoup d'amis". Il rit bruyamment et essuie le filet qui s'échappe de sa bouche avec son mouchoir de soie.

Vous voyez, le désastre est toujours à double tranchant. Si quelqu'un perd, je m'assure de gagner. Les entreprises ne veulent pas payer d'indemnités, alors elles m'engagent pour repousser les demandes d'indemnisation. Je leur reviens un peu moins cher. Ensuite, il y a les contrats de reconstruction. Chaque fois qu'il y a une inondation ou un tremblement de terre, mon directeur de banque veut m'offrir un déjeuner. Le 11 septembre m'a permis d'acheter une île dans les Caraïbes. Le tsunami m'a permis d'y construire un manoir. D'autres catastrophes m'ont permis d'acheter un jet privé. On peut dire que l'argent afflue et que cela fait trembler le sol pour moi. Ma vie est parfaite quand elle est mauvaise pour les autres. '

Il a mis l'accent sur les mots "inondations" et "tremblement de terre" pour faire de ses paroles une tentative d'humour.

Il rit de ses propres plaisanteries tandis que l'agent de change hoche la tête pour cacher son embarras.

L'homme poursuit. Le réchauffement climatique est la plus grande opportunité que j'ai trouvée depuis de nombreuses années. Les maisons ont besoin de protections contre les inondations et d'air conditionné. Qu'en est-il de la possibilité de gagner plus d'argent ? Le tourisme de catastrophe doit être un bon marché pour les personnes qui donnent de l'argent aux fonds de catastrophe et qui veulent voir où leur argent a été dépensé ? Pourquoi ne pas créer des parcs à thème où les visiteurs payants peuvent vivre une calamité sans risque ? Des chambres de tremblements de terre, des ours polaires mourants dans des cages, des gens affamés qui supplient les visiteurs de leur donner un peu de pop-corn".

L'agent de change a regardé l'homme essuyer un peu plus de liquide de sa bouche avant d'entamer son troisième verre de Château Margaux pour arroser son steak de Chateaubriand, ses asperges fraîches et sa sauce aux truffes.

Il se tait alors que le gourmand s'apprête à entamer une nouvelle tirade de vantardises et de fanfaronnades tout en finissant son fromage.

La nourriture et les boissons ne manquent pas dans ce restaurant, Dieu merci ! Et tout est payé par la mort. D'ailleurs, pour la première fois, c'est moi qui paie l'addition". Il rit en tendant une grosse liasse de billets à un serveur qui se trouve à proximité.

Après avoir fait signe au serveur et à la monnaie de s'éloigner, l'homme s'est serré la poitrine, a grimacé et est tombé de sa chaise en cuir sur le sol, faisant tomber son verre en cristal de la table pour le briser en morceaux sur le sol en marbre.

Le tremblement de terre à l'intérieur de sa poitrine a empêché son cœur de battre, mais, curieusement, les trois personnes qui ont assisté à ses funérailles n'ont pas versé de larmes.

Son directeur de banque était triste, mais l'agent de change était soulagé que cette personne ait tout perdu à cause de sa propre catastrophe naturelle et que les devoirs de sa mort puissent aider à construire un monde meilleur pour ceux qui en ont besoin.

Je suppose qu'il a payé la note, après tout... Et oui, c'est la mort qui l'a payée". se dit-il.

# L'ADAPTATEUR DE POUFFES

Notre monde moderne est beaucoup plus sûr et nous devrions suivre l'exemple de l'histoire. Beaucoup de ces choses que nous craignons nous aident en mangeant les vraies menaces. Les lézards, les grenouilles et les araignées mangent les mouches et les moustiques. Les serpents mangent les rats et les souris. Dans nos peurs, nous devrions chercher la bonté dans les choses que nous semblons détester.

La femme a crié. Son fils regardait avec un enthousiasme déconcertant la vésicule boursouflée qui se glissait le long du corps.

Comme si elle évaluait le risque, elle fixait le jeune garçon. Sa langue entre et sort. Elle siffla et donna un coup hésitant, plus pour effrayer que pour tuer. Le garçon s'est enfui, suivi par sa mère qui devait calmer ses sanglots et sécher ses larmes.

À l'âge de deux ans, il ne faisait pas la différence entre une menace réelle et une créature fascinante qui n'avait pas de pattes.

Le désert de Namibie est un endroit hostile où vivent les hommes du bush du Kalahari. Ces hommes et ces femmes vivent dans un endroit où il y a peu de nourriture et peu de boisson. Au cours des milliers d'années qu'ils ont passées là, ils ont développé une relation avec la terre. Ils ne tuent pour manger qu'après avoir demandé la permission aux esprits.

Ce jeune garçon avait donc beaucoup à apprendre sur les animaux et les maigres ressources qui donnaient vie à sa famille.

Le poufsouffle vivait sur leur territoire. Il avait le droit d'y être, mais il devait chasser pour se nourrir des maigres ressources. Le venin contenu dans ses crocs doit être puissant, car il n'y a pas de seconde chance. Ce poison précieux est gardé en réserve et constitue un dernier recours pour se défendre, ce qui a permis de sauver la vie du jeune garçon. En revanche, en tant qu'arme de première frappe, il était parfait. Les rats dont il se nourrit sont rapides et doivent être stoppés dans leur élan.

Lorsque le jeune garçon était au début de son adolescence, son père et d'autres hommes l'ont emmené chasser à l'adresse . Il avait déjà chassé avec eux auparavant, mais il n'avait pas pu le faire. Il avait déjà chassé avec eux, mais cette fois-ci, il vit sa deuxième vipère. Le serpent a vu les hommes et les a regardés s'approcher. Il a préparé sa défense contre la menace.

Le jeune homme l'a vu et a commencé à paniquer. Les hommes qui l'accompagnent rient. Ils expliquèrent que l'adipeuse, lorsqu'elle était manipulée avec respect, faisait un bon dîner. Ils s'approchèrent de l'animal, le distrayèrent et, d'un coup de lance fatal, le décapitèrent. Des prières furent adressées à l'esprit du serpent et on lui souhaita bonne chance dans sa nouvelle vie

Une fois que le corps a cessé de se tordre, on le ramasse, on le porte en bandoulière et on le transporte jusqu'à l'heure du repas.

C'était bon. Assis autour du feu, les hommes se racontaient des histoires. Ils expliquèrent que les choses peuvent être une menace pour un enfant et que la peur qu'elles provoquent vivra en lui pour toujours. Cependant, si l'on y prend garde, la source de cette peur peut être transformée en une ressource vitale. La faim de ces hommes a été satisfaite par le serpent.

Le respect et la prudence étaient essentiels pour l'attraper, mais la peur aurait été dangereuse car l'hésitation ou les mouvements brusques auraient provoqué des représailles.

Les peurs sont nécessaires pour se protéger, mais ces hommes sages savaient que la peur devait avoir des limites. Si aucun changement n'intervient, la souffrance s'ensuivra. Le changement peut avoir lieu lorsque l'enfant devient assez grand pour être capable de voir à travers sa couverture de sécurité naturelle.

Cette histoire fait référence à des choses comme les araignées, qui sont normalement inoffensives mais qui peuvent susciter la peur. Cela vient de notre enfance et remonte probablement à notre câblage humain issu de notre héritage primitif, lorsqu'elles étaient plus menaçantes. Ces peurs sont connues sous le nom de phobies ataviques et peuvent s'appliquer à des choses qui étaient potentiellement dangereuses dans notre histoire, comme les serpents, les lézards, les grenouilles, les araignées, pour n'en citer que quelques-unes.

# LA QUEUE AU BUREAU DE POSTE

Un peu de patience permet de gagner du temps lorsqu'on s'énerve et qu'on part en trombe, puis qu'on revient plus tard lorsqu'il n'y a plus de file d'attente.

L'homme se tenait derrière quatre autres personnes dans une file d'attente au bureau de poste du village. Il est 11 heures du matin. Une vieille dame était en train de payer ses factures et prenait beaucoup de temps pour le faire. L'homme s'impatiente. Après ce qui lui a semblé être une éternité, la vieille dame a terminé. Elle rangea lentement ses papiers dans son sac et partit. Il est maintenant 11 h 05.

L'homme poussa un soupir de soulagement qui se transforma en un juron chuchoté lorsqu'un vieil homme sortit une pile de papiers et la posa sur le comptoir.

Il prit un long moment pour encaisser sa pension, puis il commença à payer ses factures une à une.

Notre homme marmonnait et jurait sous son souffle devant ce vol de son temps. Finalement, le vieil homme a plié bagage et est parti. Il est alors 11 h 09.

L'histoire se répète. Cette fois-ci, une autre vieille dame a empilé des lettres et des colis sur le comptoir. L'homme n'a pas pu se retenir et a blasphémé contre la vieille dame. "Pourquoi les personnes âgées ont-elles besoin de tant de temps, de mon temps, pour régler des choses aussi simples ?

Il se mit à tourner les talons et sortit en trombe. Les autres personnes présentes dans le bureau de poste ont d'abord été choquées, puis elles se sont mises à rire.
L'homme impatient a marché sans but pendant vingt minutes et est retourné au bureau de poste. Cette fois, il n'y avait pas de file d'attente.

Il achète des timbres et se réjouit de ne pas avoir eu à attendre. Se félicitant du temps gagné, il quitte le guichet à 11h32, vingt minutes après que le quatrième et dernier membre de la file d'attente soit parti après avoir acheté un timbre.

Il s'est plaint au receveur des postes de l'égoïsme des personnes âgées, puis il est rentré chez lui pour raconter à sa femme à quel point il avait été judicieux de quitter la file d'attente ( ) et combien de temps il avait ainsi gagné.

Malheureusement, il n'a jamais été assez âgé pour toucher sa pension et payer ses propres factures. Son hypertension artérielle a fini par avoir raison de lui.

# L'HISTOIRE DE LA RIVIÈRE

est une histoire de remords.

Il était une fois une grande rivière qui avait donné vie, subsistance et nourriture aux terres qui la bordaient. Elle l'avait fait pendant de nombreuses années, mais un jour, les esprits de la rivière se sont mis en colère parce que les terres ne semblaient jamais remercier l'eau pour ce qu'elle faisait.

La rivière pleura tant de larmes qu'elle déborda, sortit de son lit et les plantes se noyèrent. La rivière a eu des remords et les eaux se sont calmées. Les plantes repoussèrent et tout redevint normal.

Puis cela se reproduisit et la rivière s'excusa à nouveau. Lorsque les plantes ont repoussé, elles craignaient que cela ne se reproduise encore et encore. C'est ce qui s'est passé, mais moins souvent. Néanmoins, cela incita les plantes à jeter leurs graines ailleurs pour être plus en sécurité, à l'abri de la rivière imprévisible.

La plupart du temps, le flux était comme le courant de l'amour, mais lorsque la rivière engloutissait la terre, elle était comme une colère, incontrôlée et destructrice. Il intimidait la terre.

Un jour, les Esprits firent rouler des rochers depuis les montagnes. Ces pierres bloquèrent certains affluents et détournèrent les pluies d'orage. La rivière ne pouvait plus être inondée, mais la plupart des plantes s'étaient déplacées.

Au bout d'un certain temps, elles réapprirent à espérer et commencèrent à repousser plus près de la rivière, mais elles ne purent plus jamais faire entièrement confiance.

# LA RACINE DU MAL ?

Cette histoire ne se veut pas blasphématoire ; elle vise à montrer ce qu'il est advenu de la foi. Comme le dit la Bible, "l'amour de l'argent est la racine de tous les maux ; en le convoitant, quelques-uns se sont éloignés de la foi et se sont transpercés eux-mêmes de beaucoup de douleurs". Nous devrions regarder notre Dieu avec respect, mais la religion organisée avec un soupçon de cynisme, peut-être.

L'organisation des religions dans le but de contrôler les corps, les esprits et l'argent se manifeste parfois sous des formes évidentes. Nous nous inquiétons tous des sectes lorsqu'elles font la une de l'actualité. Jonestown et Waco en sont deux exemples. Cependant, nous semblons fermer les yeux sur les églises plus établies qui permettent à des choses hideuses de se produire. La maltraitance des enfants est un exemple où la loi devrait s'appliquer sans pitié, mais le tapis sous lequel de telles choses sont balayées semble être très épais. Les églises sont riches. Pourquoi sont-elles si lentes à aider les mourants de ce monde ?

\*\*\*

Les vacances sont censées nous détendre. Mes vacances à Venise avec ma femme Miriam ont soulevé des questions qui étaient tout sauf relaxantes.

Heureusement, je ne portais pas de short lorsque nous sommes entrés dans la cathédrale Saint-Marc. Mon pantalon pleine longueur couvrait mes jambes moins longues. En revanche, Miriam a dû se couvrir les épaules par respect pour quelque chose qui n'a pas été expliqué.

J'ai trouvé étrange que nous devions nous couvrir pour voir des peintures et des statues de Jésus et de Marie dans différents états de déshabillement. Il y avait des tableaux où Jésus ne portait rien de plus qu'un pagne et où Marie se découvrait les seins. Je n'arrivais pas à comprendre l'incongruité. Il s'agissait d'une démonstration de pouvoir des saints hommes sur les gens ordinaires.

Peut-être les hommes sont-ils devenus jaloux de la puissance créatrice de Dieu et veulent-ils détruire son chef-d'œuvre.

C'est ce créateur qui a permis aux hommes de prendre les rênes en nous donnant le langage, la pensée consciente, des pouces opposés et des esprits contradictoires.

Il a donné aux singes humains les clés du palais et nous avons arraché à la planète les objets brillants de beauté, comme le font encore les singes avec les voitures dans les parcs safari.
Les oreilles de ma femme sont devenues le réceptacle de ma bile.

"Les hommes voulaient, et veulent toujours, le pouvoir et ils ont usurpé l'essence de ce créateur en inventant un Dieu humain qui gouverne la planète avec colère et douleur sous la supervision des églises. Les cultures spirituelles d'il y a cinquante mille ans, qui impliquaient des médecins et des guérisseurs, ont été transformées en une superstition de châtiment corporel éternel. Faites ce que je dis, ou plutôt ce que mon Dieu dit, ou vous serez punis.

Ne me blâmez pas. Je suis le messager, l'intermédiaire. Mais faites ce que je dis. Payez votre dû. Traitez-moi comme un substitut de l'Esprit de Vie. Prosternez-vous devant moi. Les arbitres étaient les marchands d'espoir. En échange de nourriture, d'argent et de pouvoir, ils pouvaient intervenir pour garantir une place au paradis.

Ils constituaient une équipe de vente composée de prêtres et de missionnaires dont le travail consistait à obtenir davantage de clients en les vendant durement. S'ils ne parvenaient pas à mettre un pied dans la porte, ils l'enfonçaient avec force. Au fur et à mesure que les ventes augmentaient, ils nommaient des chefs d'équipe qui, à leur tour, devenaient des directeurs régionaux sous l'autorité des directeurs confessionnels qui rendaient compte au PDG.

Le vrai Dieu a regardé l'histoire se dérouler.

Le Dieu inventé, le président invisible, était présenté comme l'être suprême qui définissait la politique et prenait des mesures disciplinaires à l'encontre des non-croyants, mais dont l'autorité était détournée.

Même le fils du patron a été intégré dans l'histoire de l'entreprise.

Jésus, l'ambassadeur de la paix, a été tué et son nom a été utilisé pour entreprendre certaines des guerres les plus brutales de tous les temps. Il a contrarié certains directeurs et a été traité brutalement pour avoir tenté d'apporter de l'amour et de la compassion aux clients. Après qu'il ait été cruellement éliminé en étant cloué sur une croix, la concurrence a été férocement combattue et éradiquée en son nom.

Les sorcières et les critiques ont été brûlées sur le bûcher. Les guerres d'acquisition étaient menées au nom de l'entreprise, la promesse d'une vie après la mort étant la prime à l'assassinat, le blanchisseur dans les savonnettes. Même l'Église protestante d'Angleterre a fait l'objet d'une tentative de rachat par un roi adultère et meurtrier qui a abouti à la création d'un concurrent. Des marques génériques ont été créées".

Je suis sorti de mon introspection et je me suis adressé à Miriam d'une manière telle que j'ai été heureux de constater que la plupart des personnes à portée de voix n'étaient pas de langue maternelle anglaise.
"Pensez-vous que si Jésus revenait aujourd'hui, il serait chrétien ? Je ne crois pas. Il a chassé les marchands d'argent des temples. Il ne les a pas employés pour collecter des fonds afin d'étendre un dogme en vendant des vues d'œuvres d'art. Si nous possédions un chef-d'œuvre, ferions-nous payer nos amis pour le voir ? L'argent n'est pas destiné à la sécurité, Dieu protège l'église. D'ailleurs, pourquoi les églises ont-elles des paratonnerres sur leurs flèches ?"

Je regarde Miriam.

Elle m'a regardé comme si j'étais devenu fou.

"Et tout ça parce qu'ils voulaient te faire payer cinquante centimes pour une carte postale dans une église ? Vous allez pourrir en enfer, j'imagine"

Miriam voulait dire son dernier mot sur le sujet, mais j'ai continué.
"Je pense que Jésus était un grand esprit sous forme humaine qui voulait que les hommes reconnaissent Dieu l'Esprit. Pourtant, la cupidité et la soif du pouvoir ultime, la capacité de tuer ses semblables et d'autres créatures pour le gain ou le plaisir, ont pris de l'ampleur. Les guerres saintes, les croisades, en faisaient partie. Ces guerres se poursuivent encore aujourd'hui. Il est plus facile de susciter la haine d'une religion que d'admettre que l'Occident veut exploiter les ressources d'autres pays. Les conflits sont peut-être une tactique du Créateur pour limiter la combustion du pétrole afin de ralentir le réchauffement de la planète et le viol de notre mère la Terre ( ). Pendant que les habitants de la Floride s'inquiètent de l'état du monde, ils restent au frais en brûlant du pétrole pour alimenter leurs climatiseurs. Qui s'en soucie encore ?

"Pour l'amour du Christ, ferme-la, Geoffrey. Tu as l'air d'un imbécile bavard. Non seulement tu parles comme un imbécile, mais je crois que tu m'as convaincue que tu en es un".

Miriam a enfin le dernier mot.

# L'HISTOIRE DU SAUMON

Le choix entre le risque et la sécurité dans notre quête d'épanouissement.

Il était temps de suivre le courant. Le jeune saumon était devenu assez grand pour quitter le bassin stable du ruisseau et se laisser porter par le courant jusqu'à son destin.
La sécurité de son lieu de naissance était confortable. Il connaissait chaque roseau et chaque caillou qui rendaient cette partie de la rivière si familière. Il avait un grand nombre de frères et sœurs, de cousins et d'amis, bien que certains aient disparu bien avant l'heure. On avait dit au jeune poisson qu'ils avaient été mangés par des oiseaux et d'autres poissons, et il se méfiait donc de toute créature qui n'était pas un saumon. Mais aujourd'hui, l'envie de partir est devenue très forte et il s'est engagé dans le courant, et au lieu de se nourrir et de retourner dans son bassin habituel, il a continué à descendre, rejoignant dans ce voyage beaucoup de ses amis et de ses relations.
Ils se sont surnommés "le banc de poissons". Ils n'étaient pas seulement des groupes d'individus, ils se considéraient comme un seul grand poisson.
Au fur et à mesure de leur voyage, ils ont constaté que leur taux de croissance augmentait. Lorsqu'ils approchèrent de la fin du fleuve, ils étaient devenus de beaux poissons, beaucoup plus grands, mais leur nombre avait chuté de façon spectaculaire en cours de route.
Lorsqu'ils sont arrivés dans la mer, la sensation de passer d'une créature d'eau douce à une créature d'eau de mer était étrange, car leur corps se modifiait pour s'adapter au nouvel environnement. Mais ils avaient l'impression d'être passés de l'enfance à la maturité à ce moment-là. Ils se sentaient maintenant assez vieux pour avoir de la sagesse.
Dans la mer, le choix de nourriture est encore plus grand, mais la variété des prédateurs est aussi beaucoup plus grande, si bien que beaucoup plus de poissons du "Grand banc" sont perdus.
En nageant vers des eaux plus profondes, les poissons restants ont rencontré des saumons plus âgés qui étaient prêts à leur donner des conseils sur les meilleures parties des océans du monde. Ils voulaient leur dire quelles étaient les meilleures zones d'alimentation et les eaux plus

sûres où il y avait moins de chasseurs.

Certains ont écouté et suivi les conseils qui leur ont été donnés. D'autres les ont écoutés et les ont ignorés. D'autres enfin n'ont pas écouté et sont partis à la recherche de leurs propres aventures. C'est ainsi que le "Big Shoal" s'est transformé en trois petits groupes de taille relativement égale. Le poisson de notre histoire est l'un de ceux qui ont suivi le conseil du saumon le plus âgé et qui ont nagé pendant des kilomètres et des kilomètres dans les vastes étendues des océans du monde. Il a exploré le monde et a vécu tant de choses. Il s'est servi de l'expérience des autres pour éviter les dangers les plus mortels, mais il a aussi appris ce qui était sûr et ce qui était dangereux grâce à ses propres expériences. Il s'est rendu là où se trouvaient les meilleures aires d'alimentation et a apprécié la compagnie de ses derniers compagnons.

Au cours de ses voyages, il rencontrait parfois des saumons plus jeunes au début de leur aventure. Se souvenant des bons conseils qu'on lui avait donnés, il transmettait son savoir et observait comment les grands bancs se divisaient par la suite.

Après un certain nombre d'années passées dans les océans, les saumons survivants ont entendu la voix de leurs ancêtres qui les appelaient à rentrer chez eux pour former la génération suivante. Ils se mirent à nager vers la maison comme s'ils étaient portés par un courant aussi fort que celui de la rivière dans laquelle ils avaient commencé leur propre vie.

Après tout ce temps, il restait encore beaucoup de membres du groupe d'origine, mais ils étaient de moins en moins nombreux lorsqu'ils atteignirent l'embouchure de la rivière. Les prédateurs étaient conscients du retour des saumons à cette époque de l'année et attendaient leur butin. Nageant dans l'eau saumâtre alors que leur corps se transforme pour s'adapter à l'eau douce de la rivière, ils se souviennent de leur séjour en mer et des bons moments qu'ils ont vécus. Mais ils se souviennent aussi des moments où ils ont été attristés par la perte d'un membre du groupe. C'est alors que sont arrivés plusieurs saumons du "Shoal of Many Parts", dont certains avaient l'air fatigués et blessés. Il s'agissait des restes du groupe qui avait écouté les conseils des poissons plus âgés, mais avait choisi de les ignorer à l'époque. Ils ont expliqué que leur nombre avait été décimé par les prédateurs qui les entouraient et brisaient ensuite le banc, éliminant les poissons qui devenaient vulnérables. Les poissons ont décidé de se rappeler le conseil qui leur avait été donné et de l'appliquer à l'adresse . Lorsqu'ils arrivèrent dans des eaux plus sûres, ils étaient beaucoup moins nombreux, mais ils avaient l'impression d'avoir profité d'une vie marine beaucoup plus riche que le premier groupe. Lorsqu'ils ont entendu la voix du souvenir et qu'ils ont fait le voyage jusqu'à l'embouchure de la rivière, ils n'étaient plus que la moitié du premier groupe, mais ils avaient le sentiment d'avoir eu une vie plus satisfaisante. Puis les quelques saumons restants du troisième banc, ceux qui avaient ignoré les conseils, sont arrivés en se vantant des aventures qu'ils avaient vécues. Beaucoup d'entre eux avaient été mangés, mais les survivants avaient vu des parties de l'océan que les autres n'avaient pas vues. Ils étaient les poissons qui se vantaient de leur force et de leur accomplissement.

L'énorme bataille contre le courant de la rivière a commencé peu après ces retrouvailles et de nombreux saumons se sont perdus entre la mer et le bassin dont ils se souvenaient depuis leur plus jeune âge. Utilisant la force et les muscles qu'ils avaient développés en mer, ils luttaient contre le courant et les barrières des chutes d'eau qu'ils rencontraient. Avec un peu de chance, ils évitaient les gros animaux à fourrure qui les attendaient s'ils s'approchaient trop près des berges pour trouver des écoulements moins forts.

Mais un bon nombre d'entre eux ont atteint les frayères, épuisés mais satisfaits d'avoir bouclé la boucle de la petite enfance jusqu'à une fin naturelle.

Certains étaient riches d'expériences, d'autres en avaient rencontré plus que d'autres, mais en fin de compte, en tant que survivants, ils fourniraient tous le prochain stock d'aventuriers. Une fois cette étape franchie, ils savaient que ce petit reste du groupe initial nagerait jusqu'au Grand Océan pour s'unir au "Shoal of Many Parts", quelle qu'en soit la forme.

Là, ils pourraient discuter des mérites de la prise de risque au prix du danger, ou de l'adoption d'options plus sûres et de la perte de chances. Quoi qu'il arrive, c'est là qu'ils seront en paix.

# LA BERLINE ET LE MODÈLE SPORTIF

Il est important d'être ce que l'on est. Faire semblant d'être ce que l'on n'est pas conduit à des problèmes. Comme l'ont déjà dit des personnes avisées, un bon menteur a besoin d'une bonne mémoire.

Esse quam videre.
(Il vaut mieux être que sembler être).

Joseph avait une famille, une maison et une voiture.

La voiture était une berline stable, sûre et fiable qui offrait la sécurité à sa famille, mais il la trouvait ennuyeuse.

"Dans peu de temps, je conduirai avec un chapeau et une pipe en portant mes pantoufles". disait-il à sa femme d'un ton sarcastique.

Il avait un bon travail, mais pas assez pour s'offrir deux voitures. Il voulait, il rêvait d'un modèle plus rapide qui impressionnerait plutôt que d'être méprisé.

Secrètement, il économisait. Il gardait l'argent qu'il aurait dû utiliser pour les réparations de la maison, les uniformes scolaires et l'entretien général de sa maison et de sa famille.

Un jour, il a décidé qu'il avait suffisamment économisé pour s'acheter une voiture de sport.

Elle avait deux petits sièges et un gros moteur. Elle était rouge et faisait un bruit de ronronnement aux feux rouges et le rugissement d'un lion lorsqu'elle démarrait.
La voiture de Sandra est tombée en panne sur le bord de la route.

Joseph, qui circulait un samedi après-midi, a vu cette dame en détresse et s'est arrêté.

"Il lui demande : "Avez-vous besoin d'aide ?

"Oui, je vous en prie. La voiture s'est arrêtée et je n'arrive pas à la faire redémarrer".
Joseph regarde le moteur, secoue la tête et dit qu'il ne sera pas facile de le réparer. Il avait déjà vu la cause du problème être réparée rapidement, mais il voulait donner un coup de main à cette jolie dame.

"Pourriez-vous me déposer chez moi, s'il vous plaît ? Il faut que je retourne voir ma sœur."

Il accepta avant même de savoir où elle habitait. Elle monta dans la voiture tandis qu'il lui tenait la portière ouverte et admira ses longues jambes.

En lui demandant son chemin, il n'a pas été dérangé par le fait qu'elle habitait à 80 km de là.

Il a démarré le moteur. Celui-ci ronronna aussi doucement que lui. Il mit le moteur en marche et démarra à toute allure. Ils ont bavardé pendant qu'il conduisait. Elle lui posait des questions et il lui répondait en mentant.

Il était un gros bonnet dans une entreprise, passait beaucoup de temps à l'étranger, possédait une villa en Floride et était célibataire, bien sûr.

Il l'a déposée. Elle lui a dit qu'elle appellerait une société de récupération pour récupérer sa voiture. Ils ont échangé leurs numéros de téléphone et il était sûr que la description qu'il avait faite de lui en tant qu'entrepreneur prospère l'avait séduite.

Elle lui a dit qu'elle était mannequin.

De retour chez lui, il a expliqué à sa femme que la voiture "bon marché" qu'il avait achetée pour une somme modique faisait des siennes et qu'il était tombé en panne.

Sa femme a ri de son histoire, ne sachant pas ce qu'il en était.

Il rencontrait Sandra de plus en plus souvent. Elle aimait son style et sa voiture.

Il s'inquiète du fait que sa carte de crédit soit de plus en plus sollicitée chaque mois. Ils étaient désormais amants et il devait faire en sorte qu'elle continue à croire qu'il était un homme viril.

Ils devaient se retrouver dans des hôtels pour faire l'amour, car son appartement-terrasse était en cours de rénovation et la maison de Sandra était utilisée par sa sœur, qui avait obtenu un emploi l'obligeant à vivre loin de chez elle.

Le mari de Sandra était aussi méfiant à l'égard de ses sorties que la femme de Joseph à l'égard des siennes.

Ils ne se connaissaient pas mais se sont rencontrés sur le parking de l'hôtel le jour où ils avaient tous deux suivi leurs épouses respectives.

Ils regardent Sandra et Joseph entrer dans le hall de l'hôtel, main dans la main. Ils sont sortis tous les deux de leur voiture et ont gesticulé. Ils se sont regardés et, après une courte pause, ont ri.

"Tu veux dire que tu le connais ? demande le mari de Sandra à la femme de Joseph.

"Le connaître ? Je suis mariée à ce porc tricheur. Sais-tu qui est la tarte ?"

"La tarte, c'est ma femme", répondit-il.

Après cela, ils commencèrent à entretenir une relation basée sur leurs expériences communes.

Lorsque Joseph s'est retrouvé à court d'argent et qu'il n'a pu payer l'assurance et l'essence de sa voiture, Sandra l'a quitté. Le même jour, le mari de Sandra l'a quittée et la femme de Joseph l'a quitté.

Le couple lésé a été redressé car il s'est uni de façon permanente et heureuse. Ils avaient tous deux trouvé quelque chose de stable, de sûr et de fiable plutôt que quelque chose de rapide, de dangereux et d'indigne de confiance.

Sandra et Joseph ne se sont jamais revus. Tout ce qu'ils ont trouvé, ce sont des barrages routiers sur leurs voies rapides

# LA SAUCISSE ET LA GLACE

Quoi que la vie nous apporte, nous devons savourer chaque moment, qu'il soit amer ou doux.

Les saucisses sont merveilleuses si vous les aimez. Grillées sur le gril ou directement dans la poêle à frire, elles sont succulentes et juteuses. Trop de saucisses peuvent boucher les artères, surtout si elles contiennent trop de graisses. L'odeur nous donne faim et nous voulons les manger le plus vite possible.

Or, les saucisses devraient être un plaisir rare et, lorsque nous les mangeons, nous devrions laisser leur chaleur nous ralentir afin de pouvoir apprécier chaque bouchée, chaque titillement de nos papilles gustatives.

La crème glacée, quant à elle, est à l'opposé. Elle sort du congélateur et est donc froide. Nous devons la manger lentement, mais assez rapidement pour qu'elle ne soit pas de la bouillie fondue au moment où nous arrivons à la dernière bouchée.

Il en va de même pour les expériences. Nous devrions profiter de chaque instant de chaque événement de notre vie. Nous devons adapter le rythme auquel nous consommons nos événements quotidiens, qu'ils soient chauds ou froids. Trop, ou trop, peut être mauvais pour nous. Nous avons besoin de variations. Une sensation suivie d'une autre.

Mais le timing est important. Des saucisses mangées trop rapidement nous brûlent. Une glace mangée trop vite nous gèle la langue.

La vie et ses expériences, les rencontres avec le destin, doivent être vécues au bon rythme. Nous pouvons avoir faim de changement, nous pouvons être trop avides des mêmes vieilles choses, mais nous devrions apprécier les différences. La solitude tranquille est agréable lorsqu'elle est suivie d'une agitation.

Un comportement frénétique est merveilleux lorsque nous avons le temps de réfléchir à ce que nous avons fait.

Le sucré et le salé, le chaud et le froid, l'épicé et le fade. Tout cela relève de notre sens du goût.
Nous devrions nous efforcer d'obtenir les mêmes contrepoints dans notre vie pour un maximum de plaisir.

# L'HISTOIRE DU BOUC ÉMISSAIRE

L'histoire du bouc émissaire met en évidence le besoin inutile de rejeter la faute sur les autres.

Il y a bien longtemps, les boucs émissaires étaient des animaux grands et câlins. Ils avaient le dos large et la peau épaisse. Ils avaient été spécialement élevés pour partager les problèmes des gens, ce qu'ils faisaient avec beaucoup de plaisir.
Cependant, au fil du temps, ils ont été chargés d'endosser la responsabilité et le blâme pour tous les échecs qui se manifestent dans la vie d'une personne. Chaque famille en avait un et, très souvent, différentes personnes utilisaient le même quand elles en avaient envie.
Un jour, le Grand Créateur s'est fâché contre les mauvais traitements infligés à ces nobles créatures et a décidé de leur rendre leur liberté. Il fut décidé de les réaffecter à une vie beaucoup plus heureuse et un plan fut élaboré.
Soudain, une maladie se répandit parmi les espèces qui, tout en donnant des signes extérieurs de douleur et de terreur, leur procurait en réalité un grand plaisir en se transformant dans leurs nouvelles structures.
Ce que l'humanité voyait comme leur extinction était en fait le moment de liberté où les boucs émissaires ont été recréés sous forme d'albatros où les brises les soutiendraient sans effort tandis qu'ils exploraient les joies de la vie, plutôt que sa misère.
Naturellement, la majeure partie de l'humanité a décidé que cette épidémie devait être, après tout, la faute du bouc émissaire, et qu'il devait donc avoir mérité son sort. Mais le besoin de faire porter le chapeau à d'autres demeurait, et ces personnes bienveillantes, qui avaient de la sympathie pour les créatures disparues, devinrent tout naturellement leurs substituts. Même s'ils n'avaient rien de différent à la naissance, toute faiblesse montrée leur permettait d'être façonnés et développés beaucoup plus facilement par les égoïstes que les années d'élevage qui auraient été nécessaires pour développer une nouvelle créature comme les boucs émissaires d'origine.
Les choses ou les personnes à blâmer étaient considérées comme essentielles à une vie heureuse. Par exemple, si la chasse était mauvaise, les hommes avaient quelqu'un à réprimander. Si une femme estimait que

son mariage ne fonctionnait pas, elle pouvait réprimander son bouc émissaire humain.

Les gens pouvaient inventer toutes sortes d'histoires sur les raisons de leur misère et les attribuer à une personne. Après avoir transféré la responsabilité, ils se sentaient toujours beaucoup mieux.

Cependant, les remplaçants des boucs émissaires n'ont pas été élevés pour ce travail. Leur dos n'était souvent pas assez large, ni leur peau assez épaisse pour supporter la charge. Contrairement aux grandes créatures qui les avaient précédés, ils s'effondraient et souffraient de la misère qu'on leur infligeait sans aide. Les blâmeurs supposaient que leur état misérable était de toute façon dû à leur propre échec, et ne leur témoignaient donc aucune sympathie.

Le Grand Créateur a été déçu par cet état de fait et a longuement réfléchi à la solution à apporter. Elle devait être différente du "fléau de la joie" qui avait libéré les premiers boucs émissaires.

Il n'était pas possible d'immuniser des éléments spécifiques d'une société, et il n'était pas possible de décharger les responsables de leur manque de responsabilité pour leurs propres actions. Il s'agit d'une condition auto-infligée qui résulte d'un manque d'attention et d'une abondance d'égoïsme.

Cette fois-ci, un plan en deux phases a donc été mis en œuvre. Un "fléau de la séparation" a été répandu, selon lequel les gens ne peuvent être qu'avec des personnes qui leur ressemblent.

Ainsi, les blâmeurs masculins se réunissaient pour se plaindre de la mauvaise qualité de leur vie à cause des femmes qui les entouraient. Les Blamers féminins, bien sûr, condamnaient les hommes. Et ainsi de suite.

Mais après la séparation des deux types, les boucs émissaires humains n'avaient plus personne à qui reprocher quoi que ce soit, et ils ont commencé à se sentir indésirables.

C'est ainsi qu'au bout d'un certain temps, lorsque les boucs émissaires humains sont tous partis pour être ensemble, les blâmeurs n'avaient plus personne à blâmer pour ce qui n'allait pas dans leur vie et ils ont dû commencer à se blâmer les uns les autres.

Mais comme les Blamers se croyaient parfaits, des guerres ont éclaté. Beaucoup de gens ont été détruits et la population a diminué. Voyant cette dévastation, ils n'eurent d'autre choix que de s'attribuer la responsabilité de tout ce chaos dans le monde, car personne d'autre ne l'accepterait, et il leur fallait bien blâmer quelqu'un.

Pendant ce temps, les boucs émissaires humains, innocents de l'effusion de sang, commencèrent à accuser les responsables de la terrible désolation qui régnait désormais sur la Terre.

Comme prévu, après un certain nombre d'années, l'équilibre entre l'auto-responsabilisation et le besoin de blâmer ceux qui étaient vraiment en faute a été atteint dans les deux sociétés. Tous les peuples ont pu se retrouver.

Les gens ont appris à accepter la responsabilité de leurs propres erreurs et à travailler pour s'améliorer. Les blâmeurs ont appris à cesser de blâmer les autres pour les erreurs qu'ils avaient eux-mêmes commises. Et les boucs émissaires ont appris à rejeter toute désapprobation s'ils n'ont pas commis d'erreur.

Enfin, tout le monde était capable d'offrir des conseils constructifs si on le lui demandait, et tous ont appris à ne pas critiquer inutilement les autres.

Mais tandis que les albatros vivaient en paix, les humains ont commencé à revenir à leurs vieilles habitudes.

Et qui peut être blâmé pour cela ?

# LE CHIEN DE MOUTON

Faire partie de la foule, suivre comme les moutons dans nos champs ne nous mène qu'à l'abattoir de nos aspirations pour la vie. Comme Jackson, soyez un esprit libre et rassemblez les causes de vos soucis dans un endroit d'où ils ne peuvent s'échapper.

Le berger était nerveux, il était anxieux. Il s'inquiétait du coût de la nourriture pour ses moutons ; il s'inquiétait de la valeur marchande de la viande. Il s'inquiétait de payer ses impôts. Bref, il s'inquiétait de beaucoup de choses, de presque tout.

Il avait un chien de berger appelé Jackson. Ce chien était tout pour lui. C'était un animal de compagnie quand il avait besoin de compagnie, un outil avec les moutons dans les champs et un bien précieux lors des concours de chiens de berger. Jackson était l'amour de la vie de cet homme. Le berger rêvait qu'ils couraient tous les deux dans les champs, qu'ils attrapaient des balles, qu'ils jouaient dans les vagues de l'océan et qu'ils effrayaient les voleurs.

Une nuit, le berger fit un rêve différent. Jackson et lui étaient entourés de méchants moutons dans une gigantesque prairie.

Ces moutons étaient différents. Ils avaient des cornes acérées, des dents de crocodiles, des griffes d'aigles. C'étaient de méchants prédateurs.

Dans son rêve, le berger et Jackson étaient chargés de les rassembler et de les enfermer dans des enclos. Le berger était effrayé et si quelqu'un avait été témoin de ce rêve, il l'aurait entendu crier dans son sommeil. Jackson, allongé près du lit de son maître, est alarmé.
Ces moutons monstrueux se sont transformés dans le rêve.

L'un d'eux devint un énorme dragon vorace qui déversa du feu sur les petites piles de billets de banque qui représentaient les maigres économies du berger. Les cendres s'envolent dans la brise. Un autre mouton est devenu une maladie qui tue les moutons ordinaires. Un autre sautait lourdement de sorte que le sol se fissurait comme s'il y avait un tremblement de terre. Sa ferme a disparu dans le sol.

À chaque nouvelle transformation, la menace et la malveillance augmentaient. Le berger savait qu'il rêvait, qu'il faisait un cauchemar, mais il n'arrivait pas à retrouver la sécurité de l'éveil. Il était pris au piège avec ses ennemis dans un pays sur lequel il n'avait aucun contrôle.

Jackson se mit à l'œuvre. Avec habileté, il poursuivit les monstres, il les rassembla, puis, leur brisant les chevilles au-dessus des griffes, il les rassembla dans les enclos. Une fois là, ils semblaient redevenir des moutons normaux et dociles. Aucune menace, aucune méchanceté.

Pourtant, ils étaient nombreux et cela semblait durer des heures. Le berger aidait Jackson en agitant son bâton et en criant sur les brutes.

Enfin, ils furent tous maîtrisés. Ils furent tous placés dans les enclos où ils devinrent ce qu'ils devaient être.

C'est alors qu'un bélier s'élança dans le champ. Il courut vers le berger, la tête baissée, prêt à donner un coup de crosse qui mettrait fin à la vie du berger. Le temps ralentit pour le berger et il vit que tous les moutons représentaient ses angoisses et ses soucis. S'il rassemblait ces peurs, s'il les contrôlait, il retrouverait sa vie. Il commencerait à gagner.

Dans ce rêve, il a vu qu'il devait prendre le contrôle de ses angoisses et de ses peurs. Il devait les empêcher de l'inquiéter, de nuire à sa qualité de vie. Dans les quelques instants qui précédaient le moment où il serait jeté en l'air comme une poupée de chiffon, il souhaitait avoir une autre chance de prendre sa vie en main.

Le bélier se rapprochait, son apparente léthargie au ralenti ne masquait pas la masse et la férocité de la créature. Il y avait là l'apparence du plus grand malaise que l'on puisse ressentir. Le berger en eut des sueurs froides. Son rythme cardiaque atteignit un niveau record, sa respiration fut rapide. Le nom du bélier était Panique. Le berger est attaqué.

Lorsque la grosse tête du bélier s'écrasa sur le front du berger, le mouvement lent lui donna l'impression d'une douce caresse. Il ouvrit les yeux pour voir Jackson lui lécher doucement le visage.

Le rêve, le cauchemar, avait pris fin, mais sa nouvelle vie et ses espoirs, comme le mouton, s'étaient transformés. Mais ce changement était bienveillant plutôt que maléfique.

Il sortit du lit. Les côtelettes d'agneau grésillaient sur la cuisinière. Jackson et lui prirent le meilleur petit-déjeuner de tous les temps en ce nouveau matin d'une nouvelle vie.

"Nous allons manger de la panique poêlée pour le petit-déjeuner, Jackson. Tu verras comme il aime qu'on le remette à sa place".

Le berger avait découvert dans son rêve que lorsque les angoisses sont triées, contrôlées et enfermées, elles deviennent passives. Ce n'est que lorsqu'elles courent et menacent qu'elles deviennent dangereuses.

La solution consistait à se prendre en main. Lorsqu'il était contrôlé par tout ce qui était extérieur à lui, il n'était rien de plus qu'une marionnette dansant sur un air qu'il n'avait pas choisi.

# L'ESCARGOT ET LA LIMACE

Nous devons être reconnaissants de ce que nous avons plutôt que d'être malheureux de ce que nous n'avons pas. Lorsque nous envions les autres, nous devrions utiliser nos désirs pour nous motiver à faire davantage pour avancer dans notre vie et atteindre ce que nous voulons. En enviant les autres, nous n'obtiendrons jamais ce qu'ils pourraient avoir. Seuls nos propres efforts nous permettront d'atteindre nos objectifs.

La limace et l'escargot étaient les meilleurs amis qu'un gastéropode puisse souhaiter avoir.

Ils passaient des heures à dévorer des plantes et des matières en décomposition. Le seul problème qu'ils avaient était que la limace enviait la coquille de l'escargot et se demandait pourquoi elle était née sans protection. L'absence de coquille rendait la limace moins attirante pour toutes les autres créatures du jardin. Si beaucoup de gens s'accommodent des escargots, personne n'aime les limaces.

Un jardin français est une joie pour la faune et la flore. Jean-Claude, qui possédait le jardin dans lequel vivaient ces amis, cultivait une grande variété de produits. Asperges, laitues, choux et, bien sûr, ail, ainsi que de nombreuses autres plantes savoureuses.

Un jour, Jean-Claude était en train de récolter sa production lorsqu'il décida de ramasser les escargots qui mangeaient ses légumes. Il évite la limace, trop laide, trop visqueuse et très répugnante.

La limace est intriguée par la collecte de ses voisins. Peut-être étaient-ils invités à un festin.

Ce fut le cas.

La limace se dirigea, à la vitesse d'un escargot, vers le mur de la cuisine. Elle l'escalada lentement jusqu'à ce qu'elle atteigne la fenêtre. Ajustant ses yeux pour avoir une bonne vue, elle vit les escargots, un par un, être jetés dans une marmite. Il vit son ami se faire ramasser. Au moment où on le déposait dans la marmite, il vit l'escargot, son meilleur ami, le regarder avec des larmes dans les yeux. Il enviait la limace qui n'avait pas de coquille, une maison portative.

La limace tomba par terre et se dirigea vers le fond du jardin.

Le lendemain, Jean-Claude vide ses déchets recyclables sur le tas de compost. Habituellement source de bons déchets pour la limace, ce nouvel arrivage contenait des coquillages. En se dirigeant vers eux, il aperçoit la coquille vide qui appartenait à son meilleur ami.

Plutôt que d'y grimper, la limace remercia sa bonne étoile de n'avoir jamais eu de coquille. Elle avait évité d'être attrapée, cuisinée et mangée avec du beurre à l'ail.

C'est alors que la grenouille l'a happée. L'heure de la fin d'une grande amitié avait sonné pour les deux, pour l'instant. Lorsque la grenouille fut attrapée et ses pattes mangées, l'essence des deux meilleurs copains se retrouva dans l'estomac de Jean-Claude.

# LA PEAU DU SERPENT

La vanité peut nous freiner. L'intérieur est plus important que l'extérieur.

Le serpent se faufilait dans le sous-bois. C'était beau. Les rayons du soleil faisaient ressortir les couleurs de ses écailles. Les rouges, les bleus et les verts de différentes nuances semblaient briller comme des joyaux. Le serpent était si fier de sa peau. Les autres serpents l'enviaient. Ceux qui étaient ternes à regarder étaient souvent sarcastiques parce qu'ils se sentaient moins impressionnants. Le serpent prenait leurs commentaires pour des louanges. Sa peau était épaisse et imposante.

Cependant, au fur et à mesure que le serpent grandissait, sa peau devenait de plus en plus serrée. C'était inconfortable, mais le serpent était déterminé à conserver son avantage. L'étirement rendait la peau moins attrayante, mais elle était encore meilleure que les autres.

La tension rendait difficile pour le serpent d'attraper ses proies, de sorte qu'il ne grandissait pas aussi vite qu'il l'aurait dû, de sorte que, d'une manière très étrange, le serpent était capable de conserver son apparence plus longtemps, et il était donc heureux.

Un jour, alors que le serpent tentait de traverser un espace ouvert, un énorme aigle est descendu en piqué, l'a pris dans ses serres et s'est envolé vers un arbre pour manger son repas. Le serpent, contrarié par cette effronterie, siffla si fort que l'aigle relâcha sa prise. Le serpent se tortille et tombe par terre. Il trouva un petit trou pour se cacher.

Plus tard, lorsqu'il se sentit plus en sécurité, il sortit. En inspectant sa peau, il remarqua de petites déchirures. Sa peau était en train de se fendre.

Dévasté par la perte de sa fierté et de sa joie, le serpent se faufila hors de vue. Ce faisant, sa peau détachée s'accroche à une épine. Alors que le serpent essayait de se libérer, le reste de sa vieille peau fut arraché.

Le serpent se cacha pendant de nombreux jours jusqu'à ce que la faim le pousse à partir à la chasse. Il fut vu par un autre serpent qui sifflait et haletait. Il dit : "Il y avait un serpent par ici qui avait la plus belle peau. Nous ne l'avons pas vu depuis un certain temps, car il a été attrapé par un aigle. Mais s'il était encore là, il serait très jaloux de toi. C'est la plus belle peau de serpent que j'aie jamais vue".

Le serpent fut choqué. Il était trop inquiet pour regarder sa nouvelle peau, trop honteux d'avoir perdu tant de splendeur.

Il s'est redressé et s'est regardé. N'ayant jamais vu autant de gloire auparavant, il fut choqué par l'amélioration. Elle se demanda pourquoi elle avait tant essayé de conserver quelque chose qui cachait quelque chose de tellement mieux.

Il savait maintenant que le processus de la vie implique de perdre des choses que l'on a dépassées, sachant que l'avenir sera toujours meilleur que le passé.

# L'ÉQUIPE DE FOOTBALL

Lorsque nous passons notre temps à éviter les problèmes, nous n'avons pas beaucoup de mérite. Lorsque nous semblons uniquement intéressés par la recherche de la gloire par l'attaque, nous pouvons manquer nos objectifs. Pour faire partie de l'équipe gagnante, nous devons maintenir un équilibre entre les deux. Prévenir les problèmes et, en même temps, rechercher les occasions de marquer, c'est la meilleure façon de progresser.

Tony aimait le football. Il voulait devenir aussi célèbre que David Beckham. Il recherchait la gloire de la victoire.

Son entraîneur était aussi le manager de l'équipe et il observait les jeunes à l'entraînement. Au moment de la sélection de l'équipe, Tony n'est considéré que comme gardien de but.

Les autres couraient à la même vitesse que lui, ils ne tapaient pas mieux que lui dans le ballon, mais son rôle était d'empêcher les adversaires de marquer. En fait, Tony aurait été plus doué pour frapper le ballon dans le but adverse que pour sauver des buts dans le sien.

L'équipe a dû s'appuyer sur le poste le plus vulnérable, parce qu'elle manquait de force en attaque et que les défenseurs n'étaient pas parfaits.

Il n'a jamais été trop félicité pour ses sauvetages. Après tout, c'était son travail. Peut-être une acclamation de courte durée, vite oubliée, mais il recevait tellement de critiques chaque fois qu'il laissait passer un ballon. Les autres joueurs le censuraient et le rendaient responsable de la perte d'un match.

C'est lui qui était si différent des autres. Il savait manier le ballon. Il pouvait placer le ballon avant de le botter. Il n'était jamais considéré comme faisant partie de l'équipe gagnante. Il n'était perçu que comme l'homme qui avait contribué à la défaite.

Il devait sauver les penalties concédés par d'autres joueurs. Il affrontait le coup de pied comme s'il faisait face à un peloton d'exécution pervers et s'il attrapait le ballon, il survivait, mais s'il le manquait, il mourait de honte. Il portait le poids des mauvaises performances de ses coéquipiers.

Un jour, un découvreur de talents est venu voir l'équipe jouer. Il a étudié les joueurs de l'attaque et de la défense, mais a semblé ignorer le gardien de but.

Aux yeux de l'entraîneur, Alan Jones était la lumière brillante de l'équipe. Il courait partout pour être en meilleure position pour marquer, il passait et recevait le ballon comme s'il jouait pour un grand club.

Le recruteur était impressionné, mais déçu qu'il n'ait pas réussi à marquer.

Il a dit : "Vous savez, ce jeune attaquant ne comprend pas le rôle d'un gardien de but. Il ne comprend pas l'état d'esprit de ce poste. Échangez-les pendant cinq minutes pour qu'Alan puisse comprendre les faiblesses d'un gardien de but".

C'est ainsi qu'Alan s'est installé dans la bouche du but et que Tony a couru dans les traces de la star potentielle.

Tony courait, passait, recevait et marquait. Il ne cessait de le faire. Alan n'avait aucune chance contre lui.

Au bout de dix minutes, le recruteur demanda l'arrêt du match d'entraînement.
Il se gratta la tête en réfléchissant. Puis il réfléchit. Il appela l'entraîneur.

"Vous avez du talent avec ces garçons, mais certains ont besoin d'être mieux entraînés. Alan a l'air bien. Il est vif, mais il n'a jamais marqué contre le gardien, quel que soit son nom. Lorsque le gardien a pris la place de l'attaquant, il a marqué beaucoup de buts, mais nous nous attendions à ce que ce soit le cas contre quelqu'un qui n'a jamais joué au poste de gardien. Alan n'est pas encore assez bon pour continuer et le gardien a besoin de plus d'aide, si l'on en croit vos résultats". Il s'éloigna, ne signant personne sur ses livres.

Tony avait ressenti la liberté de courir et était frustré de voir que ses compétences passaient inaperçues. Il quitte le club et rejoint une équipe de rugby locale. Il jouait au poste d'arrière, ce qui lui permettait de défendre, d'attaquer et d'utiliser ses talents de botteur. Un an plus tard, il a été recruté par un grand club en tant que talent prometteur.

Alan n'a plus jamais joué pour son club, son cœur a été brisé par ce rejet. Il pensait que s'il avait été un meilleur gardien de but, il aurait fait une meilleure impression. Il était capable d'attaquer, mais ne parvenait pas à garder ses buts lorsqu'il était sous pression.

Il fut cependant ravi lorsque le découvreur de talents lui téléphona pour lui faire une offre qui éviterait l'intervention de l'entraîneur et donc tout frais.

Il a étudié les pressions liées au métier de gardien de but et cette connaissance lui a permis de repérer les faiblesses des équipes adverses qu'il a affrontées. En conséquence, sa capacité à marquer des buts s'est considérablement accrue.

Il devient célèbre dans le monde du football et veut devenir le meilleur au monde. Il savait que la qualité de ses attaques dépendait des faiblesses de la défense.

Tony progresse et devient une star du rugby. Les deux garçons avaient appris une leçon essentielle que leur entraîneur, à l'époque, n'avait pas comprise. Prévenir les problèmes tout en recherchant les occasions de marquer est la meilleure façon de progresser.

MISE À JOUR

L'équipe de l'entraîneur a été régulièrement battue après ce jour, lorsque les deux stars sont parties et ont fini par se dissoudre.

Le découvreur de talents a été emprisonné pour avoir reçu des paiements illicites.

# L'ÉCLAIRAGE

Parfois, nous devons encourager les autres à assumer la responsabilité de leurs propres réalisations grâce à leurs propres efforts. Parfois, trop d'aide nuit à celui qui la donne. Soyez sûr de vous. Faites ce que vous êtes en mesure de faire pour aider les autres, mais sans vous nuire.

Papa, pousse-moi plus haut". Le jeune enfant, assis sur le siège de la balançoire dans le jardin, exigeait plus qu'il ne demandait. Son père a répondu en poussant doucement sur le dos de son fils. Il aimait tellement son enfant et avait promis qu'il ferait tout, et sacrifierait tout, pour assurer le bonheur de son fils.

Plus fort. Je veux aller toujours plus haut. Je veux aller toujours plus haut. Fais-le pour moi.

L'homme poussa de plus en plus fort jusqu'à ce que son fils aille le plus haut possible. Le père dut s'asseoir et se reposer. Il avait dépensé toute son énergie.

Papa, je veux aller dans la meilleure école possible.

Mais mon fils, je n'en ai pas les moyens !

Alors travaille plus dur et plus longtemps pour que je puisse y aller.

Le père a donc travaillé plus dur et plus longtemps jusqu'à ce qu'il ait à peu près les moyens d'envoyer son fils dans la meilleure école, même s'il a dû contracter des emprunts pour payer tout ce qu'il fallait. À la fin de chaque journée, il devait s'asseoir et se reposer.

Lorsque sa femme l'a quitté pour un autre homme qui voulait passer son temps et sa conversation avec elle, il était triste, mais il savait qu'il devait s'habituer à une autre façon de vivre.

Père, je dois aller à la meilleure université qui soit. Cela te coûtera cher, mais j'ai besoin de vêtements qui me permettront de m'intégrer aux autres. Je devrai m'inscrire dans des clubs et aller au théâtre avec mes nouveaux amis.

Mais mon fils, je ne peux pas me le permettre ! Je travaille déjà aussi dur et aussi longtemps que je le peux.

Alors, vendez la maison pour trouver l'argent.

La maison a été mise en vente et l'homme a recueilli suffisamment d'argent pour financer les études de son fils, même s'il ne pouvait se permettre de vivre que dans une petite chambre louée où, chaque soir, après avoir travaillé aussi longtemps et aussi dur qu'il le pouvait, il devait simplement s'asseoir et se reposer.

Lorsque son fils a obtenu son diplôme, le père pensait pouvoir enfin se détendre, mais son fils avait besoin de plus de vêtements pour son nouveau travail et d'une voiture de sport pour impressionner les filles de sa vie.

Le père a dû continuer à travailler de longues heures.

Enfin, son fils a acheté une maison. C'était la maison où il avait grandi. La balançoire se trouvait encore dans le jardin, mais elle était rouillée et avait l'air vieille. Le fils s'en est débarrassé.

Puis, lorsqu'il a épousé la femme qui le rendait le plus heureux à l'époque, son père s'est débarrassé de la balançoire après avoir payé la moitié du mariage de son fils. Ce dernier s'était marié dans une famille aisée qui voulait ce qu'il y avait de mieux pour sa fille et qui exigeait une contribution de la part du beau-père de cette dernière.
Sa femme est tombée enceinte et, pendant l'accouchement, lorsque le médecin lui a dit de pousser plus fort, son mari lui a crié qu'elle devait faire mieux que ce qu'elle faisait.

Poussez plus fort pour l'amour du ciel". Il savait que s'il exigeait cela de sa femme, elle répondrait. Après tout, c'était son travail et il savait qu'elle l'aimait. Après un accouchement long et douloureux, sa femme lui donna son fils dans les bras.

La nouvelle mère lui demanda : "As-tu dit à ton père qu'il est grand-père ?

Pourquoi le ferais-je ? Quel intérêt a-t-il jamais manifesté ?", répondit-elle.

Son fils grandit et devint fort et en bonne santé. Un jour, dans le jardin, sur la balançoire que son grand-père lui avait achetée, le garçon cria : "Papa, pousse-moi plus haut.

Papa, pousse-moi plus haut". Assis sur le siège de la balançoire dans le jardin, le jeune enfant exigeait plus qu'il ne demandait.

Non, c'est à toi de le faire. Arrête d'être si paresseux. Comment crois-tu pouvoir arriver à quelque chose dans la vie si tu ne fais jamais rien pour toi-même ? J'ai dû tout faire moi-même quand j'étais jeune. Personne n'a rien fait pour moi.

Son fils bouge ses jambes et ses bras pour se balancer plus haut, tandis que son père reste assis à le regarder.
Ce dernier était trop occupé à réfléchir à la manière dont il pourrait amener son beau-père à payer l'éducation et l'avenir de cet enfant.

Il se souvient de sa propre enfance et se demande pourquoi son père est mort si jeune et a laissé si peu de choses derrière lui. Il a toujours été égoïste. Je ne pense pas qu'il m'ait jamais aimé autant que j'aime mon propre fils". C'est ce qu'il s'est dit.

# LE TROISIÈME ŒIL

Traite de la cruauté de l'humanité envers elle-même, les autres créatures et le monde.

Lorsque l'humanité est née, elle avait des cornes, de grandes griffes et une peau presque impénétrable.

Mais parce que nous étions si bien protégés, nous sommes devenus cruels. Lorsque les gens voyaient d'autres formes de vie, ils tuaient très souvent pour le plaisir. Même les plantes étaient arrachées du sol et jetées sans aucune raison. Les hommes étaient à l'abri du danger et aucun animal ne pouvait s'en prendre à eux.

Pour prouver leur puissance, les hommes tuaient les éléphants et les rhinocéros, énormes mais doux, pour s'amuser. Ils ne mangeaient jamais la chair, mais la laissaient pourrir au soleil.

Les dieux s'inquiétèrent de cette créature qui prétendait dominer toute vie sur Terre. Ils se réunirent, conversèrent et décidèrent que les cornes des hommes devaient être enlevées et données aux éléphants et aux rhinocéros pour leur protection. Mais rien ne change. Les hommes continuaient à tuer les géants et à utiliser leurs cornes et leurs défenses pour décorer leurs grottes.

Les dieux se réunirent à nouveau et décidèrent que la peau épaisse des hommes devait être enlevée et donnée aux éléphants et aux rhinocéros pour les protéger de ceux qui les avaient chassés si inutilement. C'est ainsi que l'humanité a été écorchée et qu'elle se promène encore aujourd'hui nue.

Cela a facilité la tâche des éléphants et des rhinocéros, car les hommes étaient plus vulnérables sans leur peau blindée et leurs cornes, et les gentils géants plus à même de se défendre.

C'est pourquoi les hommes se sont tournés vers les grands félins non comestibles pour s'amuser. Ils utilisaient leurs peaux pour se réchauffer car, exposés sans peau ni fourrure, ils avaient froid.

Les dieux se réunirent à nouveau et décidèrent de donner les griffes des hommes aux grands félins. Cela changea l'équilibre pendant un certain temps. Certains hommes furent même tués et mangés par des lions. Désormais, l'homme était la proie et non plus le prédateur. D'autres animaux se glissaient derrière eux et les attrapaient par la peau du cou.

C'est alors que les dieux ont pensé qu'ils étaient peut-être allés un peu trop loin. Ils savaient que les décisions qu'ils avaient prises pour supprimer les armes offensives et défensives des hommes visaient à empêcher l'anéantissement d'autres espèces. Maintenant, il y avait la possibilité que l'homme soit éliminé à sa place.

Les Dieux décidèrent de donner aux hommes la capacité de penser de manière créative afin de se protéger. Ils ont également donné à l'homme un œil supplémentaire. Les deux yeux qu'il possédait déjà étaient situés en position de prédateur à l'avant du visage. Le nouvel œil, le troisième, était situé à l'arrière de la tête afin que les hommes puissent voir les autres créatures qui les traquaient.

Les hommes ont pu survivre de cette manière, mais la grande cruauté est restée présente. Alors que certains hommes utilisaient leur capacité à créer pour aider la Terre et ses habitants, d'autres se sont mis à se fabriquer de nouvelles griffes, qu'ils ont appelées "couteaux". Ces hommes se sont ensuite fabriqué de nouvelles cornes, qu'ils ont appelées lances. Ils utilisèrent les peaux résistantes des animaux qu'ils tuaient avec leurs nouvelles armes pour fabriquer des boucliers qui remplaçaient leurs peaux épaisses.

Une fois de plus, les dieux sont choqués et déçus. Ils durent rétablir l'équilibre. Ils tournèrent le troisième œil vers l'intérieur afin que les hommes ne puissent pas voir les dangers par derrière. Au lieu de cela, les dieux voulaient qu'ils regardent à l'intérieur de leur propre esprit pour voir les dangers provenant de la plus grande menace pour la vie sur Terre : eux-mêmes. Aujourd'hui encore, nous pouvons sentir l'emplacement de cet œil à l'arrière de notre tête.

Se sentant à nouveau invulnérables, les hommes voulurent punir les dieux pour ce qu'ils avaient fait. Au fil du temps, ils développèrent leurs armes et leurs défenses dans le cadre d'un jeu qu'ils appelaient "la guerre". Ils s'entretuaient inutilement. Ils ont tué inutilement des animaux et des plantes, allant jusqu'à éliminer des espèces entières et de vastes forêts.

Même si les humains avaient la possibilité de voir la cruauté qui les habitait grâce à cet œil tourné vers l'intérieur. Aujourd'hui encore, nous connaissons tous des personnes incapables de voir avec le troisième œil que nous possédons tous. La cruauté est toujours l'apanage des humains. Cependant, un jour prochain, les Dieux se réuniront à nouveau pour décider de la prochaine étape qu'ils franchiront.

# LE PILOTE DE DOUZE ANS

Il y a en chacun de nous un jeune pilote qui doit pouvoir grandir et devenir une personne capable de faire face aux situations dans lesquelles nous nous trouvons plus tard.

Trevor monte dans l'avion et s'installe confortablement.
Il se rend sur une île isolée pour des vacances avec sa femme et ses deux enfants.

Après avoir placé son sac dans le casier supérieur, il regarde les autres passagers faire de même.

Le commandant de bord se met à parler dans le système de haut-parleurs. "Bonjour Mesdames et Messieurs. Nous avons un léger retard avant le décollage, nous laisserons donc les portes ouvertes pour plus de ventilation. J'espère que nous aurons bientôt l'autorisation de décoller. J'espère que vous apprécierez votre vol avec Metaphor Airlines. Pendant que nous attendons l'autorisation de décoller, permettez-moi de vous donner quelques informations sur le vol. Je m'appelle Ben et je suis votre pilote. J'ai douze ans et je vole depuis quelques heures. Même si j'ai peu ou pas d'expérience, je suis heureux de vous emmener à destination".

L'homme prend sa femme et ses enfants et se dirige vers la porte en luttant contre la foule croissante de passagers qui veulent descendre.

Dans ce moment de panique, la vie de Trevor a défilé devant lui. Il se souvient de la fois où il avait été forcé de se tenir devant sa classe et de faire un exposé sur le cycle de reproduction des chimpanzés. Il était gêné à l'avance. L'idée de donner des informations sur les rencontres sexuelles entre des créatures très proches des humains était trop proche de ce que sa mère lui avait dit sur les faits de la vie. Cela lui donnait envie de s'enfuir. Devant la classe, il transpire, il halète, il a le vertige. Il aurait pu parler de grenouilles ou d'abeilles, mais...

Cette expérience l'a amené à réagir de la même manière si jamais on lui demandait de faire un discours, une présentation ou de se présenter d'une manière ou d'une autre dans un théâtre public.

Au bout d'un moment, l'esprit de Trevor est revenu à la situation dans l'avion. Tous les passagers ont été informés qu'il y avait maintenant un autre pilote, un homme plus âgé. En montant dans l'avion pour la deuxième fois, tous les passagers éprouvent un immense sentiment de soulagement.

Le pilote est entré dans le système de haut-parleurs. "Bonjour Mesdames et Messieurs. Nous avons un léger retard avant le décollage, nous laisserons donc les portes ouvertes pour plus de ventilation. J'espère que nous aurons bientôt l'autorisation de décoller. J'espère que vous apprécierez votre vol avec Metaphor Airlines. Pendant que nous attendons l'autorisation de décoller, permettez-moi de vous donner quelques informations sur le vol. Je m'appelle Gregory et je suis votre pilote. J'ai trente-cinq ans et je vole depuis de nombreuses années".

Cet homme, du même âge que Trevor, est quelqu'un en qui tous les passagers peuvent avoir confiance.

Gregory poursuit. "La raison pour laquelle vous ne laisseriez pas un enfant de douze ans vous conduire vers une destination heureuse est que vous ne penseriez pas qu'il a assez d'expérience de la vie pour prendre des décisions sur ce qu'il faut faire. Comme il s'agit de Metaphor Airlines, permettez-moi de vous donner le sens de cette histoire.

Nous avons à bord un homme qui s'appelle Trevor. À l'âge de douze ans, il s'est retrouvé dans une situation qui nécessitait une attention particulière, une situation d'urgence. Il a dû faire face à la situation et s'est rendu compte qu'il n'avait pas assez d'expérience pour le faire. Il a fait ce que vous craigniez que Ben, notre pilote de douze ans, fasse. Il s'est écrasé. Aujourd'hui, à l'âge tendre de trente-cinq ans, l'esprit de Trevor est toujours dirigé par le pilote de douze ans dans sa tête. Il a vingt-trois ans d'expérience en matière de prise de décision et de connaissances dans sa tête. Les choses que vous espérez tous que j'ai. À travers cette histoire, je veux que Trevor cesse d'être contrôlé par un enfant de douze ans. Acceptez que la vie a évolué et que vous êtes capable de vous en sortir."

Sur ce, Trevor s'est levé de son siège, s'est dirigé vers l'avant de l'avion et a prononcé un discours émouvant sur le cycle d'accouplement des chimpanzés. Sa respiration était calme, son discours était rythmé pour permettre aux gens de comprendre ce qui était dit et son discours était animé ( ). Il a cependant manqué quelques parties de l'animation !

Il a regagné son siège sous des applaudissements nourris.

# LES DEUX FEUX

Tout le monde se dispute de temps en temps. Il s'agit de parvenir à une compréhension chaleureuse lorsque deux opinions se fondent en un accord. Cependant, lorsque les querelles se transforment en querelles de colère, le résultat peut être si destructeur que des vies sont ruinées. La métaphore suivante représente la vie des gens comme une grande maison qui risque d'être réduite en cendres si des mesures ne sont pas prises pour arrêter les incendies incontrôlés.

La maison était un beau bâtiment ancien. Il avait fallu de nombreuses années pour la construire. Au rez-de-chaussée, il y avait un grand hall d'entrée, un salon, une salle à manger, une cuisine et un bureau.

À l'étage, il y avait quatre chambres à coucher. Une pour les époux, une pour leur fille, une pour leur fils et une pour les amis.

Comme il s'agissait d'une vieille maison, chaque pièce était équipée d'une cheminée à bûches qui ajoutait chaleur et caractère à la décoration de haut niveau.

Le décor est planté pour une vie heureuse.

Le seul problème, c'est que l'homme et la femme avaient d'énormes problèmes de tempérament. C'est comme si la moindre étincelle pouvait allumer un furieux brasier d'amertume et de haine.

Lorsque le feu s'est calmé, les dégâts sont restés, le couple a repeint les taches de fumée et a continué comme si de rien n'était.
À chaque fois, la situation s'aggravait. Les flammes se déchaînaient et il y avait un risque énorme que la maison finisse par brûler jusqu'au sol. La maison représentait tout ce qui était précieux pour le couple. Il s'agissait de leurs amis, de leurs enfants et des biens qu'ils avaient mis des années à fabriquer, à aimer et à acquérir.

Parfois, l'homme jetait trop de choses dans l'un des foyers et les flammes se répandaient dans la pièce et léchaient les meubles. Lorsque sa femme ajoutait ses déchets à la conflagration, le risque devenait encore plus grand. L'escalade et la vengeance ont porté la situation à un niveau extrêmement dangereux et destructeur.

Dans un moment de calme, l'homme et sa femme se sont mis d'accord pour installer des gicleurs d'eau dans chaque pièce afin que, si les feux des cheminées s'embrasaient, quelque chose éteigne automatiquement les flammes avant que le feu ne prenne et n'emporte tout ce qui leur était cher.

À partir de ce moment-là, les choses se sont améliorées. Ils ont appris à ne jamais surcharger les feux, à ne jamais jeter les débris de leur passé sur la chaleur.

Ils ont compris que leur relation consistait à gagner tous les deux en donnant un peu, plutôt que de se livrer à une guerre où un seul camp gagne et où l'autre est battu jusqu'à la soumission et la perte de tout.

Ils se sont parlé des problèmes de leur vie et de leur mariage, de leurs espoirs, de leurs rêves et de leurs ambitions. Ils sont devenus membres d'une équipe avec leurs enfants et leurs amis.

Après cela, il n'y a plus eu d'explosions de colère embarrassantes, plus d'étincelles de ressentiment et de jalousie.

Le feu qu'ils ont allumé provenait de la chaleur d'une relation solide, de la chaleur de l'amour.

Ils ont pu s'asseoir et apprécier la lueur de la chaleur contrôlée plutôt que de brûler dans le brasier.

# LA VANITÉ DU POUVOIR

Nous faisons parfois des choses ridicules. Dans tout le monde occidental, le repassage des chemises utilise les ressources de l'électricité et du temps pour une expression qui n'est rien d'autre que de la vanité. Courir sur un tapis roulant alimenté en électricité est une étrange alternative à la course en plein air. Conduire de grosses voitures et parcourir de courtes distances relève également de la vanité et de la paresse. Prendre l'avion pour se rendre à une conférence sur les économies d'énergie est une mauvaise alternative aux vidéoconférences. Non seulement le carburant est économisé, mais le temps l'est aussi, ce qui est précieux. L'énergie est une ressource limitée. La gaspiller inutilement est très destructeur.

Jordan se préparait pour la conférence.

Sa femme repasse ses chemises, repasse ses pantalons et ses chaussettes tout en regardant la télévision.

Jordan se nettoyait les dents avec sa brosse à dents électrique. Il apprécie la routine du matin. Dix minutes sous la douche électrique suivies d'une toilette minutieuse sous la lumière puissante de la salle de bains qui éclaire son visage. Il cherchait des taches, des zones de son visage que son rasoir électrique aurait pu manquer.

Après s'être habillé et avoir pris son petit-déjeuner, il a fait son sac, embrassé sa femme et son fils, puis est monté dans sa voiture. Jordan était un homme important dans son entreprise, il avait donc une grosse voiture luxueuse qui montrait son statut à tous ceux qui l'apercevaient.

La voiture démarra en grondant et Jordan se mit en route.

"Où va papa, maman ?

"Eh bien, ma chérie, il va à l'aéroport, puis il prend l'avion de la compagnie pour rencontrer des gens à l'occasion d'une conférence. Il va faire presque la moitié du tour du monde".

"Son absence sera-t-elle longue ?"

"Juste une semaine ou deux. Quoi qu'il en soit, j'ai fait chauffer votre lait pour les céréales de votre petit-déjeuner. Mange et je te conduis à l'école. Je dois te déposer et revenir pour me préparer à courir sur le tapis roulant que papa m'a acheté. Il m'évite de courir dans le parc et il a tellement de fonctions que je ne sais pas encore comment les utiliser".

La mère et le fils montent dans la voiture 4X4 de la mère et entament le trajet d'un demi-mile jusqu'a l'école.

"Pourquoi papa doit-il s'absenter si longtemps ?

"Eh bien, mon fils, la conférence ne dure qu'une journée. La conférence ne dure qu'une journée, le voyage prendra deux jours et papa veut faire un peu de route et louer un bateau rapide pour pouvoir se détendre un peu. Il travaille très dur."

"De quoi parle la conférence, maman ?"

"C'est sur les économies d'énergie. Nous devons tous réduire le gaspillage d'énergie pour avoir un meilleur avenir. Quand il n'y aura plus de pétrole, nous devrons trouver d'autres sources d'énergie si nous voulons vivre correctement. Papa et moi faisons de notre mieux pour économiser l'énergie, n'est-ce pas ? Nous faisons notre part. C'est pourquoi papa a fait tout ce chemin pour sa conférence. Quoi qu'il en soit, je passerai te prendre plus tard, d'accord ?".

"Mais maman, j'ai 11 ans. Mes amis pensent que je suis paresseux."

"Ne sois pas bête. Quel est l'intérêt d'avoir une voiture si on ne l'utilise pas ? D'ailleurs, tu dois économiser tes forces pour apprendre comment nous pouvons faire de notre mieux pour économiser l'énergie".

Le garçon sortit de la voiture et se dandina jusqu'à son école. Il avait économisé suffisamment d'énergie sous forme de réserves de graisse pour rester au chaud et bien au chaud. Il en avait assez pour s'assurer qu'il ne mourrait jamais de faim si la production de nourriture cessait.

Sa mère était très fière de sa famille et des efforts qu'elle faisait pour assurer la survie de la planète.

# LE VILLAGE EN INDE

Lorsque nous vivons dans un endroit agréable, nous pouvons être séduits par l'idée de l'inaccessible. Les efforts déployés pour le trouver peuvent détruire le tissu même du bonheur. Parfois, il vaut mieux laisser les choses telles qu'elles sont. Acheter les cœurs et les esprits ne donne que des résultats à court terme. Une fois que la motivation cynique a été exposée, la véritable intention devient évidente.

L'homme d'affaires fortuné traversait en voiture une région reculée de l'Inde. Les singes sautaient de branche en branche dans les arbres, les oiseaux tournoyaient dans le ciel. La scène était idyllique.

La voiture entre dans un petit village. L'homme aperçoit trois femmes avec une vache. L'une d'elles tenait la vache avec une corde lâche autour du cou. La deuxième femme s'occupait d'extraire le lait des tétines. La troisième, une très jolie fille, nourrissait la vache avec de l'herbe. Toutes les quatre avaient l'air satisfaites et heureuses.

L'homme d'affaires pouvait toujours obtenir ce qu'il voulait et la jeune fille figurait sur sa liste d'acquisitions.

Plus loin dans le village, les huttes se dressent en rangées décontractées. Les enfants jouaient. Les vieillards s'asseyaient avec leurs amis pour discuter de tout et de rien. Les femmes plus âgées préparaient la nourriture pour leur famille.

C'était le jardin d'Eden. Les gens n'avaient pas de richesses à dépenser, mais ils avaient en abondance des choses que l'argent ne peut pas acheter.

L'homme d'affaires ne voyait pas les choses de cette manière. C'était un homme avide et son idée du contentement était d'avoir des choses.

De retour à son hôtel, il a passé des coups de téléphone et, en quelques jours, un énorme téléviseur et une antenne satellite ont été livrés au village. Un générateur, avec du carburant, a été installé pour alimenter le téléviseur.

Peu après, il a été conduit au village où tout le monde lui était reconnaissant pour ce qu'il avait fait. Le premier jour, il a demandé à voir la fille qui trayait la vache.

Elle s'est approchée de lui, s'est inclinée et a souri timidement avant de s'éloigner poliment pour ne pas l'embarrasser. L'homme d'affaires est heureux. Il avait réussi à apaiser sa conscience d'être si riche. Après tout, s'était-il persuadé, après avoir passé sa vie à faire des affaires qui ont rendu certaines personnes pauvres mais qui ont assuré le succès de son entreprise, il voulait donner quelque chose en retour. Il voulait que la fille soit si impressionnée qu'elle veuille lui rendre visite sur son propre territoire.

Un mois plus tard, il a été ramené au village, s'attendant à ce que les habitants lui soient reconnaissants de sa générosité. Si reconnaissants, en effet, qu'ils lui offriraient la jeune fille en retour.

Il a trouvé le chaos, la ruine et des gens malheureux. Il demande à son chauffeur de traduire les propos de ces villageois.

"Ils disent qu'ils ont besoin de voitures. Ils disent qu'ils ont besoin d'une piscine. Les filles veulent du maquillage et des vêtements à la mode. Les hommes veulent des chemises et des sous-vêtements de marque. Ils disent que la télévision leur a montré ce qu'ils ne peuvent pas avoir dans le monde. Ils veulent que vous leur achetiez ces choses".

L'homme d'affaires était sage, dans une certaine mesure. Il a dit aux gens, par l'intermédiaire de l'interprète, qu'il allait arranger les choses. Il a revu la fille qu'il aimait et elle lui a souri à nouveau, mais il a vu qu'elle dissimulait un rictus.

Il a été ramené à son hôtel et a passé des appels téléphoniques.

Quelques jours plus tard, la télévision, l'antenne et le générateur avaient été enlevés.

Il dit à son chauffeur, d'un ton sarcastique, que ces gens pouvaient maintenant retrouver le mode de vie heureux qu'ils avaient auparavant.

Un mois plus tard, il est retourné au village. Il avait toujours envie de la fille.
Un changement encore plus important s'était produit dans la petite communauté. Les habitants de étaient encore plus malheureux. On leur avait montré un mode de vie inconnu. Puis on les avait laissés se débattre.

Les plus jeunes et les mieux portants ont donc quitté le village et se sont rendus à pied dans les villes pour y chercher le travail dont ils avaient besoin pour se procurer tout ce dont ils avaient été privés. Ils travaillaient comme des esclaves pour de maigres salaires qui leur permettaient à peine de se nourrir.

Rien ne pourrait jamais leur redonner le simple sentiment de satisfaction que leur procurait la vie. L'homme d'affaires les avait chassés de ce paradis et avait fermé la porte derrière lui.

Après avoir été chassés du Paradis, ils connaissaient maintenant l'Enfer des usines appartenant à l'homme d'affaires fortuné.
Il n'a dit à personne, ou presque, que son rêve avait toujours été d'impressionner et de séduire la jolie fille qui nourrissait la vache dans le village lorsqu'il est passé pour la première fois.

Elle avait d'abord aimé l'idée du magnat, puis l'avait détesté pour ce qu'il avait fait. Il avait donné le change en lui glissant un mot, en anglais, disant qu'il pouvait la rendre riche au-delà de ses rêves si elle acceptait de chauffer son lit.

Lors de cette dernière visite, elle avait demandé au chauffeur de traduire la note. Elle ne parlait pas anglais. Elle avait ensuite demandé au chauffeur où vivait l'homme riche. On lui a indiqué le nom de l'hôtel.

Elle a parcouru la longue distance qui la séparait de l'hôtel et a demandé le numéro de la chambre de l'homme. Elle a monté les escaliers, s'est déplacée dans le couloir et a trouvé la porte. Elle a déposé une enveloppe sur la moquette, l'a recouverte de son plus beau sari et a frappé.

Lorsqu'il ouvrit la porte, il était excité, il était en extase.

Elle entra dans la pièce et resta immobile, regardant son visage en attente. Elle quitta lentement son sari et se tint nue devant lui. Il pouvait voir sa taille fine, ses seins potelés et le triangle sombre de cheveux bouclés qui pointait vers la cible qu'il désirait.

Il se débarrasse de ses vêtements à l'autre bout de la pièce. Alors qu'il s'approchait d'elle, elle leva la main pour l'arrêter, comme pour le taquiner.

Elle recula jusqu'à la porte, saisit la poignée et sortit après avoir enroulé son sari d'attente autour d'elle. Elle courut aussi vite qu'elle le put. Alors qu'il essayait de la suivre, il se rendit compte qu'il était nu. La porte se referma derrière lui. Il était pris au piège des circonstances.

Il vit la lettre sur le sol. Il l'a saisie pour couvrir sa pudeur tout en appelant à l'aide.

Une fois qu'on l'a laissé retourner dans sa chambre, il s'est mis en colère, mais il a ouvert la lettre et a essayé de la lire.

Après s'être habillé, il a apporté la lettre à la réception pour qu'elle soit traduite.

La lettre disait :

"Avant de me voir, vous ne vouliez pas de moi parce que vous ne saviez pas que j'existais. Quand tu m'as vu, tu as voulu mon corps, pas moi. Après avoir vu mon corps nu, tu l'as désiré.

Quand j'ai quitté ta chambre, tu as su ce que tu voulais. Puis tu as su que tu ne pourrais jamais l'avoir.

C'est ce que votre cadeau de la télévision a fait à chaque villageois. Vous avez ruiné des vies, non pas par une cruelle erreur, mais parce que vous vouliez acheter des esprits et des corps.

D'ailleurs, ne revenez plus jamais au village. Je n'y serai pas. Je vais vivre avec ma famille au loin.

Au revoir, homme triste.

Au lieu de se mettre en colère, il est attristé. L'esprit, le mental et le corps de cette fille la rendaient encore plus désirable. Pour lui, cette perte était encore plus grande qu'auparavant. Il savait ce que les villageois avaient dû ressentir.

Par la suite, bien qu'il ait prodigué aux villageois des cadeaux qui les ont satisfaits plutôt que frustrés, il n'a jamais été pardonné.

Mais la plus grande punition pour lui fut de ne plus jamais revoir la jeune fille, sauf dans son esprit et son imagination.

# L'HISTOIRE DU VOLCAN

Raconte les effets destructeurs d'une violence incontrôlée.

L'île s'élève doucement au-dessus de la mer transparente. Juste derrière la plage de sable blanc, de grands arbres se dressaient comme des gardiens. Ils regardaient à la fois vers l'océan et vers l'intérieur de l'île. Le sol s'élevait en pente douce en direction d'une colline. C'est cette colline qui semblait être la force même de l'île. Le matin, lorsque son sommet capte les premiers rayons du soleil, elle devient un phare qui signale au monde le jour nouveau. Comme lieu de vie, elle semblait parfaite.

Un jour, une belle jeune fille aux longs cheveux noirs regarda de l'autre côté de la mer depuis l'île où elle vivait. Elle vit l'autre île. L'esprit de la colline semblait lui parler, l'invitant à voyager pour vivre ensemble. Après une dispute avec ses parents sur son île, elle prit son canoë et pagaya pour se rendre dans ce nouvel endroit. Elle arriva le soir, au moment où le soleil se couchait. Elle tira son canoë sur la plage, trouva un endroit confortable pour se reposer et s'endormit. Elle fit un rêve merveilleux sur la façon dont l'avenir se déroulerait dans ce nouvel endroit, sans les querelles de l'île qu'elle avait quittée. Tôt le matin, elle entendit un grondement qu'elle ne reconnut pas, l'île trembla un peu, mais le bruit se calma rapidement.

Le lendemain matin, elle s'aperçut que son canoë avait été endommagé. Elle savait donc qu'elle serait bloquée sur l'île, mais c'était elle qui avait choisi de s'y rendre. Elle savait qu'elle devait tirer le meilleur parti de sa situation.

Quoi qu'il en soit, les jours passèrent, la plupart heureux, d'autres tristes. Elle parlait à la colline, mais parfois celle-ci semblait ne pas lui répondre, elle semblait ne pas l'entendre ou l'écouter. Parfois, elle appréciait la compagnie des animaux de l'île, mais parfois elle se sentait seule.

Un jour, la colline se mit à gronder, d'abord doucement, puis le sommet se détacha et des rochers et de la lave furent projetés dans l'air, et la paix et la tranquillité furent perdues. De la lave brûlante descendit de la colline pendant un jour et une nuit, puis le volcan, tel qu'il était à présent, devint calme et plein de remords, s'excusant abondamment auprès de la jeune fille. La lave s'est refroidie et la belle jeune fille a essayé de continuer comme avant. Elle ne savait pas pourquoi cela s'était produit, et le volcan non plus. Et après que cela se soit produit plusieurs fois, la jeune fille a commencé à avoir peur. Elle ne savait jamais quand cela se reproduirait. Elle voulait quitter l'île, mais n'y parvenait pas. Alors elle planifia et planifia encore. Elle construisit un nouveau canoë qu'elle utiliserait si le volcan entrait à nouveau en éruption. Même pendant qu'elle le construisait, le volcan semblait savoir ce qu'elle faisait et parfois il grondait encore, mais la plupart du temps, il était silencieux.

Le temps passa jusqu'à ce qu'elle ait construit son canoë. Un jour, elle dit au volcan ce qu'elle allait faire et pourquoi. Le volcan resta silencieux, comme s'il avait le cœur brisé.

La jeune fille partit pour une nouvelle île où elle pensait être plus en sécurité. Le volcan gronda au loin, comme pour lui rappeler que l'île de ses rêves était toujours là, même si elle était désormais souillée par la lave et la peur. Comme s'il était angoissé, le volcan gronda jour après jour, nuit après nuit. La jeune fille entendit le bruit au loin et sut qu'elle avait eu raison de s'éloigner. Même si le volcan était en sécurité la plupart du temps, sa peur demeurait. Le volcan devint très solitaire et triste. Il avait effrayé la chose la plus précieuse qui ait jamais vécu sur son île.

Dans sa grande tristesse, le volcan demanda à un hibou qui le survolait de trouver un guérisseur pour contrôler ses explosions. Le hibou s'envola et, quelques semaines plus tard, un sorcier arriva sur l'île et commença à creuser au sommet du volcan. Le sorcier dit qu'il devait s'en aller pour un moment et laissa le volcan suinter sans aide, sans essayer de contrôler la douleur.

La lave coulait comme des larmes et du sang. Le mal et la douleur qui avaient été exposés allaient jusqu'au centre de la Terre. Tout cela avait commencé bien des années avant l'arrivée de la jeune fille. Cela avait commencé à la naissance de l'île. Le volcan était tellement rempli de honte et d'angoisse qu'il voulait que l'île entière s'enfonce dans la mer, qu'elle soit anéantie à jamais. Son seul espoir était la fille qu'il avait tant blessée dans le passé. Une nuit, il entra en éruption pour essayer de faire comprendre à la jeune fille à quel point il était désespéré, mais le bruit et la fumée ne firent qu'effrayer la jeune fille. Au matin, le monde entier était recouvert de la fumée noire et âcre, et les échos du grondement étaient encore dans ses oreilles.

Elle se boucha les oreilles pour ne plus entendre le volcan et se couvrit les yeux pour ne plus le voir. Elle espérait qu'il disparaîtrait à jamais. Le volcan, si triste et si seul, savait qu'il avait deux choix. Le premier était de vivre seul pour toujours. Il savait que tant que la destruction causée par les explosions ne cesserait pas, l'île ne serait plus jamais en sécurité. La seconde option était de se faire aider pour s'empêcher de rugir à nouveau. Elle pourrait faire taire la pression refoulée au plus profond d'elle-même. Cela permettrait de contrôler la pression qui détruirait le volcan et l'île si la force était à nouveau libérée. Le volcan savait que la jeune fille avait demandé à un autre sorcier de jeter un sort pour que, s'il rugissait à nouveau, il s'enfonce dans l'océan et ne refasse jamais surface. Le volcan savait alors qu'il ne rugirait plus jamais, de toute façon.

Le volcan décida de construire et de restaurer. Il savait que cela prendrait du temps, mais la beauté était son seul objectif. La lave s'est refroidie pour former des roches qui seront utilisées pour reconstruire le paysage endommagé. De nouveaux arbres et buissons allaient pousser, l'espoir remplacerait la colère et l'amour la peur. Cela prendrait du temps, tellement de temps que, peut-être, l'île ne pourrait être laissée que comme un monument à ses habitants du futur.

La nuit tomba, et au matin, le volcan se réveilla comme la colline qu'il avait été au début. La chaleur de son cœur transforma ses larmes en un nuage qui le couronnerait à jamais.

# L'HISTOIRE DU VAUTOUR

Même les choses apparemment laides de la vie ont une utilité et une beauté.

Assis sur les rochers, le vautour vit le corps de l'antilope tuée par le lion. Il pouvait sentir sa présence aussi clairement qu'il pouvait voir la source de son prochain repas.
L'oiseau battit des ailes puis glissa pour se rapprocher du cadavre. Hors de portée du lion, il planifiait ses mouvements pour le moment où le grand félin aurait mangé à sa faim et se serait retiré. Il serait alors en compétition avec ses semblables. Parfois, il y a plus de danger à être charognard que prédateur.
Aucun des autres animaux de la plaine n'aimait le vautour. Il était considéré comme laid et insensible. Un marchand de mort trop paresseux pour trouver sa propre proie. Et il était perçu comme laid parce qu'il n'avait pas le magnifique plumage de tête des aigles, ce qui lui permettait d'éviter la contamination par les germes qui se développaient dans le sang emprisonné dans ses plumes. Ses pattes longues et trapues lui permettaient de sautiller comme un danseur pour éviter les autres maulers du garde-manger. Mais ces pattes lui donnaient un air comique. Son besoin de tourner autour d'un animal malade en attendant sa fin le fait ressembler à un présage de mort alors qu'il plane sur ses grandes ailes.
En somme, le vautour a mauvaise réputation. Il n'y a jamais eu de témoins du soin qu'il apportait à sa progéniture. Jamais d'observateurs de l'amour qu'il partageait avec son partenaire. Leur progéniture et leurs compagnons ne les ont jamais vus comme repoussants.
Mais les autres animaux criaient des injures aux vautours chaque fois qu'ils les voyaient. Ils les traitaient de parasites qui vivaient en se réjouissant de la mort des autres. Les vautours étaient blessés par ces insultes mais n'ont jamais pu se défendre.
Mais l'antilope était morte et son esprit planait au-dessus de son corps. L'esprit entendit alors une voix.
"Qu'aimerais-tu qu'il advienne de ton corps ? demanda-t-elle. "Comment voudrais-tu que l'on dispose de tes restes, maintenant que tu n'en as plus l'utilité ?

L'antilope fut choquée, mais répondit rapidement. "S'il te plaît, éloigne les vautours. Je les ai toujours détestés. J'aimerais qu'ils disparaissent pour que mes enfants et mes petits-enfants soient plus en sécurité".

La voix réfléchit un moment à sa réponse. "Ce que je vais faire, c'est te montrer ce que serait le monde sans vautours."

L'esprit de l'antilope planait et observait. Le lion avait mangé à sa faim et s'était éloigné pour dormir. Le temps semblait s'accélérer et passer à toute vitesse. L'antilope regarda son corps pourrir et se décomposer. Sous la chaleur du soleil, le cadavre fut contaminé par des germes et corrompu par des organismes infectieux.

La maladie commença à se répandre. Les mouches et autres insectes ont transmis les germes à d'autres créatures qui sont alors tombées malades. Lorsqu'ils mouraient, leurs corps devenaient de nouveaux lieux de reproduction de la peste.

Avec le temps, les animaux de la plaine disparurent, y compris les enfants et les petits-enfants de l'antilope.

Choqué, l'esprit de l'antilope sursauta. "Cela signifie-t-il que sans le vautour, la vie s'arrêterait ? Je ne peux pas croire que cela puisse arriver.

La voix répondit lentement. "C'est un scénario qui a été conçu pour toi. Dans ton estomac, il y avait différents produits chimiques et organismes qui transformaient l'herbe et les feuilles que tu mangeais en ta chair. Cette chair t'a donné naissance et a donné naissance à tes enfants. L'herbe est devenue le lait que vous leur avez donné à boire, puis la nourriture dont ils avaient besoin pour grandir. Le vautour fait partie du système digestif de la Terre. Il transforme la vieille chair en décomposition, qui peut causer des maladies, en fumier dont les herbes et les autres plantes ont besoin pour se nourrir.

En d'autres termes, c'est le vautour qui transforme votre corps défunt en antilopes vivantes dans les générations qui vous suivront. Aussi révoltants que vous les pensiez, les vautours et les autres charognards sont essentiels au bon fonctionnement de la vie sur Terre.

Ce n'est pas parce qu'une chose semble laide qu'elle n'a pas de valeur. Les participants à la vie ont des visages différents. Ne supposez pas que ceux qui ont l'air de vauriens sont des méchants, pas plus que ceux qui ont l'air innocents sont des anges. Parfois, les choses que vous devriez craindre le plus ont l'apparence la plus douce".

L'esprit de l'antilope était heureux à présent et regardait avec satisfaction le vautour sauter pour entamer le processus de renouvellement, sachant que dans un laps de temps inconnu, l'antilope revivrait à travers sa progéniture.

# LA ROUE HYDRAULIQUE

Examine le recyclage innocent qui se produit d'une manière simple.
L'énergie du soleil a transformé l'eau de la mer et des lacs en vapeur qui s'est accumulée sous forme de nuages. Cet énorme poids d'eau semblait léger et cotonneux lorsqu'il flottait dans le ciel, mais une grande quantité d'énergie avait été stockée.
Lorsque, quelque temps plus tard, les nuages ont libéré l'eau sur la terre, le maïs qui poussait dans les champs a remercié le ciel de l'avoir abreuvé. Non seulement la pluie les a rafraîchis, mais elle a aussi permis aux racines des plantes d'absorber les minéraux dissous et les autres nutriments nécessaires à leur croissance.
Le maïs n'était pas gourmand, et l'eau non utilisée s'est écoulée pour former de petits ruisseaux qui ont emprunté l'énergie de la gravité en s'écoulant vers la rivière.
La rivière a accumulé beaucoup d'énergie en s'écoulant vers l'aval. D'autres ruisseaux se sont joints à elle, ajoutant leur vigueur au courant. Arrivée à un moulin à eau, la roue a demandé à la rivière, très poliment, si elle voulait bien lui donner un peu de son énergie pour la faire tourner. La rivière était heureuse de donner. Après tout, elle en avait tant. Et toute son énergie lui avait été donnée, de toute façon, de sorte que la rivière n'était pas propriétaire de son énergie.
La roue tournait grâce à la rivière, et elle veillait à ce que toute l'eau qui était transportée vers le haut soit renvoyée dans le flux. Seule l'énergie était nécessaire. La demande était faite à chaque fois que la roue tournait, mais la rivière ne s'ennuyait jamais parce qu'elle changeait constamment. La roue hydraulique donnait la force qu'elle avait acquise à la pierre du moulin qui tournait pour moudre le maïs. La pierre était un peu gaspilleuse car elle utilisait une partie de l'énergie pour produire de la chaleur et des bruits de grincement et de broyage. Cependant, elle remplissait bien sa fonction. Et elle devait son inefficacité à sa conception par des humains qui, la plupart du temps, gaspillaient beaucoup les ressources naturelles.
Lorsque le maïs a été transformé en farine, l'énergie de l'eau a été dissipée sous différentes formes. Le maïs n'était qu'un vecteur de l'énergie donnée par le soleil, la pluie et la terre.
Le meunier prenait cette farine, y ajoutait de l'eau, du sel, du sucre et de

la levure et utilisait l'énergie solaire stockée dans les bûches pour la transformer en pain.

Ce pain était vendu, tranché et mangé pour donner de la vigueur à ses consommateurs. Ceux-ci utilisaient à leur tour une partie de cette force pour s'occuper de la terre et des plantes.

Un jour, il restait du pain et il était rassis. Un homme le ramassa et l'apporta à la rivière. Plutôt que de gaspiller tous les efforts combinés qui avaient été mis dans le pain, l'homme en jeta de petits morceaux dans l'eau pour nourrir les canards. L'un des morceaux n'a pas été ramassé par le courant et a été emporté en aval jusqu'à la roue à aubes.

Ce morceau faisait partie de tout ce qui avait contribué à son existence, comme tout ce qu'il connaissait dans l'univers faisait partie de lui. Le lien était le flux d'énergie partagée. Rien dans tout le cycle n'avait été avide au point de prendre ce qui lui avait été donné ou prêté pour son seul usage. C'est ainsi que le cycle pouvait se répéter à l'infini.

La rivière continua à couler, ramenant l'eau à la mer pour qu'elle devienne nuages, pluie et catalyseur de la vie. Il était sur le point de recommencer son orbite.

# L'HISTOIRE DE LA VAGUE

Le cycle de l'énergie est raconté comme l'histoire d'une vague dans l'océan.

Au fil des ans, l'eau a érodé la base de la falaise. La masse rocheuse est tombée, prenant de la vitesse au fur et à mesure qu'elle descendait. Lorsqu'elle a atteint l'océan, une énorme vague est née.

Elle se dirigea vers la mer et commença à se calmer après la colère de sa naissance violente. Cette vague particulière ne savait pas exactement ce qu'elle était. Elle ne savait pas quelle était ou devait être sa largeur. Elle ne savait pas non plus quelle était sa hauteur. Ce n'était qu'une vague, une autre vague entourée de tant d'autres, semblables à elle.

Elle pensa qu'elle avait probablement un but, sinon elle n'aurait pas été créée. Il se demandait quel était ce but. À sa grande frustration, la progression de la vague échappait en grande partie à son propre contrôle. Lorsque le vent soufflait, elle semblait devenir plus grande et plus puissante, même si elle perdait des parties d'elle-même sous forme de mousse. Parfois, elle devenait si grosse que le sommet se retournait et se brisait. Même le soleil brûlant semblait lui voler des parties pour en faire des nuages.

Mais lorsque les choses se sont calmées, c'est toujours la vague qu'il reconnaissait comme telle. Elle avait changé, mais était restée la même. La vague n'avait aucun moyen de gérer ce paradoxe.

De temps en temps, elle se sentait seule. Il y avait des vagues devant elle qui ne ralentissaient jamais assez pour qu'elle puisse les rattraper et les rejoindre. Elle ne pouvait pas non plus ralentir suffisamment pour que la vague qui la précédait puisse fusionner.

Il y a aussi eu des moments où il a eu un contact fugace avec des oiseaux de mer. Il les soulevait avec sa surface avant, puis les redescendait avec sa surface arrière. Mais ce jeu ne durait que quelques instants, tandis qu'il continuait à rouler.

De temps en temps, quelque chose nageait à travers elle. Une baleine l'a toujours tellement perturbé qu'il lui a fallu un certain temps pour se reconstituer. Le coup d'aileron d'un requin, en revanche, était facile à gérer.

Un jour, la vague est restée perplexe lorsqu'elle a réalisé qu'elle n'était pas un morceau d'eau individuel en mouvement, mais quelque chose d'autre. Elle n'était pas comme un fragment d'algue propulsé à la surface de l'océan, mais quelque chose qui utilisait l'eau pour exprimer son existence. C'était une entité, mais elle ne comprenait pas comment elle était liée au reste de l'univers.

Elle savait qu'elle pouvait être modifiée par le vent. Les forts courants qui vivaient dans la mer pouvaient la rediriger. Elle grandissait chaque fois que le fond marin s'approchait d'elle. Il était même tiré et tiraillé lorsque la lune était la plus brillante.

Mais il n'avait aucune idée de ce qu'il était.

Un jour, il s'approcha d'une île. Il vit une étrange créature qui n'était ni un poisson ni un oiseau. Cette créature se tenait sur ce qui semblait être un tronc d'arbre. La vague se sentit malicieuse et se précipita vers le morceau de bois. En arrivant, elle s'est efforcée de changer de rythme en ralentissant puis en se précipitant.

Le canoë de l'homme a chaviré et il était convaincu que les éclaboussures d'écume étaient comme le son d'un ricanement alors que la vague se reformait et continuait son chemin.

Cependant, la sensation de plaisir de la vague changeait. Elle se sentait soulevée vers le haut. Son sommet penchait trop vers l'avant et sa forme s'était transformée en une boucle. Elle s'est précipitée vers la falaise et son sommet est devenu trop lourd. Les gros rochers du fond marin le firent trébucher à sa base, et il tomba dans le promontoire avec un grand fracas. Elle savait qu'elle allait mourir et priait pour trouver la paix dans l'au-delà.

Puis la vague disparut. Son corps s'est brisé en petites vagues qui ont été englouties par le maelström d'eaux agitées.

L'onde sonore résultant de la collision entre la déferlante et le rocher se dirigea vers la mer et commença à se calmer après la colère de sa naissance violente. Cette vague particulière ne savait pas exactement ce qu'elle était. Elle ne savait pas quelle était ou devait être sa largeur. Elle ne savait pas non plus quelle était sa hauteur. Ce n'était qu'une vague, une autre vague entourée de tant d'autres, semblables à elle.

Elle pensa qu'elle avait probablement un but, sinon elle n'aurait pas été créée. Il se demanda quel était ce but.

# LE WEB

Montre que la créativité et l'individualité, ainsi que la logique, ont leur place dans l'avancement de nos vies.

Quel désordre !

La toile que l'araignée était en train de tisser semblait emmêlée, nouée et généralement affreuse. Les autres araignées riaient. Les mouches gloussaient même en passant, et continuaient à sourire lorsqu'elles se prenaient dans les mailles des filets des autres araignées, jusqu'à ce que leurs rires se transforment en larmes.

Bien sûr, ce n'était pas une blague. La vie de cette pauvre araignée était à l'image de ses tentatives de tissage. Elle avait tellement essayé de mettre de l'ordre dans son existence. Quoi qu'elle fasse, quelque chose semblait aller de travers. Un fil se brisait, ou une brindille à laquelle la toile était attachée se détachait. À chaque étape, c'était le désastre. C'est comme si le mot "accroc" avait été inventé pour décrire les tentatives de progrès de cette araignée.

Ses relations sont également complexes et désastreuses. Son avenir est difficile à prédire, ses espoirs ont si peu de chance de se concrétiser. C'est comme si les problèmes qu'elle a connus dans sa vie se mêlaient aux frustrations de la création de sa toile.

L'araignée voulait abandonner. Elle voulait consommer la toile et tout recommencer. Elle avait faim et n'était pas sûre d'elle. Elle se sentait si vulnérable face aux oiseaux et aux autres créatures qui voulaient la manger. Il était paniqué et angoissé.

Par abandon, elle a décidé de laisser le destin et les coïncidences jouer leur rôle dans le développement de la toile. L'araignée voulait que sa toile reflète le désordre de sa vie, qu'elle représente le chaos qui régnait. Tout au long de cette nuit, elle a filé et filé. Elle a tissé et tissé. Elle a continué aveuglément, sans se douter du résultat. La libération des brins de ses glandes était comme le déversement des émotions de son cœur.

Le lendemain matin, le résultat paraissait si ridicule aux autres araignées. Au lieu de la maille carrée qu'elles avaient fabriquée, cette toile rayonnait vers l'extérieur et formait un cercle avec des cercles concentriques. Cependant, elle était étrangement belle ( ), la lumière du petit matin éclairant les gouttelettes de rosée qui s'y étaient condensées. L'araignée était fière de ses efforts, mais honteuse du résultat.

Lorsque les autres araignées virent la toile d'araignée, elles rirent encore plus fort qu'avant. "Où sont les lignes verticales et horizontales ? Elles l'incitent à le faire. "Où sont les gros nœuds où les fils se rejoignent ? L'araignée s'assit au milieu de sa toile et pleura des larmes qui cachaient les gouttes de rosée.

C'est alors qu'une grosse mouche juteuse s'est envolée dans les environs. Elle se posa sur l'une des toiles carrées, mais avant d'être attrapée, elle se glissa à travers le filet et s'envola en ricanant bruyamment. C'était une mouche prétentieuse ! Certaines d'entre elles l'étaient, à l'époque !

Elle a fait de même avec les autres araignées, mais lorsqu'elle a vu la toile circulaire, elle s'est mise à rire de façon presque hystérique. Elle a volé délibérément dans la toile, s'y est empêtrée et, avant qu'elle ne comprenne ce qui s'était passé, l'araignée a couru le long d'un des rayons et s'est jetée sur elle. L'araignée mangea le copieux repas dont elle avait désespérément besoin.

Les autres araignées sont stupéfaites, mais elles mettent cela sur le compte de la chance. Cependant, leurs rires étaient nettement plus silencieux qu'auparavant ! Elles observent attentivement la suite des événements.

Les jours passent. L'araignée à la toile d'araignée ronde attrapait de plus en plus de nourriture, tandis que les autres commençaient à avoir faim. Ils avaient tous cessé de rire, sauf l'araignée qui avait produit la nouvelle toile. Chaque fois qu'une mouche s'y prenait, l'araignée laissait échapper des rires et des gloussements, non pas de dérision pour les autres, mais de contentement pour elle-même.

Avec un sentiment de désespoir, les autres araignées organisèrent une rencontre avec celle qui avait réussi. Elles étudient la structure de la toile. Elles se rendirent compte que la force provenait d'un cercle plutôt que d'un carré. Elles ont vu que les fils rayonnants permettaient d'accéder plus rapidement à la proie piégée. Ils en sont venus à considérer le chaos supposé comme une autre forme d'ordre. Ils ont commencé à admirer la première araignée pour son génie à ignorer les contraintes passées des conventions afin de progresser bien au-delà des limites de ce qui était habituel.

Ils ont reconnu que ce n'est pas parce que quelque chose semble enchevêtré et sans espoir que les résultats seront moins intéressants qu'avec quelque chose qui semble plus simple, mais logique et planifié. Le désordre dans lequel semblait se trouver la vie de l'araignée a en fait conduit à une grande réussite et à l'admiration.

Parfois, semble-t-il, le désordre apparent de la vie peut conduire à quelque chose de plus utile et de plus précieux que ce qui est apparemment traditionnel et direct.

L'araignée était maintenant entourée d'autres personnes qui avaient du respect et de l'admiration pour sa créativité et son culot. Ces autres araignées commencèrent à recycler leur vieux gossamer et copièrent le dessin de cette araignée qui était anxieuse et perturbée, mais qui était maintenant en paix.

Comme toutes les autres araignées du monde, en temps voulu, comme vous pouvez le constater chaque jour au petit matin.

# L'ARBRE BATTU PAR LE VENT

Explique comment nous pouvons développer des attitudes négatives envers nous-mêmes qui sont différentes de la réalité de la façon dont nous sommes perçus par les autres.

Lorsque l'arbre a commencé à pousser, il s'est senti isolé. Lorsqu'il a pointé son extrémité en l'air, il a été déçu. Il était là, au sommet d'une colline balayée par le vent, où un oiseau avait dû le laisser tomber comme une graine.

Il savait qu'il devrait pousser haut et droit, mais plus il essayait de le faire, plus le vent semblait souffler fort.

Ses racines devaient s'enfoncer profondément dans le sol et les rochers pour éviter que le jeune arbre ne soit arraché par les coups de vent. Ses feuilles devaient s'accrocher très fort aux rameaux et aux branches pour ne pas être arrachées.

Il se trouvait laid parce qu'il n'avait pas la forme parfaite des arbres qu'il voyait dans la vallée de la rivière en contrebas. Ces arbres étaient grands, équilibrés et luxuriants. Les oiseaux utilisaient leurs branches pour se percher et faire leur nid. Il lui semblait injuste d'être courbé et tordu au fur et à mesure qu'il grandissait. Et ce sentiment d'échec l'incitait à se courber encore plus.

L'arbre voulait être admiré pour sa beauté, mais il ne pensait pas que cette beauté était accessible. Il voulait être apprécié pour sa hauteur, mais il savait qu'il serait rabougri. Les branches hautes seraient exposées et seraient arrachées par les vents les plus forts.

Il voulait être utile aux oiseaux en offrant ses branches pour faire des nids, mais il savait que les matériaux de construction seraient balayés avant que le nid ne soit terminé.

Mais ce qu'il ne savait pas, c'est que les animaux, les oiseaux et les autres plantes admiraient cet arbre. Ils pouvaient le voir à des kilomètres de distance et il est devenu un point de repère pour aider les oiseaux à localiser leurs nids et les animaux terrestres à regagner leurs repaires et leurs tanières. Même les marins s'en servaient comme d'une boussole pour repérer les lieux de pêche en mer.

L'arbre était utilisé dans les contes pour expliquer les avantages de la ténacité malgré les conditions défavorables.

On l'expliquait toujours de la même manière aux plus jeunes. Par

exemple:
"Si cet arbre peut pousser dans un endroit aussi exposé, imaginez ce que vous pouvez faire dans un environnement bien meilleur. Voyez comment il s'est adapté pour faire face au vent, se courbant pour aller avec la force des rafales plutôt que de lutter contre une force plus forte et de souffrir. Soyez comme cet arbre. Utilise ta capacité à t'adapter à ton environnement pour gagner".
Bien sûr, l'arbre n'avait jamais entendu de telles louanges, et ses parents étaient ailleurs et inconnus, ils ne pouvaient donc pas l'encourager à être fier.
Un jour d'été, l'arbre s'aperçut que des personnes étaient assises à l'ombre de ses branches, le dos appuyé contre son tronc. Ils dessinaient et peignaient la vue depuis le sommet de la colline, mais pas l'arbre. L'arbre avait l'impression d'être utilisé pour permettre aux artistes de capturer la beauté du paysage tout en tournant le dos à la laideur de l'arbre. Il se sentait triste. Les artistes étaient conscients qu'il y avait une fine brume dans l'air. Ils pensaient qu'il s'agissait du début d'une brume marine, mais c'était un fin nuage de larmes qui s'échappait des feuilles.
Les artistes ont interrompu leur travail et déballé de la nourriture. Ils se sont promenés tout en mangeant et ont commencé à regarder l'arbre de près. Ils en ont discuté, ils l'ont admiré, ils l'ont encensé. Ils ont parlé de persévérance, de détermination et de force morale. Ils ont dit qu'il s'agissait d'un monument connu à des kilomètres à la ronde. Ils ont dit que l'arbre était la principale raison pour laquelle ils avaient grimpé au sommet de la colline.
L'arbre s'est alors senti si fier.
C'était étrange, mais à partir de ce jour, les gens, les oiseaux, les animaux et les autres plantes ont tous remarqué que l'arbre semblait se tenir plus haut et plus droit.

# TU NE DOIS PAS... MAIS CHUT, JE DOIS !

L'hypocrisie est le plus grand des péchés lorsqu'elle est pratiquée par des hommes d'église. Lorsque les gens sont contrôlés au profit de la nature égoïste de ceux qui établissent les règles, celles-ci doivent être examinées dans les moindres détails. Les règles peuvent être bénéfiques à la société, mais les dictats mauvais et hypocrites doivent être écartés. Les actes de corruption doivent être traités avec la plus grande célérité et la plus grande sévérité.

Frère Tick était un homme honorable.

Il enseignait aux gens la bonne façon de vivre. Il transmettait les règles d'une vie appropriée et morale et criait sur les malfaiteurs, parfois les frappait ou les fouettait.

Il jouissait d'une grande réputation dans la petite ville où il vivait. Il était respecté parce qu'il percevait ses cotisations financières, mais celles-ci devaient servir à faire de bonnes choses.

Il rendait visite aux familles et leur donnait bonne humeur tout en mangeant d'énormes repas préparés pour lui. Il ne les exigeait pas, car les familles ne pouvaient pas se permettre de somptueux festins, mais ils étaient tout de même préparés pour lui. Après tout, il disait aux gens que d'autres bonnes âmes faisaient de même et qu'ils gagnaient des points pour leur bénéfice dans l'au-delà.

De temps en temps, il s'occupait des jeunes enfants. Il aimait qu'ils viennent chez lui, mais ils devaient être peu nombreux, car il voulait consacrer ses dévotions à quelques-uns à la fois.

Il les débarrassait du péché en faisant avec eux et pour eux des choses dont ils ne devaient jamais parler. S'ils le faisaient, le diable les maudirait, eux et leurs parents, et les condamnerait à une vie après la mort, faite de châtiments et de tortures douloureuses. Les enfants ont tenu leurs promesses, même s'ils pensaient qu'ils devaient le dire à quelqu'un.

Friar Tick veillait à la moralité des habitants de la ville. Si l'un d'entre eux buvait de l'alcool, il le faisait. S'il trouvait de l'alcool dans une maison, il le confisquait. Il disait que pour purifier les buveurs, il en buvait lui-même pour les purifier du diable. Les gens savaient que c'était vrai parce qu'ils pouvaient souvent sentir l'odeur du diable dans son haleine. Il était à la fois courageux et bienveillant.

Il était si attentionné que lorsqu'une jeune fille était prête à se marier, il lui épargnait la douleur de sa première nuit de noces en la subissant lui-même par ses actions rituelles afin d'éviter au nouveau mari de penser qu'il avait blessé sa fiancée bien-aimée.

Tous les habitants de la ville disaient qu'il était le meilleur type de frère possible. Dans leurs pensées intimes, cependant, ils savaient qu'ils péchaient et s'exposaient à être possédés par le diable en condamnant ce monstre de la nature, gros, avide, ivrogne, débauché et abuseur d'enfants.

Lorsque Friar Tick mourut d'un foie défaillant, les habitants de la ville crièrent qu'il avait été attrapé par le diable parce que la nuit précédente, il avait bu un énorme tonneau d'hydromel qu'il avait confisqué à un commerçant de passage.

Les cris entendus étaient cependant faux et n'ont jamais atteint l'intensité des gémissements entendus après l'éclatement de la vérité sur Friar Tick. Ils déploraient la nourriture qu'il leur avait volée, mais surtout ils étaient dévastés par la perte de l'innocence qu'il avait fait subir à tant de jeunes gens.

L'un d'eux a suggéré de lui préparer un dernier festin pour lui rappeler ce que sa "bonne" nature leur avait fait subir.

Il y eut un silence jusqu'à ce que cette personne s'explique davantage.

Les habitants de la ville préparèrent Friar Tick comme un énorme festin pour toutes les petites créatures qui vivaient dans les champs et les forêts. Ils mangèrent et mangèrent jusqu'à ce qu'il ne soit plus qu'un tas d'os pour les chiens.

# DES TIQUES SUR LA TÊTE

Éliminer les **parasites émotionnels** irritants qui vivent sur nous.

Après avoir traversé la jungle émotionnelle qu'était sa vie, la tête d'Eric était couverte de tiques. Elles lui suçaient le sang, se nourrissant des débris pénibles causés par le simple fait de vivre.

Il y en avait une qui était grosse et verte, même si elle était boursouflée de sang. Eric savait qu'elle s'appelait Jalousie. Au début de sa vie, il était jaloux de l'attention que ses frères et sœurs recevaient de leurs parents. Il détestait ses frères et sœurs. Au fur et à mesure que cette chose grandissait, elle se nourrissait de ses relations avec ses amis, ses petites amies et toutes les associations qu'il essayait de développer. C'était un monstre.

Près d'elle, il y avait une autre tique, rouge et grosse. Plutôt que de sucer son sang, cette tique poignardait sa tête avec une vengeance agressive. Eric l'appelait Colère. Elle a détruit une grande partie de sa vie. Combinée à la Jalousie, elle l'a vidé de tout le bonheur résiduel qu'il avait en lui.

Il y en avait d'autres. La Dépression, un gris foncé qui vivait sur sa paupière gauche, empêchant toute lumière de l'atteindre. Puis il y avait le pessimisme, qui vivait sur sa paupière droite et empêchait Eric de voir tout ce qui pouvait être beau ou plein d'espoir.

Enfin, il y avait la peur. Elle l'empêchait de faire quoi que ce soit qui puisse élargir ses horizons. Au lieu de cela, il vivait dans l'obscurité de sa vie restreinte.
Il y en avait beaucoup d'autres.

La nuit, les tiques semblaient plus actives. Elles grignotaient ses pensées, l'empêchant de dormir et lui causant des problèmes qui étaient immédiatement repérés par d'autres tiques en quête de nourriture.

Cherchant désespérément un soulagement, Eric a essayé d'utiliser de l'alcool pour tuer les tiques. Il l'a utilisé en interne et en externe, mais les tiques semblaient rester en place, régurgitant de la salive, rendant sa tête douloureuse et causant encore plus de douleur. Il a utilisé des allumettes chaudes, mais elles n'ont fait que le brûler et ont accentué la douleur.

Il s'est alors procuré une pince à épiler spéciale, a saisi les tiques une à une par la tête et a tiré. À chaque fois qu'il en extrayait une, il ressentait une légère douleur, mais ce n'était rien en comparaison du soulagement qu'il éprouvait par la suite. Il les a jetées dans un petit feu qu'il avait allumé. C'était comme si chaque tique était pleine de l'essence du problème dont elle s'était nourrie et, en retirant les créatures, un désinfectant émotionnel était appliqué pour aider à nettoyer et à aseptiser la douleur et l'angoisse qui avaient été présentes auparavant.

Il a appelé ces pinces l'Optimisme et l'Espoir. Il les a utilisées avec la conviction nouvelle que, malgré le fait que les parasites émotionnels semblaient paralyser sa vie, il pouvait s'en débarrasser et recommencer à vivre.

Il a contacté ses frères et sœurs et les a rencontrés en tant qu'adulte. Il a laissé derrière lui les rancœurs de son enfance. Elles appartenaient à un jeune garçon plutôt qu'à l'adulte qu'il était désormais. Il a commencé à croire que ses amis et ses petites amies pouvaient l'aimer pour ce qu'il était. Il est devenu aimant et gentil, maintenant que son agressivité et sa colère avaient disparu.
Il savait que la vie était faite pour tendre la main et donner quelque chose de bienveillant plutôt que pour nourrir les parasites émotionnels négatifs et malveillants qui l'avaient utilisé et vidé de son énergie.

# L'OUEST RENCONTRE L'EST

Ce texte est tiré du journal de l'auteur qui s'est rendu en Inde dans le cadre d'un projet professionnel. Plutôt que d'être un touriste, j'ai été aidé et guidé par des collègues de travail. Le journal est inclus parce qu'il donne une idée du contraste en termes de mode de vie et de valeurs. Il a été écrit en 1994 et se rapporte donc à l'Inde au début des énormes changements qui ont ajouté des styles occidentaux au pays.

Les photos prises du ciel ne semblent pas dire toute la vérité. La première chose que j'ai vue de l'avion était un magnifique lever de soleil progressant du noir à l'orange, au jaune, au vert et au bleu, en passant par des bandes de rouge. Je m'attendais à ce que Delhi soit à la hauteur de ces couleurs vives, mais au lieu de cela, il était recouvert d'une couche de brouillard. Le brouillard et quelques bâtiments en béton de l'aéroport sont tout ce que j'ai vu de Delhi alors que j'étais assis dans l'avion, retardé, attendant le décollage pour Bombay. "Le pilote a expliqué que l'avion était retardé en raison des déplacements d'un VIP. J'ai dit à mon voisin : "Il est resté longtemps dans les toilettes." Mon commentaire n'a pas eu d'autre réponse qu'un haussement de sourcils.

La première vue de Bombay suggère une collection de misères abjectes. De petites et nombreuses cabanes bordaient l'approche de l'aéroport. L'avion semblait presque en couper quelques-unes.

Après l'atterrissage et les longues formalités d'immigration, j'ai pris le bus gratuit jusqu'au terminal domestique, le mauvais en fin de compte ! Après m'être débarrassé des nombreux vendeurs d'hôtels de l'aéroport, j'ai pris un autre bus pour me rendre au bon terminal.

De ce bus, j'ai vu les cabanes de près, certaines abritant des personnes, l'une abritant environ huit buffles. Selon les normes occidentales, ces cabanes étaient horribles (bien que j'aie vu des cabanes similaires à la périphérie de Paris). Les habitants, cependant, avaient l'air détendu, presque comme des touristes en vacances dans les stations balnéaires de la Méditerranée, se protégeant du soleil, fumant, chiant. Ils étaient heureux de ce mode de vie. Je suppose qu'ils étaient dans une communauté où tous étaient égaux, sans snobisme, juste en partageant la vie.

De temps en temps, le bus s'arrêtait et certains de ces gens apercevaient mon visage blanc. Ils me regardaient, non pas avec jalousie, comme mon arrogance occidentale aurait pu le laisser supposer, mais avec mépris, un regard flétrissant qui me donnait l'impression de ne pas être à ma place, d'être si étrangère.

Je me suis demandé si ce n'était pas le regard que certains de mes ancêtres lançaient et que certains de mes compatriotes lancent aux immigrants, le regard "vous n'êtes pas les bienvenus ici parce que vous êtes visiblement différents". Ces gens n'ont pas à se préoccuper des investissements étrangers ni à être serviles dans l'industrie du tourisme. Ils peuvent exprimer ce qu'ils ressentent vraiment.

J'ai pris l'avion pour Bangalore.

L'hôtel est très bien. Climatisé et à l'abri des moustiques.

Le dîner est magnifique. J'ai pris un plat mixte de pilons de poulet, roses bien que bien cuits, comme le poulet de mon enfance, du poulet mariné, du poulet tandoori, du paneer et de merveilleux kebabs. Et aussi du riz pulau aux légumes. Tellement que, affamée, j'ai laissé un peu de riz et un pilon !

Manger est étrange. Je suis un occidental bien nourri qui mange des animaux maigres. J'ai des visions d'hommes maigres marchant pieds nus le long de la route, couverts seulement d'un sac. J'ai laissé beaucoup de nourriture parce que les portions sont si grandes. Ce que j'ai laissé nourrirait beaucoup de monde. Les pauvres animaux que je vois dans les champs, si maigres et en guenilles, sont utilisés pour nourrir les gros et les rendre encore plus gros. Il n'est pas étonnant que tant de gens ici soient végétariens !

De retour à Bombay, on m'a emmené à la "Porte de l'Inde", qui est si peu impressionnante qu'on devrait plutôt l'appeler "le trou dans la clôture". J'ai vu un vrai charmeur de serpents et son cobra vivant. Il s'est glissé derrière moi pendant que je parlais et lorsque je me suis retourné pour voir qui faisait la musique, j'ai vu le pauvre serpent, mince, petit et noir.

J'ai d'abord sursauté, puis j'ai eu pitié de cette chose sauvage, puissante et redoutable que l'on fait jouer à une foule pour des roupies. Apparemment, ils sont balancés par la queue lorsqu'ils sont attrapés pour la première fois afin que le venin soit dégorgé par la peur et la force centrifuge. Leurs crocs sont ensuite retirés à l'aide d'une pince, ainsi que leurs glandes à venin.

Le charme des serpents est désormais illégal en Inde, les charmeurs sont condamnés à une amende et les serpents sont emmenés dans des zoos locaux.

# QU'EST-CE QUE C'EST ?

Le blâme est facile à attribuer pour masquer les faiblesses et l'incompétence. Elle se développe naturellement et peut atteindre des proportions épidémiques. Nous devrions nous lever et prendre nos responsabilités au sérieux. Nous ne devons jamais cacher nos fautes, mais apprendre à les surmonter.

Jouons à "ça"", crient les enfants en courant pour se rattraper les uns les autres.

Une tape, un cri de "Ton ça" et une fuite laissent un enfant avec le "ça". Cet enfant doit alors courir autour de lui pour le transmettre en le touchant. Lorsque le "ça" est placé sur un nouveau porteur, les autres le montrent du doigt, crient, se moquent et évitent d'être touchés.

Comme une maladie, la "maladie" est transmissible. Contrairement à la maladie, une fois qu'il a été transmis, le porteur est libéré du fardeau. Pourtant, il n'y a jamais de prix.

Après les journées de récréation, les adultes jouent le même jeu, mais avec plus de subtilité. "Le "ça" ne se transmet pas par un toucher, mais par des mots, des regards, des gestes et des attitudes.

Les mêmes règles s'appliquent. Il faut que le porteur du "ça" en perde la charge ; il faut que le "ça" soit placé sur les épaules de quelqu'un d'autre. Lorsque le "ça" est placé sur un nouveau porteur, les autres le montrent du doigt, crient, se moquent et évitent d'être touchés.

Lorsque nous définissons ce que c'est, il s'agit très souvent d'un blâme. Le fardeau qui est transmis aux autres est le soulagement de la gêne causée par nos propres échecs ou le besoin d'échapper à des actions qui ont causé de l'angoisse et de la douleur à d'autres personnes. "Il s'agit d'une délégation de culpabilité. En le transmettant, nous nous donnons l'impression d'être meilleurs que nous ne le sommes. Pourtant, comme dans une cour de récréation, il n'y a jamais de prix. La culpabilité nous rattrape lorsque la vérité devient un acteur principal du jeu, lorsque, avec le temps, la réalité des situations devient plus évidente.

Comme une maladie, la culpabilité se transmet. Contrairement au jeu de chat dans la cour de récréation, une fois que le blâme a été transmis, le porteur en porte toujours le fardeau.

# OÙ EST LE PROPHÈTE DANS TOUT CELA?

Lorsque le prophète est revenu sur Terre, il a commencé avec un petit nombre d'adeptes. Les nouveaux messages qu'il a apportés étaient forts et sages. Ils expliquaient comment l'humanité était en train de tuer le monde sur lequel Dieu l'avait placée. Ils disaient que la cupidité était le plus grand des péchés parce qu'elle encourageait les gens à tuer les plantes et les animaux pour que la terre qui leur appartenait puisse être vendue à des fins lucratives.

Ils ont expliqué que l'agression d'un pays contre d'autres dans la recherche de la propriété des ressources du monde aboutirait à la misère.

Ces éléments à base de carbone, tels que les diamants et le pétrole, ont été placés là en même temps que d'autres éléments à base de carbone, y compris l'humanité. Imaginez que les diamants éradiquent les gens avec des armes à feu. Imaginez le pétrole tuant l'espèce humaine avec des bombes. Et que dire de la pollution, des voitures à essence et du réchauffement de la planète ?

Comme nous sommes au 21e siècle, ce nouveau prophète est allé présenter son message à un gourou des relations publiques.

"Ecoute, mon fils, bien que le message soit bon, la nécessité de le diffuser ne répond pas à mes critères de vente. Si vous devenez une célébrité, il pourrait y avoir un marché."

Le prophète est stupéfait. "Qu'est-ce que tu veux que je fasse ? Que j'aille à la télévision et que je participe à des jeux de célébrités dont le prix est une relance éphémère de ma carrière ? Ce dont nous avons besoin, c'est que le message soit diffusé."
"Vous pourriez écrire un livre, mais pour qu'il se vende, vous devez déjà être célèbre. Le message que vous avez n'a pas de sexe, pas de scandale, pas de piquant pour vendre le steak. Pouvez-vous faire des miracles comme les magiciens célèbres qui lisent dans les pensées ou lévitent ? Pouvez-vous faire quelque chose qui ferait de vous une idole pop ? Pouvez-vous chanter vos messages ou les rapper ?"

Le prophète en fut bouleversé.

"Le rêve de paix et de justice ne se vend-il pas assez bien ? L'espoir que les enfants puissent vivre heureux et en bonne santé en Afrique n'a-t-il pas de marché ?" Le prophète est attristé.

Le prophète est attristé : "Écoute, mon fils, je ne peux pas t'aider. Je ne peux pas t'aider. La religion a dépassé sa date de péremption". Le gourou a utilisé le langage corporel pour signifier que la réunion était terminée.

Le prophète a quitté le bâtiment. L'enseigne de la réception indiquait : "R. McGeddon, diffusion de la parole pour ceux qui veulent en profiter".

Le message est correct, se dit le prophète en s'éloignant.

# QUI OU QUOI

traite de la nature erronée des préjugés. Nous devrions réserver nos opinions jusqu'à ce que nous comprenions qui est la personne plutôt que de supposer à partir de la première impression.

Un jour du printemps de cette année-là, une créature est entrée dans le village. Personne ne savait ce que c'était, mais ils avaient besoin de le savoir.

C'était un être humain, comme eux, mais il était différent. Il semblait plus grand que la plupart des gens. Il semblait plus fort que la plupart des gens. Ce qui était étrange, c'était sa peau. Au lieu d'être la même que celle des villageois, la peau de cette chose était couverte de damiers noirs et blancs. Les habitants du village avaient une peau bronzée qui brillait de sueur dans la chaleur du jour, mais qui se confondait avec l'obscurité du ciel la nuit.

La nouvelle chose se rendit au centre du village et demanda à un ancien de la tribu s'il pouvait boire au puits. Le vieil homme lui dit qu'il n'était pas le bienvenu et qu'il devait partir. Le nouvel arrivant se mit à marcher. "Le vieil homme lui demanda : "Qui es-tu ?

La chose se retourna et dit : "Je m'appelle Tottali. C'est ce que je suis."

Le vieil homme le regarde et lui dit : "Je t'ai demandé ce que tu es, pas qui tu es. Apprends à écouter ou es-tu d'un type si stupide que tu ne peux pas comprendre des mots simples ? Laissez notre eau tranquille. Nous ne voulons pas être contaminés par des étrangers. Partez, car nous ne voulons pas de races étranges par ici." Le vieil homme cracha au visage de Tottali et le traita de "rengo", la pire des insultes de ce peuple. Il lui tourna ensuite le dos et se dirigea vers le lieu de rencontre tout proche.

Le vieil homme a appelé les autres anciens à le rejoindre pour discuter de ce fait troublant.

Pendant ce temps, Tottali s'éloigna dans les prairies sèches qui entouraient le village.

Lorsque les anciens se réunirent, ils discutèrent de ce nouvel arrivant. Ils ne l'aimaient pas. Ils le considéraient comme un danger. Il était grand et fort, leur dit-on. Il représentait une menace pour cette petite communauté. Il tuerait et mangerait les enfants parce qu'il était si primitif. Il volerait probablement leur nourriture et leurs objets de valeur.

Il violerait presque certainement les femmes du village.

Ils savaient tout cela parce que le vieil homme leur avait dit à quoi il ressemblait et comment il était incapable d'utiliser ne serait-ce que des mots simples. Bien que Tottali n'ait été vu que par un seul homme, les autres le haïssaient d'emblée parce qu'il était si manifestement différent. Ils voulaient le chasser et le tuer comme ils le feraient avec un lion.

On dit aux enfants que si cette chose apparaît, ils doivent se cacher et revenir en courant pour dire aux traqueurs et aux chasseurs où ils l'ont vue.

Une semaine passa et l'inquiétude causée par la chose commença à se calmer jusqu'à ce que les villageois soient informés de la disparition d'un des enfants. Les pisteurs et les chasseurs furent envoyés à sa recherche, sachant qu'il avait été enlevé par l'étrange chose. Après tout, le vieil homme avait raconté à son peuple que la chose avait menacé de se venger après lui avoir dit d'arrêter d'uriner dans le puits.

Dans la brousse, ils trouvèrent des taches de sang et suivirent les traces de la chose à damier. Ils se demandèrent pourquoi elle n'avait pas mangé le garçon là où elle l'avait tué, mais ils savaient qu'elle était primitive et qu'elle pensait donc d'une manière étrange.

Tard dans la journée, Tottali fut trouvé à un point d'eau. Le garçon était allongé sur le sol. Sa tête était ensanglantée. La chose était agenouillée au-dessus de lui avec un couteau.

Trois lances ont frappé la chose simultanément. Elle n'est pas morte mais s'est effondrée sur le sol en silence.

Le garçon a crié. Il raconta aux chasseurs qu'il s'était perdu en chassant le lapin et qu'il avait trouvé cet endroit. Il avait bu à ce point d'eau plus tôt dans la journée lorsqu'il avait été attaqué par un gros chien sauvage. Le sang sur sa tête provenait des blessures infligées par ses dents.

Il avait été sauvé par la chose au damier qui avait subi de nombreuses blessures.

Les chasseurs s'enquirent de la trace de sang qu'ils avaient suivie et le garçon leur montra le corps d'un lapin qu'il avait attrapé.

Les hommes enlevèrent les lances et stoppèrent l'hémorragie causée par les trous dans la chair de la chose. Ils ramassèrent le garçon et commencèrent à le porter jusqu'au village. Ils laissèrent Tottali au bord de l'eau parce qu'ils ne savaient pas ce qu'il était et qu'ils avaient peur de le ramener lui aussi.

L'histoire fut bien racontée lorsque les hommes revinrent avec le garçon. Le chef du village était reconnaissant d'avoir sauvé la vie de son petit-fils et demanda aux chasseurs de le retrouver et de le ramener au village. Il était très en colère qu'ils l'aient laissé périr derrière eux.

Un jour plus tard, les hommes ramenèrent la chose à damier et la placèrent sur un lit d'herbe dans la salle commune. Les hommes et les femmes s'en occupèrent et, au fur et à mesure qu'il se portait mieux et parlait davantage, ils se rendirent compte qu'il s'agissait en fait d'une personne. Il était différent à première vue, mais sous sa peau à motifs, il était le même qu'eux.

Le garçon qu'il avait sauvé lui rendait souvent visite et ils échangeaient des histoires. C'était une bonne expérience pour tous les deux. Ils avaient des antécédents différents, mais leurs histoires se ressemblaient : ils parlaient de la vie et de la nature, de la bonté et de la cruauté, des rêves et de la réalité.

Lorsque Tottali a pu marcher, il s'est occupé à aider les villageois. Il raconta aux chasseurs les techniques utilisées par son peuple et ils apprirent de nouvelles techniques. Les hommes qui l'avaient blessé sentirent alors qu'il n'y avait ni colère ni ressentiment.

Au bout de quelques mois, les villageois ont compris que cet homme avait une peau différente, mais qu'il ne représentait ni une menace ni un danger. Il ne mangeait pas d'enfants, ne violait pas de femmes. Il était comme eux et ils se rendirent compte qu'ils étaient comme lui.

Le vieil homme qui avait répandu des histoires malveillantes et méchantes a été traité avec un mépris poli. Il finit par trouver nécessaire de s'excuser. Après s'être excusé, il a bavardé avec Tottali pendant de nombreuses heures. Il lui a expliqué qu'il s'était rendu compte que la façon de voir la vie était de considérer qui ils étaient plutôt que ce qu'ils étaient. Même les chiens qui vivaient dans le village avaient un nom. Les animaux qui vivaient dans la brousse étaient appelés par leur nom, comme les lions ou les antilopes. En revanche, les choses dont nous devrions être proches étaient appelées par leur nom . Cela signifiait que nous comprenions la nature intérieure et la personnalité de la personne ou de l'animal.

C'est peut-être l'essence même de la compréhension de la manière dont nous devons nous comporter avec les autres. Nous devons savoir qui est la personne avant de nous faire une opinion. Décider de la nature d'une

personne en donnant rapidement une description superficielle de ce qu'elle est conduit au sectarisme et aux préjugés. Le vieil homme s'en était rendu coupable, mais il avait appris que le changement était nécessaire, même chez une personne qui semblait figée dans ses idées.
Tottali était presque guéri et décida de retourner chez lui. Il fit ses adieux et se mit en route.
Un jour d'automne, il sortit du village. Tout le monde savait qui il était et s'en félicitait.

# LA COLÈRE VUE DE L'INTÉRIEUR

Une série continue d'histoires racontant la colère, ses causes, ses effets et sa résolution.

Lorsque l'homme en colère est arrivé de son village dans les contreforts, le tonnerre criait au monde. Le langage qu'il utilisait était inintelligible, mais les tonalités suggéraient la force, le pouvoir et le danger.
Peu après, il a été rejoint par le sifflement d'une pluie torrentielle. L'eau a explosé du ciel pour nourrir les quelques plantes qu'elle n'a pas écrasées par sa force et son poids. Pourtant, tout en étant menaçant, l'orage était réconfortant. Le tonnerre était un bruit qui rompait le silence et les éclairs illuminaient la zone et permettaient d'observer les dégâts causés par le déluge.
Il n'a jamais su si de tels orages étaient une manifestation de colère ou s'il s'agissait des forces de la nature qui exprimaient leur puissance de manière arbitraire. Si c'était de la colère, à qui appartenait-elle ? Les nuages noirs et solides qui étaient à l'origine du tonnerre, des éclairs et de la pluie se déplaçaient lentement au gré du vent. C'était comme si les rafales contrôlaient l'endroit et le moment où la tempête se produirait. C'était comme s'il était la plus grande autorité.
Pourtant, le vent était parfois une brise douce et chaude, comme le souffle du baiser de sa femme sur sa joue en d'autres temps. Parfois, il s'agissait d'un coup de vent vicieux et sauvage, comme la colère qu'il avait laissée s'échapper et qui avait mis fin à ces doux baisers qu'il aimait tant.
Il se demanda si les Esprits contrôlaient le temps et les tempêtes. Si c'était le cas, il essaya de comprendre pourquoi ils étaient si en colère. Était-ce l'expression de l'énergie du monde ? Cette intensité était si évidente partout. On pouvait la voir dans les rochers lorsqu'ils dévalaient les flancs des montagnes pour démolir ce qui se trouvait sur leur chemin. Elle se manifestait dans le jaillissement de l'eau des rivières et des cascades. Elle se manifeste dans le vol des insectes et des oiseaux.
C'est le mouvement de tous les animaux. Il avait du mal à penser à des endroits où il n'y avait pas d'énergie. Même les morts donnaient leur vie inutilisée aux vers. Et toute cette vigueur provenait de la Terre, du Soleil et de la Lune. Tout était réuni dans une immense toile d'énergie. Cela doit l'inclure, lui et elle.

L'air semblait toujours plus propre et plus frais après les pluies. Les tempêtes sont toujours accompagnées d'une purge, mais pour lui, il n'y avait que de la culpabilité. Alors, il s'est demandé pourquoi sa relation ne s'était pas améliorée après cette furieuse tempête.

À ce stade, en désespoir de cause, il espérait que la foudre le trouverait pour lui infliger son châtiment soudain et définitif en un instant. Un moment dont il ne serait pas du tout conscient. Mais comme tous ses espoirs, il semblait que celui-ci resterait insatisfait.

## LA RESPONSABILITÉ

L'homme en colère voulait résoudre ce conflit qui l'habitait. Il alla donc voir le sage qui vivait dans les montagnes. Il lui raconta son enfance, lorsqu'il avait l'impression que sa mère n'avait pas été gentille avec lui. Il pensa que la colère qu'il ressentait était le vestige du manque de considération qu'il avait ressenti. Il se demanda si, lorsqu'il se mettait en colère contre les gens qu'il aimait, il exprimait en réalité la colère qu'il aurait manifestée à sa mère lorsqu'il était enfant, mais qu'il avait trop peur pour le faire.

Le sage lui demanda s'il pensait que la bataille était entre l'homme et sa mère telle qu'elle était aujourd'hui. Ou entre son jeune moi et sa mère telle qu'elle était lorsqu'elle était plus jeune.

Après une pause, il lui demanda s'il n'y avait pas eu une bataille entre son jeune moi et sa mère qui l'aurait mise en colère. C'est ainsi qu'il est revenu à la première mère sur Terre. Il a ensuite demandé à l'homme s'il se sentirait innocent ou coupable s'il devait y avoir une bataille entre ses enfants et lui-même, comme il l'avait été.

Il lui dit : "Est-ce que leurs enfants plus jeunes se sentent innocents ou coupables ? "Est-ce que leurs enfants plus jeunes se battent contre vous ? Et si c'est le cas, à qui doivent-ils s'en prendre ? Eux-mêmes, leur père, votre mère, votre grand-mère, sa mère, etc. La seule solution est d'apporter la paix plutôt que des représailles. Vous pensiez avoir trouvé la raison de votre colère dans l'apparence de votre mère. Mais n'oubliez pas qu'il s'agit de vos pensées et de vos souvenirs, pas des siens. Vous avez vu le passé avec vos yeux, pas avec les siens.

Lorsque les souvenirs sont modifiés par nos émotions, ils ne rappellent pas nécessairement la vérité. Quoi qu'il en soit, pourquoi continuer à rejeter la faute sur les autres ? C'est la cause du conflit. Cela devient une licence pour un mauvais comportement.

Si une simple étincelle peut brûler une brindille, et qu'une simple brindille peut brûler une branche, et qu'une simple branche peut brûler un arbre, et qu'un simple arbre peut brûler une forêt, et ainsi de suite... que peut-on reprocher aux autres ?

La seule véritable action à entreprendre est d'éteindre le feu avant qu'il ne détruise le monde. Le blâme et la haine ne font que détruire. L'amour et l'action positive sont les seules choses qui peuvent éteindre une force négative. Un coupe-feu, une seule génération aimante, empêchera le feu

de la colère de se propager. Blâmer ne signifie rien, mais apprendre à se contrôler est ce qui apporte la paix, quoi qu'il en coûte. Ce qu'il faut faire, c'est détruire la colère plutôt que la personne qui l'a provoquée.
Si vous voulez vous débarrasser de votre colère, voyez-la comme un reptile maléfique. Un symbole de la colère qui est en vous. Détruisez-le plutôt que l'image de votre mère. Transformez vos émotions négatives en quelque chose que vous pouvez gérer plutôt que de les laisser devenir des choses amorphes que vous pouvez cacher. C'est à toi d'éteindre le mal qui est en toi, plutôt que la cause possible de ce mal".

# TUER LA COLÈRE

33L'homme en colère se sentit transporté dans un marais boueux. L'odeur fétide de la pourriture lui donnait la nausée. Son estomac se gonfla et il tomba malade sur le sol. Le vomi était très acide et lui brûlait le nez. C'était un tas de viande pourrie, plutôt que digérée. Il s'enfonçait dans la boue. Au bout d'un moment, il s'aperçut qu'il avait un râle écailleux sur la jambe. C'était froid. En regardant vers le bas, il vit la queue d'un gros lézard rouge et vert qui se frottait contre lui. Le lézard sautait dans tous les sens et sa bouche dégoulinait d'une salive putride. Ses yeux étaient rouges et jaunes.
Il semblait être l'essence même de la méchanceté. C'était la colère et la jalousie en un seul être. Il se sentit dégoûté que cette créature ait vécu en lui pendant tant d'années. Il pouvait ressentir la peur et le dégoût que sa femme devait éprouver chaque fois qu'elle faisait surface. Il était tellement horrifié qu'il voulut immédiatement sortir de son imagination. L'homme s'est battu avec le lézard comme s'il avait la force de cinq hommes. Il lui donnait des coups de pied, il le frappait avec une pierre. Ce n'était pas tant pour le tuer que pour le punir. Il cherchait à se venger de cette chose, ce symbole de ses troubles intérieurs qui se répercutaient sur toute sa vie. Il criait, beuglait contre le reptile. Puis il se précipita sur le lézard, le souleva et l'écrasa contre le tronc d'un arbre. Le dos du lézard était brisé, il se tordait d'agonie à tel point qu'il semblait que toute la misère qu'il avait causée au cours des années revivait dans ces quelques instants d'agonie.
Lorsque, enfin, la créature s'effondra sur le sol, son râle emplissant l'air, l'homme s'effondra d'épuisement et resta allongé sur le sol. Sa colère était enfin éteinte.
Lorsqu'il se réveilla, le sage se tenait tout près et regardait le cadavre. Les deux hommes s'étreignirent. L'homme ferma les yeux et se mit à sangloter de façon incontrôlée. Se sentant différent, il ouvrit les yeux et vit sa mère qui le prenait dans ses bras. Au lieu de reculer, il lui rendit son étreinte. Elle pleurait. Elle lui a demandé s'il allait peut-être lui pardonner sa façon d'être, de la même façon qu'il espérait que sa femme lui pardonnerait sa façon d'être.
L'homme a pris du recul et a dit à sa mère qu'il avait appris que l'amour était la force la plus puissante qui soit. Il surmonte la blessure, la colère

et la haine.

Ce qui s'est passé dans le passé appartient au passé. Le passé, c'est hier. Nous ne pouvions vivre que dans le temps présent et créer notre avenir de cette manière. Ils s'étreignent à nouveau.

Le corps reptilien tordu gisait sur le sol, dévore par les fourmis et les asticots. Toute la vie a reconnu la vie et la mort. Le lézard n'était plus un être vivant, mais dans sa mort, il redonnait la vie au monde, une vie purifiée par le recyclage qui était l'essence même du mouvement de l'énergie.

Le monstre avait existé en lui, non pas en tant qu'être vivant, mais en tant que souvenirs. Il avait été maintenu en vie par l'énergie de ses propres pensées négatives, jalouses et destructrices. Ce démon avait été créé par la pensée, par la réaction, par la fermentation et par sa liberté de s'exprimer grâce à son manque de contrôle. Finalement, il a été détruit par la pensée. Des pensées d'amour et d'espoir.

## POUVOIR

L'homme demanda au Sage comment obtenir le pouvoir dont il avait besoin pour changer les autres. Le Sage fronça les sourcils. Il dit que vouloir le pouvoir de changer les autres, c'est manipuler les autres au profit de celui qui détient le pouvoir. C'est la même chose que l'intimidation. Il a expliqué que cette demande allait à l'encontre de tous les principes que l'homme aurait dû apprendre sur l'amour.

Il a emmené l'homme dans un endroit où il y avait quatre grottes. Il a indiqué celle de gauche. Il a dit que les grottes représentaient des étapes dans le temps. Il a fait asseoir l'homme sur le sol et a commencé à lui expliquer.

"La grotte de gauche contient le passé et vous avez passé tellement de temps à explorer cette grotte que, pour ainsi dire, vous y vivez encore. La deuxième grotte contient le présent et la quatrième le futur. Maintenant, regarde dans la grotte du passé".

L'homme se dirigea vers l'entrée de la première grotte et regarda à l'intérieur. Il vit des images défiler pendant de brefs instants. Puis il sentit différentes émotions le traverser. Elles ressemblaient au mélange de misère et de bonheur qui avait été toute sa vie jusqu'à présent. C'était en tout cas l'impression que lui donnait sa vie à ce moment-là. Pas d'avenir, pas d'espoir, pas de bonheur.

Le sage lui dit qu'il était temps de quitter cette grotte pour toujours.

Ils continuèrent jusqu'à la grotte suivante. Là, il ne voyait et ne sentait rien d'autre que le vide et la désolation.

Ils marchèrent jusqu'à la quatrième grotte. Elle était également vide

Le sage reprit la parole. "La façon de se développer est de rêver de son avenir, et la façon dont on le rêve est la façon dont il sera.

L'homme entra dans cet endroit vide et, dans son esprit, il imagina des jours d'amour et de bonheur. Des jours où le temps présent avait été déplacé dans la première grotte, et où la grotte du présent était pleine de joie et de paix. Il sentait la chaleur, il sentait le contentement. Il entendait des mots doux s'échanger. Il est parti et a remercié le sage.

Après une pause, le sage demanda à l'homme d'aller dans la grotte qu'ils avaient traversée plus tôt. Il lui dit que c'était le lieu du changement, l'endroit où le présent et l'avenir se rencontrent. Il a dit que c'était la source de la réponse à la question que l'homme essayait de poser au début.

Il a dit : "il y a deux formes de pouvoir, pas une seule. Il y a le pouvoir qui consiste à contrôler les autres et le pouvoir qui consiste à se contrôler soi-même. L'homme acquiesça et entra dans la troisième grotte.
Soudain, c'est comme si une porte s'était refermée. La grotte était d'un noir absolu. L'homme entendait des tambours battre et un étrange chant, presque une psalmodie, d'un mot qu'il ne pouvait ni reconnaître, ni répéter. Il s'assit sur le sol. Une voix lui parle.
"La maîtrise de soi, c'est être capable de lâcher prise plutôt que de s'accrocher. Celle que tu aimes a de la force parce qu'elle s'est éloignée de toi. Tu as fait preuve de faiblesse en la poursuivant si désespérément que tu l'as fait fuir. Pour acquérir de la force, vous devez apprendre à perdre ce que vous voulez pour trouver ce dont vous avez besoin. Ce que tu veux, en ce moment, c'est une personne qui ne veut pas de toi. Ce dont tu as besoin, pour l'avenir, c'est de quelqu'un qui a besoin de toi.
La personne que vous avez aimée ne veut pas de vous pour l'instant, mais elle aura besoin de vous lorsqu'elle se rendra compte que vous avez été plus bon que mauvais et qu'elle verra que vos problèmes ont été résolus. Elle verra alors que ce que vous avez fait pour vous, en opérant ces changements, c'était vraiment pour elle. Cela venait de l'amour que vous lui portiez.
Vous devez accepter que vous n'avez pas besoin d'elle, que vous la voulez seulement parce que vous l'avez perdue. Lorsque vous pourrez vous détacher de cette situation et qu'elle aura besoin de vous, le moment sera venu de vous demander si vous avez toujours envie d'elle et si vous en avez toujours besoin. Si c'est le cas, vous pourrez vous aimer à nouveau. Si ce n'est pas le cas, vous aurez de toute façon trouvé votre bonheur. Si elle ne comprend pas pourquoi vous étiez comme vous étiez, vous n'aurez rien perdu de toute façon !
En attendant, vivez votre vie pour vous, pas pour la personne qui ne veut pas de vous ou qui n'a pas besoin de vous. Il n'est pas de votre devoir d'être malheureux parce que quelqu'un s'éloigne de vous. Vous avez fait tout ce que vous pouviez pour vous débarrasser de ces aspects négatifs. Si cette lutte contre vos problèmes a donné les résultats que vous souhaitiez, célébrez-la.
Cependant, si elle ignore ce conflit, si elle ne veut pas vous voir comme vous l'êtes devenu, il vaut mieux que vous vous éloigniez parce que vous ne vous éloignez de rien. Cela signifie seulement qu'elle a une guerre à

mener à l'intérieur d'elle-même. Vous ne pouvez pas le faire à sa place. Reste fidèle à toi-même et tu trouveras l'amour que tu mérites."
La voix s'estompa. La lumière commença à pénétrer dans la grotte. L'homme se sentait confus et étourdi. Il s'en alla à l'air libre.

## JUGEMENT

Le Sage conduisit l'homme plus loin dans les montagnes jusqu'à ce qu'ils atteignent une entrée dans le flanc d'une colline.

L'homme entra dans une immense caverne. Elle était richement décorée de stalagmites et de stalactites. Elles formaient d'immenses sculptures d'une beauté à couper le souffle. Au centre de ce palais grandiose se trouvait un seul rocher triangulaire.

Il se sentait submergé par l'émerveillement et la peur. Il était conscient du bruit des mouvements vers ce cœur de vie. Puis un sentiment de terreur l'envahit et il se hissa sur le sommet du rocher. Il lui semblait que c'était le lieu du jugement, et comme il se considérait comme coupable, il savait qu'il serait condamné.

Une voix semblait sortir de la pierre. "Il n'y a pas de jugement ici. Il n'y a pas de jugement dans l'univers. Lorsqu'un lion tue une antilope, il n'y a rien qui puisse décider si c'était bien ou mal, ou si elle a été tuée proprement ou dans la douleur. Lorsqu'une fleur s'épanouit, rien ne permet de décider si elle est belle ou non. Si un ours enlève un homme, la famille de l'homme considérera que l'ours est mauvais et voudra le tuer. La famille de l'ours, en revanche, considérera que le tueur d'hommes est bon parce qu'il a ramené de la nourriture à la maison. Les valeurs de vertu ne peuvent exister que dans l'esprit des juges, et cela dépend de leur point de vue plutôt que d'un code de conduite ou d'une vérité universelle.

L'humanité est cependant unique dans la nature. C'est le seul être vivant qui pense avoir le droit de juger. Cela fait partie de son caractère. Ainsi, rien ne vous juge en dehors des personnes que vous connaissez et de vous-même. Les autres n'ont pas le pouvoir de vous changer, mais seulement de vous féliciter ou de vous réprimander. Vous, par contre, avez le choix de faire les changements dont vous avez besoin, et que vous voulez faire, afin de pouvoir vivre dans la paix et l'épanouissement.

Vos expériences vous ont aidé à gérer la colère qui vous habitait et à voir la voie à suivre. Elles ne peuvent pas changer le passé, mais elles t'ont permis de créer un avenir différent de celui qui se serait produit si tu n'avais pas choisi de modifier tes pensées et ton comportement".

"Qui êtes-vous ? demanda l'homme.

"Je suis votre conscience. Sers-toi de moi, non pas pour t'autocensurer, mais pour aller de l'avant.

Tu dois cesser de te juger si sévèrement. Il y a des moments où tu peux regarder ton comportement et le changer pour améliorer la vie de ceux que tu aimes s'il est préjudiciable. La seule personne qui mérite d'être jugée est l'homme qui sait qu'il agit mal et qui ne fait rien pour se corriger. Cette personne a un problème parce qu'elle ne s'en préoccupe pas. Vous avez pris la décision de changer parce que vous vous en souciez. Il est triste que le début de ce processus de transformation ait causé tant de chagrin. Sachez que si ceux pour qui vous avez pris ce choix ne peuvent pas apprécier ce que vous avez fait, c'est peut-être qu'ils ne méritaient pas les tourments que vous avez endurés pour eux. Peut-être ont-ils été, en fait, les engrais qui ont aidé le monstre qui est en vous à grandir.

Parfois, lorsque vous êtes une personne gentille et attentionnée, qui fait passer les besoins des autres avant les siens, vous en payez le prix fort. Les personnes pour lesquelles vous avez tout sacrifié croient que leur vraie place est en face de vous. Elles manquent de compréhension et d'appréciation. Tout ce qu'elles ont appris, c'est à être indifférentes et égoïstes. C'est peut-être ce que sont devenus ceux que vous aimiez. Si c'est le cas, vous n'avez pas besoin d'eux et ils ne vous méritent certainement pas.

Je suis là pour vous aider à faire la transition entre le passé et l'avenir, pour m'assurer que vous avez tiré les leçons de vos expériences et de vos voyages. Laissez l'avenir se dérouler comme vous le souhaitez et comme il l'entend".

## LE NOUVEAU DOMAINE

Soudain, l'homme flottait dans un tunnel, dans un puits de lumière pure. Il se sent attiré par des sons et des visions exquises. Il est conscient que ses amis et ses proches se préparent à l'accueillir. Il savait qu'il se rendait dans une autre réalité où il vivrait enfin en paix. Il serait libéré des tourments de sa vie. Il sentait qu'il faisait enfin partie de l'univers. Il se sent désormais satisfait. Il savait qu'il retrouverait sa femme et ses enfants, qu'il les aimerait et qu'il serait de nouveau avec eux, mais cette fois dans un endroit où il y aurait du bonheur plutôt que de la souffrance. Il flotta dans ce nouveau domaine, un endroit plein de beauté et de lumière. Il vit quelque chose qui l'accueillait. C'était indescriptible, car ce n'était ni une personne, ni un esprit, ni l'univers, mais quelque chose qui était tout cela à la fois.

Une belle voix s'adressa à lui. "Bienvenue. Tu n'es pas ici pour être jugé, car ici, il n'y a pas de jugement. Tu es ici pour accomplir ce que tu veux." Il réfléchit longuement. Il essayait de rassembler ses sentiments. Il était heureux à l'idée de se trouver dans un endroit où le bonheur était la norme plutôt que la misère En même temps, il se sentait floué de ne pas avoir pu résoudre ses problèmes dans son monde réel.

Il a répondu : "J'en déduis que c'est le monde réel. "Je suppose qu'il s'agit de l'autre dimension dans laquelle je vais maintenant vivre. Si c'est le cas, je vous prie de m'écouter. Le monde terrestre était aussi un lieu de beauté, mais cette beauté n'était pas autorisée à s'exprimer. Il y avait de la souffrance, de la douleur et du mal dans le cœur des hommes.

Pourquoi, si tu es le Grand Esprit Universel, permets-tu que cela se produise ? Si vous vivez dans toutes les choses, pourquoi ne changez-vous pas les mauvaises actions ? Pourquoi avez-vous besoin de nous torturer ? Il semble que les bonnes personnes soient punies pour avoir été bonnes. Ceux qui travaillent, donnent et partagent finissent par perdre ce qu'ils aiment le plus. Ceux qui sont oisifs, ceux qui prennent et retiennent sont ceux qui semblent avoir une vie heureuse. Il ne suffit pas de dire qu'il n'y a pas d'évaluation ici. Il y a eu une évaluation sur Terre. Les autres jugent l'individu, et l'individu se juge lui-même. Si l'Esprit de l'Univers vit en toutes choses, alors l'Univers a une opinion sur notre valeur. Si nous vivons dans l'Esprit de la vie. , alors nous pouvons certainement être autorisés à profiter de l'Esprit du bonheur et de l'épanouissement avant de venir ici."

Il ne se sentait pas en colère, mais frustré. Ses paroles ressemblaient davantage à un plaidoyer en faveur de l'homme, de l'animal et de la plante. Il répondait à l'affirmation de l'absence de jugement par une évaluation du Grand Esprit basée sur ses propres expériences. Et s'il n'y avait pas de jugement ici, alors il ne pouvait pas être puni pour avoir exprimé son point de vue de toute façon ! Il poursuit.

"Et maintenant, je vais répondre à ce que vous avez dit quand je suis arrivé ici. Alors, c'est un endroit où je peux accomplir ce que je veux ! Eh bien, je veux accomplir mon devoir de bon mari, de bon père et de bon grand-père dans le temps. Je veux remplacer le malheur que j'ai donné à mes proches par du bonheur. Alors, accordez-moi cela."

La voix marqua une pause, puis répondit. "Avez-vous terminé ? Je suppose que oui. Ce que vous aviez dans votre monde, c'était le choix. C'était la liberté. Tu avais le choix de porter la souffrance de ta vie dans la vie des autres. Qui voulez-vous blâmer pour les options que vous avez eues ? Voulez-vous être contrôlé au point de mener votre vie comme un ruisseau contenu dans ses berges, ou préférez-vous avoir la liberté d'un océan ?

Ce qui vous touche vraiment, c'est qu'alors que vous aviez la possibilité de décider de votre comportement, vous ne vous êtes pas amélioré jusqu'à ce qu'il le faille. Et maintenant que vous avez changé, vous êtes contrarié parce que les autres ont la liberté de choisir de vous reprendre ou de vous rejeter. Vous avez appris beaucoup de choses, mais vous n'avez toujours pas appris à surmonter votre propre déception de ne pas pouvoir obliger les gens à faire ce que vous voulez.

Je suis peut-être la source de toute vie, mais je ne suis pas un puits à souhaits. Si je l'étais, tous les êtres pourraient être aussi égoïstes qu'ils le veulent, aussi méchants qu'ils le souhaitent, et me demander ensuite pardon. Tout serait sans conscience. Comme vous l'avez dit, il y a des gens qui sont sciemment égoïstes et qui volent les biens émotionnels et matériels des autres. Ils ont le choix de changer comme vous l'avez fait".

L'homme répond. "Mais qu'est-ce qui les empêche de le faire ? Sont-ils jamais punis s'ils ne sont pas jugés ?"

La voix répondit : "Oui. "Oui. Ils sont punis par eux-mêmes parce que ils n'ont jamais ce qu'ils veulent. S'ils doivent prendre ou blesser, c'est qu'ils se sentent obligés de le faire. S'ils sentent qu'ils doivent prendre quelque chose, c'est parce qu'ils souffrent sans cela. Bien sûr, une fois qu'ils ont obtenu quelque chose, ils ont encore besoin d'autre chose, et ainsi de suite. C'est ainsi qu'ils ne sont jamais heureux. Les personnes qui sont heureuses sont celles qui donnent, librement et sans conditions, quelque chose qu'elles veulent fournir pour rendre les autres heureux. C'est ainsi que le bonheur engendre le bonheur et que la misère engendre la misère. Et vous l'avez appris de première main."

"Donc, si j'avais pu cesser de donner de la colère et la peur qu'elle engendre, et que j'avais donné de l'amour pur à la place, nous aurions tous été heureux." L'homme s'arrête et attend en silence. "L'homme s'arrêta et attendit en silence. Aurai-je un jour la chance de donner l'amour que je ressens, mais qui a été obscurci par la colère qui a maintenant été apprivoisée ?"

"Il y a deux choix qui s'offrent à vous maintenant. Tu peux rester ici avec tes ancêtres et les amis que tu as perdus, et ressentir le bonheur qui semble t'avoir manqué sur Terre, ou tu peux te réveiller dans ta vie sur Terre en croyant qu'il s'agit encore d'un rêve. Tu devras être patient pour vivre ton rêve, mais un jour tu reviendras ici de toute façon. Nous pourrons alors reparler."

## TEMPS

L'homme raconte ses expériences au Sage. Il demanda au Sage de lui donner plus d'explications sur le temps, car si le temps n'existait pas quelque part, il aurait la possibilité d'effacer, ou de changer, les erreurs de son passé. Le sage a commencé à interpréter ses connaissances.

"Le temps n'existe pas comme vous le pensez. Le seul temps qui existe est le présent. Il n'y a pas de futur parce que les influences qui créent le futur sont ici et maintenant. Si le présent change, le futur change aussi. Le passé n'est qu'un souvenir de la façon dont chaque moment s'est déroulé. Il ne peut être modifié parce qu'il s'est produit, et il n'existe donc que dans les souvenirs. Les souvenirs ne sont que des pensées, et comme les pensées changent et mutent au fil du temps, les événements réels semblent changer eux aussi. Ainsi, le passé que nous connaissons n'est réel que dans la mesure où il s'agit d'une histoire que nous avons racontée. De quoi vous souvenez-vous avant votre naissance ? Rien de plus que ce que l'on vous a raconté, et ce n'est de toute façon pas votre expérience. Les histoires sont les pensées des gens qui sont modifiées et colorées pour les rendre plus divertissantes, effrayantes ou éducatives. Nous ne pouvons jamais être sûrs que ces histoires sont la vérité.

Personne ne peut prouver la vérité, mais le récit qui sera cru dépend de l'opinion que l'auditeur a du conteur, et non des faits.

Pour l'instant, ce dont il faut être conscient, c'est que l'avenir est modifié par notre façon d'être dans le présent. Il n'est pas modifié par la façon dont nous souhaitons qu'il soit, mais seulement en croyant à la façon dont nous voulons qu'il soit dans le futur".

Cela semble presque trop difficile à comprendre pour l'homme. Il pouvait comprendre que le moyen de changer l'avenir était de changer le présent, et que la meilleure façon de le faire était de changer le seul point de temps que nous vivons.

## LES QUATRE MONDES

L'homme s'assit et observa le Sage qui semblait travailler sur les mots qu'il allait prononcer. Après un long moment, il commença à expliquer.
"Il y a quatre éléments : le feu, le vent, la terre et l'eau.
Il y a quatre directions : le nord, l'est, le sud et l'ouest.
Il y a quatre formes de vie : les animaux, les plantes, les éléments de la roche et de la terre et, bien sûr, les esprits.
Ce qu'il faut savoir maintenant, c'est qu'il y a aussi quatre mondes. Tu as vu ces quatre endroits de l'Univers lorsque tu as visité les quatre grottes. Tu as vu le passé, le présent et le futur. La troisième grotte est celle du conseil et du changement.
Ce qu'on ne vous a pas dit, mais ce que vous devez savoir, c'est comment utiliser correctement cette dernière grotte. Suis-moi".
Le sage se leva et se dirigea vers l'arrière de la troisième grotte. L'homme le suivit, sa curiosité grandissant à chaque pas.
Tout au fond de la grotte, il y avait un minuscule trou dans le sol. Le sage s'y faufila et l'homme le suivit. Quatre tunnels y menaient et la pierre centrale était de forme carrée.
Ils s'arrêtèrent devant le premier visage qu'ils virent en entrant.
"C'est l'ici et maintenant. Regarde attentivement et tu verras un reflet de toi-même tel que tu es : confus, interrogatif et perdu".
Ils se sont dirigés vers le deuxième visage.
"C'est le passé. Vous pouvez voir la colère que vous aviez. Vous pouvez voir sa défaite. Ce visage représente la récupération de ces choses qui devaient être traitées. Une fois que ces éléments négatifs ont été récupérés, la réconciliation de ces parties perdues de votre esprit a été réalisée. Votre colère s'est éteinte et vous avez pu être en paix avec vous-même et avec les autres.
Les deux hommes se dirigèrent vers le troisième visage. Le sage dit :
"C'est ici que l'on donne des conseils constructifs :
"C'est ici que l'on donne des conseils constructifs pour quitter le passé et changer le présent afin de construire un avenir différent."
Ils se dirigent ensuite vers la quatrième face. L'homme pouvait voir les nombreux choix qui s'offraient à lui.
"Une chose que l'on vous a souvent répétée, c'est que vous êtes responsable de votre propre destin. Concevez votre destin et il se réalisera. Je vais vous le montrer maintenant."

L'homme a regardé attentivement ce quatrième visage et a vu comment, dans le passé, après s'être disputé avec sa femme, il avait commencé à penser que son mariage allait prendre fin. Cette croyance a élargi le fossé qui commençait à se creuser. Et après les disputes suivantes, et les suivantes, et les suivantes, le fossé est devenu une vallée, qui s'est ensuite transformée en canyon.

"Pouvez-vous voir que ce qui s'est passé est en fait ce que vous avez vu être votre destin ? Et les actions que vous avez entreprises, en permettant à votre colère de faire surface, n'ont fait que concrétiser ce destin ?"

L'homme acquiesça tristement. Il regarda le sage d'un air sombre et remarqua que son ami souriait.

"Pourquoi souris-tu à ma perte ?" demanda-t-il, très irrité. demanda-t-il, très irrité.

"Parce que ce que vous regardez n'est pas seulement votre perte, mais aussi votre salut. Ne voyez-vous pas ? Vous avez maintenant la réponse à votre question persistante. Comment pouvez-vous changer quelqu'un d'autre pour votre propre bénéfice ? C'est la révélation que vous attendiez. Si vous avez provoqué votre situation actuelle par votre vision de cette fin, alors vous pouvez changer votre vie en la supposant telle que vous la voulez. Si vous voulez vraiment vivre vos journées avec quelqu'un dans l'harmonie, le bonheur, la sécurité et l'amour, tout ce que vous avez à faire, c'est de croire que ce résultat se produira, et aucun autre. Votre comportement changera pour répondre à votre croyance. C'est pourquoi je souris. Lorsque vous rêvez de votre rêve, votre rêve devient réalité.

Nous avons tous rencontré des personnes qui sont tombées malades parce qu'elles pensaient qu'elles succomberaient à la maladie. Il y a aussi des gens qui ont beaucoup de choses parce qu'ils pensent qu'ils les méritent. Ce qu'il faut savoir, c'est que nous obtenons ce que nous pensons. Nous contrôlons tous notre propre destin ; nous façonnons notre propre vie. Qui d'autre voudrait écrire des scénarios pour chaque être vivant ? Pensez-vous que les Esprits n'ont rien de mieux à faire ? Nous ne recevons pas de scénario à la naissance. La vie est une pièce de théâtre que nous écrivons nous-mêmes.

Nous faisons tous partie de l'Univers. Ce que nous voulons, c'est ce que l'Univers nous donne. Considérons l'Univers comme un conteneur contenant tout le soutien dont nous avons besoin. Les accessoires de la pièce sont disponibles. Tout ce que nous avons à faire, c'est de demander ces ressources. Le destin est ce qui semble vous pousser à réaliser vos rêves.

Cela semble étrange, mais lorsque vous vous engagez à réaliser votre avenir, les choses vous apparaissent. Vous trouvez des coïncidences et des présages. Des personnes utiles semblent surgir de nulle part. Vous trouvez des panneaux indicateurs. Tout ce que vous avez à faire, c'est de croire, non pas tant en un résultat préétabli, mais en votre accès, de droit, à votre part des outils et des atouts de l'Univers qui permettront à votre avenir de se réaliser. Sachez ce que vous voulez qu'il arrive, et les ressources dont vous avez besoin apparaîtront. C'est vous qui créez ce qui va se réaliser.

"Mais n'est-ce pas utiliser le pouvoir à des fins égoïstes ? demanda l'homme.

Le sage répondit. "Si nous pouvons vivre dans ces quatre réalités simultanément, alors nous pouvons vivre la vie que nous choisissons plutôt que celle que nous craignons de vivre. Tu as déjà de bons exemples de cela. Lorsque vous avez rencontré votre femme pour la première fois, vous avez rêvé que cette fille serait un jour votre épouse. Lorsque vous vous êtes mariés, vous saviez que vous auriez des enfants dont vous seriez fiers. Toutes ces choses positives se sont produites.

Mais lorsque vous avez douté de votre mariage et de votre droit au bonheur, vous avez abandonné votre rêve de restaurer votre mariage et celui-ci a pris fin. Vous avez rêvé de la fin au fur et à mesure qu'elle se produisait.

Ensuite, lorsque vous vous êtes appliqué à résoudre vos problèmes, vous avez su que vous alliez guérir votre colère, et c'est ce que vous avez fait.

Voyez et ressentez vos rêves comme de nouvelles expériences plutôt que de vous souvenir de votre passé. Seuls les souvenirs appartiennent au passé, vous devez créer un nouvel avenir avec de nouveaux événements. Peut-être les esprits ont-ils conspiré pour vous débarrasser de quelque chose dont vous n'aviez pas besoin, à part votre colère !

L'homme accepta d'un signe de tête de perdre le passé et de rêver son avenir pour le voir se réaliser.

## RÉSOLUTION

Lorsque le Sage et l'homme se sentirent tous deux prêts, ce dernier partit avec une certaine tristesse dans le cœur, mais avec un élan dans le pas.

Il fit ses remerciements et ses adieux au Sage et quitta les montagnes. Il revint par les contreforts. Là, les plantes poussaient à la lumière du soleil. Des jeunes pousses apparaissaient au-dessus du sol. De petits animaux gambadaient.

La vie était revenue à cet endroit, mais c'était une nouvelle vie qui remplaçait les plantes et les créatures qui avaient été détruites. Cet endroit était synonyme de renouveau. C'était l'avenir qui jaillissait du passé. Le paysage ne serait plus jamais le même qu'avant, mais il apparaîtrait à de nouveaux yeux comme tel qu'il a toujours été. L'avenir se construit à partir du présent. Le passé n'a presque plus d'importance.

La colère de la tempête avait détruit ce qui existait auparavant, mais elle avait permis à un nouvel avenir de voir le jour.

Enfin, l'homme sentait qu'il avait un but dans sa vie. Il était conscient qu'une grande partie de sa vie avait été consacrée à la destruction des choses. Son mariage, sa famille et son bien-être.

Il pensait de moins en moins à sa femme et à ses fils. Ils n'avaient pas essayé de le contacter et il commençait à comprendre que le problème qu'il y avait eu n'avait certainement pas été unilatéral.

L'homme rêvait de ses simples besoins. Lorsqu'il voulait de la nourriture ou de l'argent, ceux-ci arrivaient comme par magie. Pas en grandes quantités, mais toujours en quantité suffisante pour répondre à ses besoins.

Lorsqu'il voulait de la compagnie, des gens arrivaient pour discuter avec lui. Il avait trouvé la satisfaction qui lui avait échappé auparavant.

Il continuait à croire qu'un jour, il trouverait l'amour de la personne qui lui rendrait son amour. Il espérait que sa patience et son attention seraient reconnues par l'Univers et communiquées à cette personne.

Chaque jour qui passait, il construisait son rêve, pièce par pièce, mais il se sentait frustré par le fait que la seule chose qu'il voulait vraiment semblait hors de sa portée.

Il avait appris la patience et la considération. Il avait découvert que la confiance naît de l'honnêteté, non seulement avec l'autre partie, mais aussi avec soi-même. Cependant, le rêve de l'homme était toujours le même. Il voulait partager l'amour et le bonheur avec quelqu'un.

Lorsque l'homme a appris que son mariage avec sa femme avait été officiellement annulé, il a été bouleversé, mais pas désemparé. Il savait que l'eau qui s'écrase d'une cascade sur les rochers durs en contrebas devient de la vapeur qui est renvoyée dans le ciel pour devenir des nuages, qui deviennent de la pluie, qui deviennent de l'eau, qui redevient la rivière au sommet.

C'est ainsi que son amour, qui lui avait valu la haine, sera recyclé pour redevenir de l'amour. Pas aujourd'hui, peut-être, mais dans le lendemain de ses espoirs.

Et le temps passa. Mais il s'était lassé de rêver d'une vie heureuse avec son ex-femme. Rien n'avait avancé, il n'y avait toujours pas de contact de sa part. Il s'est résolu à ne plus l'attendre et à trouver son bonheur ailleurs. Après cette décision, l'homme a fait un rêve.

Il se sentait de retour dans les montagnes avec le Sage.

Soudain, il vit le reptile qu'il avait tué il y a si longtemps. Il était recroquevillé comme un chien devant un feu. Il s'est réveillé et a souri à l'homme.

Le sage lui dit d'aller vers lui. L'homme eut peur. C'était quelque chose qu'il ne voulait pas voir. Après tout, il s'agissait de sa colère. Le sage lui dit de s'asseoir. Le reptile se mit alors à parler.

"Je sais que je t'inquiète. Nous avons eu des différends dans le passé ! Laisse-moi t'expliquer ce que je suis.

Certes, j'ai été créé pendant ton enfance à la suite des expériences que tu as vécues et qui étaient réelles. Cependant, comme tu le sais, c'est l'amour qui détruit la colère. Lorsque vous vous êtes mariés, l'amour que vous auriez dû recevoir a été insuffisant. Cela t'a fait ressentir la même chose que lorsque tu étais enfant.

Ce manque d'amour pour toi m'a permis de grandir. Et en grandissant, j'ai pu détruire le peu d'amour qu'il y avait pour toi.

Je suis désolé, mais c'est ma nature. Je devais remplir mon rôle si on me laissait grandir. Ce n'est pas toi qui m'as créé et fait grandir, c'est ton enfance qui a planté la graine. Ensuite, c'est votre relation qui a permis à cette graine de germer et de devenir ce que je suis devenue.

Vous m'avez détruit avec l'amour que vous portiez à d'autres personnes, et maintenant je suis en sommeil dans cet endroit confortable. Ce qui va se passer, c'est que tu vas permettre à quelqu'un d'autre de t'aimer comme tu aurais dû être aimé par ta femme. Par conséquent, je ne peux plus grandir en toi !

Il y a beaucoup de gens qui ont en eux un ogre de misère, et ces bêtes ne peuvent survivre qu'en s'assurant de la compagnie d'autres personnes qui leur ressemblent.

Ce qui semble être une bonne idée au départ se transforme souvent en acrimonie et en chagrin. Il n'y a pas d'autre moyen de traiter ces monstres que de laisser l'amour les étouffer. Mais souvent, l'amertume qu'ils provoquent rend les blessures trop profondes pour être cicatrisées."

Le reptile a ensuite expliqué qu'après qu'un feu ait fait rage et détruit, les cendres peuvent être utilisées pour apporter de la nourriture au sol "Maintenant que le feu de la colère s'est éteint, il va t'aider à construire plutôt qu'à blesser". La phrase s'achève.

L'homme se réveilla en sursaut. Son chemin était maintenant plus facile à voir et à parcourir.

Le nouveau destin de l'homme devint celui qu'il aurait peut-être dû suivre plus tôt, mais qu'il n'avait pas suivi, par loyauté et par devoir envers ceux qu'il aimait, ceux qui ne pouvaient toujours pas reconnaître ce qu'il avait sacrifié pour eux.

Quelques mois plus tard, dans son nouveau village, l'homme dit bonne nuit à la femme qu'il aime.

Au même moment, son ex-femme essuie une larme et se demande ce que l'homme fait de nos jours. Elle était si seule, si angoissée.

Elle avait rêvé d'être seule....et elle l'était.

www.ingramcontent.com/pod-product-compliance
Lightning Source LLC
Chambersburg PA
CBHW060454090426
42735CB00011B/1979